Nachbarn Grenzen setzen

Frank Münzer

NACHBARN GRENZEN SETZEN

Rat und Hilfe für den Ärger von "nebenan"

Bassermann

ISBN 3 8094 1252 X

Der Text dieses Buches entspricht den Regeln der neuen deutschen Rechtschreibung.

Konzeption: Medienagentur Gerald Drews GmbH, Augsburg
Redaktion: Birgit Adam, Augsburg
Umschlaggestaltung: Heinz Kraxenberger, München
Herstellung und Satz: textmaschine.de, Augsburg
Druck: GGP Media, Pößneck

Die Ratschläge in diesem Buch sind von Autor und Verlag sorgfältig erwogen und geprüft, dennoch kann eine Garantie nicht übernommen werden. Eine Haftung des Autors bzw. des Verlags und seiner Beauftragten für Personen-, Sach- und Vermögensschäden ist ausgeschlossen.

817 2635 4453 6271

Inhaltsverzeichnis

Der Nachbarschaftsstreit als psychologisches Problem 7

Nachbarrecht – was ist das eigentlich? 9

Nachbarrecht im BGB 9
Der Nachbar als Mieter 11
Formen des Eigentums 12
Privates und öffentliches Recht 15
Welche Beeinträchtigung müssen Sie dulden? 16
Nachbarrecht der Länder – das nachbarliche Gemeinverhältnis 20

Häufige Streitpunkte 23

Lärm 23
Gerüche 35
Der Garten 42
Grenzstreitigkeiten 52
Tiere 60
Gefahrenquellen 68
Sonstige Streitquellen 75

Die Rechte des Mieters 83

Rechtsposition des Mieters 83
Mietminderung 84
Wenn alles zu spät ist: Kündigung! 97

Baurecht 102

Baugenehmigungen 102
Was können Sie tun, um den Nachbarn am Bauvorhaben zu hindern? 109
Schwarzbau und Bestandsschutz 112

Beratung und Hilfe 114

Schiedsgericht 114
Der Weg vor Gericht 116
Informationsquellen 120
Musterbriefe 130

Gesetzestexte 139

Baden-Württemberg 140
Bayern 147
Berlin 151
Brandenburg 162
Bremen und Hamburg 165
Hessen 166
Mecklenburg-Vorpommern 176
Niedersachsen 177
Nordrhein-Westfalen 186
Rheinland-Pfalz 195
Saarland 203
Sachsen 210
Sachsen-Anhalt 214
Schleswig-Holstein 220
Thüringen 227

Abkürzungsverzeichnis 234

Register 235

Der Nachbarschaftsstreit als psychologisches Problem

Nachbarn stehen in einer sozialen Beziehung zueinander: Man kann sie sich selten aussuchen und ist doch meist auf lange Zeit auf sie angewiesen. Nicht nur auf ihre Nachbarschaftshilfe, sondern auch auf ihre Rücksichtnahme. Doch jeder Mensch, jede Familie möchte ein bestimmtes Leben führen, das oft sehr verschieden ist von den Lebensvorstellungen der Nachbarn. Ein einsamer Mensch mag die laute Geselligkeit seiner Nachbarn nicht; er könnte versucht sein, seine Vorstellungen in kleinen, aber beständigen Bitten um Ruhe durchzusetzen. Sein Nachbar wiederum mag den komischen Kauz persönlich nicht leiden und reizt ihn allein durch einen spöttischen Blick.

Selbst wenn sich jeder Bewohner an die verbindliche Hausordnung hält, kann bereits ein unerklärlicher gegenseitiger Widerwille entstehen, der später einmal in Klagen und Prozessen mündet. Ist ein Fall von gestörtem Nachbarschaftsverhältnis erst einmal vor Gericht, lässt sich oft nicht mehr sagen, „wer angefangen hat". Anwälte wie Richter sind überfordert angesichts des wilden Zorns, mit dem Nachbarn übereinander herfallen. Nachgeben und einlenken wird schwieriger, hat man erst unter vielen Mühen ein Haus gebaut und fühlt sich nun unbestimmt bedroht durch einen Nachbarn, der vielleicht bei Dunkelheit vom gegenüberliegenden Balkon auf das eigene Haus stiert. Aber der Verkauf des Hauses kommt nicht in Frage, zu groß wäre der Wertverlust. Doch auch ein Mieter möchte nicht gleich den Wohnort wechseln, denn man hat sich so gewöhnt an die Straße, an die kleinen Läden in der Umgebung, ist gar schon hier aufgewachsen – und all das aufgeben, weil der Nachbar nicht einsichtig ist?

Sprechen Sie einen Nachbarn ruhig auch schon auf Kleinigkeiten an, selbst wenn Sie wissen, dass Sie das vielleicht noch nichts angeht. Sprechen Sie nicht im Argen, sondern versuchen Sie humorvoll ins Gespräch zu kommen. Oft hilft schon, die Denkart des Gegenübers einmal kennen gelernt zu haben. Es gibt Menschen, die befolgen den samstäglichen Hausputz

nicht, und zwar nicht, weil sie sich als etwas Besseres fühlen, sondern weil sie mit anderem so beschäftigt sind, dass diese notwendigen, aber doch unerheblichen Aufgaben nicht in ihr Blickfeld gelangen. Lassen Sie den Ärger in Ihrer Brust nicht so groß werden, dass er nur noch aggressiv geäußert werden kann. Wenn eine gesellige Geburtstagsfeier angekündigt wird, nehmen Sie ruhig eine Einladung an, selbst wenn sie nur der Höflichkeit wegen ausgesprochen wurde.
Mit dem Jubilar anzustoßen und sich mit ihm fünf Minuten zu unterhalten, eröffnet auch im Konfliktfall eine Gesprächsgrundlage. Seien Sie indes vorsichtig, allzu schnell freundschaftliche Beziehungen mit Ihren Nachbarn aufzunehmen. Eine Wohngegend oder ein Mietshaus ist kein Studentenwohnheim, schnell können einstmals eng befreundete Nachbarn zu Feinden werden. Wenn dies mit Freunden passiert, kann man sich nach dem Bruch einer Beziehung zurückziehen, bei Nachbarn fällt dies schwer.
Keinesfalls kann Ihnen dieses Buch einen Rechtsanwalt ersetzen. Es kann Ihnen allenfalls den ersten Gang zu einem Beratungsgespräch ersetzen und zeigen, ob sich ein Prozess in Ihrem Fall überhaupt lohnt. Machen Sie sich mit den juristischen Details im Nachbarschaftsrecht vertraut, aber erwarten Sie nichts Unmögliches: Im Konfliktfall ist oft genug eine Schlichtungsstelle die bessere Lösung, um Kosten und Nerven zu sparen. Denn selbst für den Fall eines klaren Urteils zu Ihren Gunsten kann der „Frieden" in Ihrer Nachbarschaft auf längere Zeit angespannt sein.
Übrigens: Wundern Sie sich nicht, wenn in diesem Buch noch ab und zu DM-Beträge auftauchen: Bei Urteilen aus der Zeit vor dem 01.01.2002 haben wir die Originalsumme der Geldstrafe angegeben. Sie wissen ja: einfach durch 1,95583 dividieren!

Nachbarrecht – was ist das eigentlich?

Sie waren bislang gutmütig und tolerant gegenüber Ihrem Nachbarn, haben Störungen zunächst andeutungsweise und dann auch deutlicher angesprochen. Geändert hat sich leider nichts, oder nur wenig: Nach wie vor fühlen Sie Ihre Lebensqualität tagtäglich gemindert. Zunehmend fragen Sie sich, welche juristischen Mittel Sie in Händen haben, vielleicht noch nicht, um eine genaue Klage vorzubereiten, sondern um dem Nachbarn noch deutlicher zu machen, welche Ihrer Rechte er genau verletzt.
Zunächst einmal ist wichtig zu wissen, aus welchem rechtlichen Grund Sie den Nachbarn zur Räson bringen könnten. Der Grund ist nun keineswegs darin zu suchen, dass Sie ruhebedürftig sind oder depressiv werden, weil der Nachbarsbaum Ihnen die tägliche Sonne verweigert, sondern vielmehr schlicht darin, dass Sie Besitzer oder Eigentümer eines Hauses oder auch einer Wohnung sind. Sie haben nur deshalb bestimmte Rechte, weil Sie entweder Eigentum erworben haben oder weil Sie, z. B. durch einen Mietvertrag, Besitzer einer Wohnung geworden sind. Allerdings sind nicht nur Sie selbst Eigentümer oder Besitzer, es ist immer auch Ihr Nachbar, der sich mit genau denselben rechtlichen Bestimmungen Ihnen gegenüber zur Wehr setzen könnte. Er wird Ihnen unter Umständen entgegenhalten, nicht er störe Sie, sondern vielmehr Sie ihn, da Sie ihn immer aufs Neue in seinem Recht zur Selbstentfaltung beeinträchtigten: „In meinen vier Wänden kann ich tun und lassen, was mir beliebt", könnte er Ihnen entgegnen und das nicht einmal ganz unbegründet. Setzen wir uns also kurz mit den Begriffen Eigentum und Besitz auseinander.

Nachbarrecht im BGB

Ein Eigentümer kann mit seiner Sache nach Belieben verfahren. Wer ein Haus oder eine Wohnung besitzt, hat damit grundsätzlich das Recht erworben, darin so zu leben, wie es ihm gefällt – er könnte sein Eigentum auch jahrelang leer stehen lassen oder darin wohnen, ohne jemals die Rollläden zu öffnen. In der größeren Freiheit, die einem das Eigentum verschafft, liegt ja auch einer der Hauptgründe, weshalb sich viele Familien durch ein eigenes Haus auf lange Zeit hinaus verschulden: Endlich können Kinder im eigenen Heim beim Spielen Krach machen, ohne dass die alte Dame im Stockwerk darüber wieder empört durch Hämmern protestiert oder sich über das Vibrieren der alten Waschmaschine beim Vermieter beschwert.

Dem Schutz des Eigentums wird ein derart hoher Rang eingeräumt, dass es schon gewichtiger Argumente bedarf, einen Eigentümer in Schranken zu weisen. So heißt es im Artikel 14 des Grundgesetzes (GG):

(1) Das Eigentum und das Erbrecht werden gewährleistet.

(2) Eigentum verpflichtet. Sein Gebrauch soll zugleich der Allgemeinheit dienen.

Eigentum gibt einem dabei natürlich nicht das Recht, es gänzlich ohne Rücksicht auf die Allgemeinheit zu nutzen. Im Bürgerlichen Gesetzbuch finden wir eine Präzisierung dieses Sachverhaltes:

§ 903 BGB [Befugnisse des Eigentümers]

(1) Der Eigentümer einer Sache kann, soweit nicht das Gesetz oder Rechte Dritter entgegenstehen, mit der Sache nach Belieben verfahren und andere von jeder Einwirkung ausschließen [...]

Auch ein Eigentümer kann nicht ohne weiteres in seinem Garten Sperrmüll verbrennen oder aber eine florierende Motorradwerkstatt eröffnen. Er würde damit die Eigentums- oder Besitzrechte seiner Nachbarn empfindlich stören und kann daher gezwungen werden, seine Vorstellungen von Eigentumsnutzung zu revidieren. Ein Eigentümer hat eine ganze Reihe von Möglichkeiten, sein Eigentum gegen Störungen von außen zu schützen, er kann sich gegen „wesentliche Beeinträchtigungen“ wehren – im BGB wird dieser Anspruch deutlich genannt:

§ 1004 BGB [Beseitigungs- und Unterlassungsanspruch]

(1) Wird das Eigentum in anderer Weise als durch Entziehung und Vorenthaltung des Besitzes beeinträchtigt, so kann der Eigentümer von dem Störer die Beseitigung der Störung verlangen. Sind weitere Beeinträchtigun-

gen zu besorgen, so kann der Eigentümer auf Unterlassung klagen.
(2) Der Anspruch ist ausgeschlossen, wenn der Eigentümer zur Duldung verpflichtet ist.

Nicht nur gegen bereits vorhandene Störungen, sondern auch mit großer Wahrscheinlichkeit in Zukunft eintreffende kann eingeschritten werden. Allerdings kann der Eigentümer nicht jede Art von Störung unterbinden.
Wir werden sehen, dass es im Einzelnen schwer zu beurteilen ist, welche Art von Störungen der Eigentümer dulden muss und bei welchen Störungen er auf Unterlassung klagen kann.

Der Nachbar als Mieter

Welche Ansprüche jedoch hat der Mieter einer Wohnung, dessen Nachbar, sei er nun seinerseits Mieter oder auch Eigentümer, glaubt, beinahe jeden Abend eine laute Feier bis in die Morgenstunden hinein ausrichten zu müssen? Ist der Mieter gegenüber diesem Nachbarn wirklich im Nachteil, wenn das BGB lediglich Eigentümern, nicht aber Mietern einen Unterlassungsanspruch einräumt? Um es gleich vorwegzunehmen: Nein!
Denn auch wenn im Sinne des Gesetzes der Mieter bloßer „Besitzer" der Mietsache ist, muss er grundsätzlich nicht mehr Störungen dulden, als einem Eigentümer zugemutet werden kann. Dies hat der Bundesgerichtshof bereits 1955 entschieden (BGH, NJW 1955, Seite 19). Dennoch ist die Anspruchsgrundlage eines Mieter von der eines Eigentümers zu unterscheiden:
Der Vermieter als Eigentümer überlässt dem Mieter eine Wohnung oder ein Haus mit einem Grundstück gegen Entgelt, die Miete: Der Mieter hat damit als so genannter „Besitzer" Abwehransprüche gegenüber möglichen Störern.

§ 861 BGB [Anspruch wegen Besitzentziehung]
(1) Wird der Besitz durch verbotene Eigenmacht dem Besitzer entzogen, so kann dieser die Wiedereinräumung des Besitzes von demjenigen verlangen, welcher ihm gegenüber fehlerhaft besitzt.

Die so genannte „verbotene Eigenmacht" liegt nicht nur vor, wenn einem Mieter die gesamte Mietsache entzogen ist, er also überhaupt nicht mehr darin leben kann, sondern auch, wenn er in seinem Besitz gestört wird, wie es im BGB näher erläutert wird:

§ 858 BGB [Verbotene Eigenmacht]
(1) Wer dem Besitzer ohne dessen Willen den Besitz entzieht oder ihn im Besitze stört, handelt, sofern nicht das Gesetz die Entziehung oder die Störung gestattet, widerrechtlich (verbotene Eigenmacht).

Die Abwehransprüche eines Mieters sind im Vergleich zum Eigentümer also keineswegs geringer zu bewerten. Zusätzlich zu seinen Rechten als Besitzer hat er Rechte gegenüber seinem Vermieter. Hat ein Mieter seinen Nachbarn bereits mehrmals gebeten, Störungen zu unterlassen, so muss er nicht unbedingt in einem nächsten Schritt den Nachbarn verklagen, sondern er kann sich auch einfach an seinen Vermieter wenden. Sieht sich dieser Hausherr dennoch nicht in der Lage, den Störenfried durch Abmahnungen oder gar eine Kündigung zum Einlenken zu bewegen, so kann der Mieter nach §§ 536ff BGB seine Mietzahlung von sich aus mindern. Wir werden mehr davon im Kapitel über das neue Mietrecht erfahren.

Formen des Eigentums

Was gehört Ihnen eigentlich alles, wenn Sie als Eigentümer eines Grundstückes in das Grundbuch eingetragen sind? Die wesentlichen Bestandteile Ihres Grundes sind natürlich die Gebäude, die sich auf dem Grund befinden, Bäume und sonstige Pflanzen, bei einem wirtschaftlichen Unternehmen sämtliche Maschinen, die sich auf dem Grund befinden, selbst wenn diese nicht in einer Halle verschlossen sind. Gehört Ihnen auch das Wasser tief unter Ihrem Grund und auch die Luft über dem Haus? Das Gesetz begrenzt das Grundeigentum wie folgt:

§ 905 BGB [Begrenzung des Eigentums]
Das Recht des Eigentümers eines Grundstückes erstreckt sich auf den Raum über der Oberfläche und auf den Erdkörper unter der Oberfläche.

Der Eigentümer kann jedoch Einwirkungen nicht verbieten, die in solcher Höhe oder Tiefe vorgenommen werden, dass er an der Ausschließung kein Interesse hat.

Damit kann die Erde und der Kies eines Grundes genutzt werden. Schwieriger ist der Fall beim Grundwasser, denn die Bundeswassergesetze wie auch das Wasserhaushaltsgesetz machen keine klaren Aussagen: Zwar gehört dem Eigentümer auch das unterirdische Gewässer, doch können übergeordnete, allgemeine Interessen das Eigentumsrecht insbesondere am Grundwasser beschränken. In aller Regel braucht der Eigentümer, sobald er Gewässer nutzen will, eine behördliche Erlaubnis, außer es wird für den Haushalt, den landwirtschaftlichen Hofbetrieb und ähnliche Zwecke in geringen Maßen entnommen. Entsprechend ist dem Eigentümer auch untersagt, das Grundwasser durch falsche Lagerung von gefährlichen Stoffen oder direkter Einleitung von Abwässern zu verunreinigen. Auch müssen Rohrleitungen wassergefährdender Stoffe von der zuständigen Behörde genehmigt werden.

Die Luft genau senkrecht oberhalb des Grundes gehört ebenfalls dem Eigentümer, allerdings nicht so weit nach oben, dass er Flugverkehr verhindern könnte (wenn es zugelassene Luftfahrzeuge im Sinne des Luftverkehrsgesetzes sind). Er kann die Luft nutzen, um mittels eines Windrades Energie zu erzeugen – sofern der Nachbar mögliche Störungen durch Geräusch und bewegten Schattenwurf duldet.

Als Eigentümer einer Wohnung sind Sie in Ihrer Freiheit weitaus mehr eingeschränkt, als wenn Sie Haus und Grund besitzen. Dies ergibt sich aus dem Wohneigentumsgesetz (WEG), das Regeln aufstellt, um die zahlreichen Eigentumsrechte der gesamten Wohnanlage zu schützen:

§ 14 WEG Pflichten des Wohneigentümers

Jeder Wohneigentümer ist verpflichtet:

1. die im Sondereigentum stehenden Gebäudeteile so in Stand zu halten und von diesen sowie von dem gemeinschaftlichen Eigentum nur in solcher Weise Gebrauch zu machen, dass dadurch keinem der anderen Wohnungseigentümer über das bei einem geordneten Zusammenleben unvermeidliche Maß hinaus ein Nachteil erwächst. (...)

Mit einer Eigentumswohnung haben Sie nicht nur den eigentlichen Wohnraum, sondern auch Eigentum an gemeinschaftlich genutzten Flächen, wie zum Beispiel dem Rasen vor der Wohnanlage oder aber dem gemeinsamen Schwimmbad, erworben. Man unterscheidet zwischen dem Sondereigentum, das klar mit dem eigenen Wohnraum verbunden ist, und dem gemeinschaftlichen Eigentum. Zum Sondereigentum gehört auch Tiefgarage oder Keller, sofern diese durch Markierungen oder Bretterverschläge klar einer Wohnung zugeordnet werden können. Fundament, Dach oder Treppenhaus ist natürlich Gemeinschaftseigentum. Bei Außenflächen wie den Balkons (Balkongitter und -brüstungen) sowie bei Fensterscheiben und -rahmen müssen Sie auf die manchmal unterschiedliche Zuordnung von Sonder- oder Gemeinschaftseigentum genau achten.
Immer wieder entzündet sich ein Streit, ob der neue Fensterrahmenanstrich selbst bezahlt werden muss, oder ob vielmehr die Hausgemeinschaft dafür aufkommen muss – was nur der Fall ist, wenn es sich um Gemeinschaftseigentum handelt. Näheres entnehmen Sie am besten schon vor dem Kauf einer Eigentumswohnung der Hausordnung. Lassen Sie sich ruhig auch Protokolle von Hauseigentümerversammlungen geben, um ermessen zu können, ob die hier gepflogene Art der Ordnung in Ihrem Sinne ist.

Katzenfallhöhe

Denn was nützt einer Katzenliebhaberin das Eigentumsrecht, wenn sie auf dem Balkon im fünften Stock nicht einmal ein Katzengitter zum Schutz ihrer Lieblinge anbringen kann? Das Oberlandesgericht Zweibrücken (ZMR 1998, S. 464) hat festgestellt, dass in einem solchen Fall die Zustimmung der übrigen Eigentümer notwendig ist. Das Argument: Wie sähe denn die Wohnanlage aus, wenn jeder ein Katzengitter anbringen würde? Gott bewahre!

Privates und öffentliches Recht

Ihr Recht als Mieter oder Eigentümer können Sie in aller Regel gegenüber dem Nachbarn oder auch Vermieter geltend machen: Man spricht von einem zivilrechtlichen Anspruch, da es sich um eine privatrechtliche Streitigkeit handelt. Vor einem „ordentlichen" Gericht, einem Zivilgericht also, können Sie Ihre Ansprüche auf Unterlassung einer Störung gegenüber Ihrem Nachbarn einklagen.

Schwieriger ist es, wenn z. B. der privatwirtschaftlich errichtete Windpark von der Gemeinde zwar genehmigt wurde, aber die Geräuschbelastung unerwartet hoch ist. Da eine behördliche Genehmigung vorliegt, müssten sie vor einem Verwaltungsgericht gegen diesen Beschluss klagen, ein klarer Fall von öffentlichem Recht.

Kunst in den Wind geblasen

Im Landkreis Wittenberg hatte ein Kunstmäzen ein Schloss gekauft, um es als Kunst- und Kulturzentrum auszubauen. Seine Vorstellung von einer Künstlerkolonie ließ sich nicht verwirklichen, weil niemand im Lärm und Schatten einer Windanlage, die sich unmittelbar dem alten Gemäuer anschließt, kreativ sein wollte. Als der Mäzen den Kaufvertrag annullieren wollte, wurde dies von der Bürgermeisterin mit der Bemerkung zurückgewiesen, dass man ihm das Windrad nicht verheimlicht hätte, er hätte nur hinsehen müssen. Der Schlossherr, ein Kunstprofessor, der auch Bauwesen studierte, konnte nur noch einen Gang zum Verwaltungsgericht erwägen. Wir wissen nicht, ob er diesen Gang angetreten hat, wie ein anderer Nachbar, der vor dem Oberverwaltungsgericht Münster (NVwZ 1993, S. 1007) Recht bekam: Die störende Windanlage musste entfernt werden, weil sie nicht mit dem baurechtlichen Rücksichtnahmegebot zu vereinbaren war. Vielleicht hat der Mäzen mit einer öffentlichen Klage noch Aussicht auf Erfolg.

Grundsätzlich kann man sagen, dass Sie sich immer dann an öffentliche Rechtsträger wenden müssen, wenn Sie nicht durch das (Fehl-)Verhalten eines einzelnen Nachbarn, sondern durch behördlich genehmigte Veränderungen in Ihrer Nachbarschaft betroffen sind. Dabei kann es auch vorkom-

men, dass zwar Ihr unmittelbarer Nachbar Anlass zur Störung ist, indem er sein Haus recht großzügig erweitert, sobald er jedoch eine Baugenehmigung hat, müssen Sie sich nicht an ihn, sondern zunächst an die Baubehörde wenden.
Selbstverständlich hätten Sie auch zivilrechtliche Ansprüche z. B. gegen einen Fabrikbesitzer, der durch erhebliche Emissionen Ihre Gesundheit schädigt, doch ist es unwahrscheinlich, dass er seine Produktion gänzlich ohne behördliche Genehmigung betreibt.
Die einzelnen Vorschriften des öffentlichen Rechts, wie z. B. das Gaststättenrecht oder das Immissionsschutzrecht, wägen Interessensgegensätze ab und versuchen, zu einer für alle Beteiligten akzeptablen Lösung zu kommen. Daher werden immer auch die Belange der Bewohner gehört, egal, ob es sich um eine Gaststätte, einen Gewerbebetrieb, einen Flugplatz oder einen Atommeiler handelt. Einflussmöglichkeit haben Sie besonders vor einer öffentlichen Entscheidung! Nutzen sie Ihr Recht zur umfassenden Information und hoffen Sie nicht einfach, dass der neue Golfplatz vor Ihrer Haustüre, der bisher nur eine Schafsweide war, „schon nicht so schlimm" sein wird.

Welche Beeinträchtigung müssen Sie dulden?

Gleichgültig, ob Sie wegen der lauten Hunde des Nachbarn (zivilrechtlich), oder aber wegen der Neubaustrecke der Bundesbahn (öffentliches Recht) klagen möchten: Aussicht auf Erfolg haben Sie nur, sofern Sie die Beeinträchtigung nicht dulden müssen, insbesondere deshalb, weil die Störung keineswegs mehr „ortsüblich" ist. Das Gesetz formuliert diesen allgemeinen Grundsatz so:

§ 906 [Zuführung unwägbarer Stoffe]

(1) Der Eigentümer eines Grundstücks kann die Zuführung von Gasen, Dämpfen, Gerüchen, Rauch, Ruß, Wärme, Geräusch, Erschütterungen und ähnliche von einem anderen Grundstück ausgehenden Einwirkungen nicht verbieten, falls die Einwirkung die Benutzung seines Grundstückes nicht oder nur unwesentlich beeinträchtigt. Eine unwesentliche Beeinträchtigung liegt in der Regel vor, wenn die in Gesetzen oder Rechtsverordnun-

gen festgelegten Grenz- oder Richtwerte von den nach diesen Vorschriften ermittelten und bewerteten Einwirkungen nicht überschritten werden. Gleiches gilt für Werte in allgemeinen Verwaltungsvorschriften, die nach § 48 des Bundesimmissionsschutzgesetzes erlassen worden sind und den Stand der Technik wiedergeben.
(2) Das Gleiche gilt insoweit, als eine wesentliche Beeinträchtigung durch eine ortsübliche Benutzung des anderen Grundstücks herbeigeführt wird und nicht durch Maßnahmen verhindert werden kann, die Benutzern dieser Art wirtschaftlich zumutbar sind. Hat der Eigentümer hiernach eine Einwirkung zu dulden, so kann er von dem Benutzer des anderen Grundstücks einen angemessenen Ausgleich in Geld verlangen, wenn die Einwirkung eine ortsübliche Benutzung seines Grundstücks oder dessen Ertrag über das zumutbare Maß hinaus beeinträchtigt.
(3) Die Zuführung durch eine besondere Leitung ist unzulässig.

Selbst wenn also die Störungen Sie in Ihrem Eigentumsrecht wesentlich beeinträchtigen, kann es sein, dass dies für Ihre nähere Umgebung ganz üblich, also „ortsüblich" ist. Wenn Sie zum Beispiel nicht in einer ruhigen Villengegend, sondern in einem Gewerbemischgebiet wohnen, so dürfte verständlich sein, dass Sie machtlos gegenüber dem üblichen Lärmpegel eines Metall verarbeitenden Betriebs sind.

Mords-Sportsemissionen

Ein Eigentümer eines 750 qm großen Grundstücks in einem Mischgebiet hatte ein Wohnhaus errichtet. Ein Jahr später legte die Stadt auf dem Nachbargrundstück Tennisplätze an, von denen während der Sommermonate durch viele Turniere erheblicher Lärm zu hören war. Die Klage des Eigentümers gegen die Stadt hatte schließlich Erfolg: Zwar war der Bau des Tennisplatzes nach den allgemeinen Grundsätzen der Baunutzverordnung zulässig, doch in diesem Einzelfall konnte man die Lärmbeeinträchtigung als nicht mehr ortsüblich bezeichnen. (BGH NJW 1983, S. 751f)

Man kann leicht ermessen, dass sich trefflich über die so genannte „Ortsüblichkeit" streiten lässt, und auch einzelne Gerichtsurteile für den eige-

nen Fall oft keine wirkliche Klarheit schaffen. Wir werden bei den einzelnen Streitpunkten einigermaßen klare Anhaltspunkte geben, was an Lärm, Gerüchen oder Tieren als noch ortsüblich zu nennen ist.
Nicht immer müssen Sie auf eine Gerichtsentscheidung warten, um zu Ihrem Recht zu kommen. Nicht jede Störung müssen Sie dulden: In einigen Fällen können Sie unmittelbar zur Selbsthilfe greifen. Doch lesen Sie den entsprechenden Paragraphen genau, denn die Selbsthilfe ist nur in einem engen Rahmen zulässig:

§ 229 BGB [Selbsthilfe]
Wer zum Zwecke der Selbsthilfe eine Sache wegnimmt, zerstört oder beschädigt oder wer zum Zwecke der Selbsthilfe einen Verpflichteten, welcher der Flucht verdächtig ist, festnimmt oder den Widerstand des Verpflichteten gegen eine Handlung, die dieser zu dulden verpflichtet ist, beseitigt, handelt nicht widerrechtlich, wenn obrigkeitliche Hilfe nicht rechtzeitig zu erlangen ist und ohne sofortiges Eingreifen die Gefahr besteht, dass die Verwirklichung des Anspruchs vereitelt oder wesentlich erschwert werde.

Es gibt nur einige wenige Fälle, in denen die Gerichte Selbsthilfe als angemessen beurteilten. In der Regel gilt es, die staatlichen Organe, insbesondere die Polizei, zu Hilfe zu rufen.

Axtangriff auf Biergarten

1992 bestätigte das Oberlandesgericht Karlsruhe, dass ein Nachbar in berechtigter Selbsthilfe handelte, als er nach vergeblichen Versuchen, ein Rockkonzert im benachbarten Biergarten zu beenden, schließlich zur Axt griff und ein Verstärkerkabel durchtrennte.
(NJW 1992, S. 1329)

Unter normalen Umständen ist nur die Polizei berechtigt, auch unter Beschlagnahme von Musikinstrumenten die Nachtruhe herzustellen. Manchmal aber gelingt es auch der Polizei nur nach vielen Ermahnungen und nachdem man sie zum wiederholten Male zu Hilfe gerufen hat, die Störung zu beseitigen. Aber auch in diesen Fällen ist Selbsthilfe nur selten

angebracht, vielmehr müssen Sie den Klageweg beschreiten. In einem anderen Fall ist Selbsthilfe aber vergleichsweise leicht möglich:
Wenn Ihr Nachbar sich nicht bemüßigt fühlt, die Zweige seines Baumes, die in Ihr Grundstück ragen, zu beseitigen, haben Sie das Recht, selbst zur Baumschere zu greifen. Voraussetzung jedoch ist das Setzen einer Frist, bis zu der sein so genannter „Überhang" geschnitten sein soll. Der § 910 BGB gibt Ihnen hierzu ausdrücklich das Recht. Und es kommt noch besser: Die Kosten für diese Selbsthilfeaktion muss laut einem Urteil des Oberlandesgerichts Nürnberg (Az. U 2174/00) der Nachbar tragen. Tragen Sie aber Sorge, dass Sie sich nicht an einem durch Baumschutzverordnung geschützten Baum vergreifen.
Auch in Notsituationen muss ein Eigentümer einen Eingriff auf seinen Grund und Boden dulden. So kann bei Gefahr für Leib und Leben, aber auch wenn Eigentum in Gefahr ist, ein fremdes Grundstück benutzt werden, ohne dass die sonst erforderliche Zustimmung nötig ist:

§ 904 BGB [Notstand]
Der Eigentümer einer Sache ist nicht berechtigt, die Einwirkung eines anderen auf seine Sache zu verbieten, wenn die Einwirkung zur Abwendung einer gegenwärtigen Gefahr notwendig und der drohende Schaden gegenüber dem aus der Einwirkung dem Eigentümer entstehenden Schaden unverhältnismäßig groß ist. Der Eigentümer kann Ersatz des ihm entstehenden Schadens verlangen.

Steht ein Haus in Flammen und kann die Feuerwehr nur löschen, indem die Gartenmauer des Nachbarn niedergerissen wird, so muss der Nachbar die Zerstörung dulden, kann aber die Wiederinstandsetzung verlangen. Wenn Sie allerdings Ihr Haus neu verputzen möchten und nur durch Zerstörung des nachbarlichen Blumenbeetes ein Gerüst aufstellen können, greift dieser Paragraph nicht, da es sich hierbei nicht um eine gegenwärtige Gefahr handelt. Wenn Sie in der Nachbarschaft eines ausgedehnten Forstgebiets wohnen und dort gegen das zerstörerische Ausbreiten eines Borkenkäfers Gift gestreut wird, müssten Sie den Eingriff aus Gründen des Notstandes dulden.

Nachbarrecht der Länder – das nachbarliche Gemeinverhältnis

Unter Nachbarn streitet man sich am häufigsten und offenbar auch am liebsten um Kleinigkeiten: um den Abstand der Bäume, die Höhe der Zäune, wie oft gegrillt werden darf, oder ob der Bauer auf dem Dorf seinen Schweinemist auf das Feld neben der Neubausiedlung bringen darf.
Einige wichtige Gesetze zum nachbarschaftlichen Umgang finden sich noch in den §§ 903 bis 923 BGB. Dort wird auch festgelegt, wem die Früchte eines Baumes gehören, die auf ein Nachbargrundstück fallen (nämlich dem Nachbarn, dem sie zugefallen sind), oder wem ein Baum gehört, der genau auf der Grenze zweier Grundstücke steht (beiden). Ferner werden darin Probleme der Grenzfindung zwischen Grundstücken sowie Umstände berücksichtigt, die einem Eigentümer das Recht gewähren, über einen Notweg durch das Nachbargrundstück auf seinen eigenen Grund zu gelangen.
An übergeordneten Rechten zum Thema Lärmbelästigung findet sich noch das Gesetz über Ordnungswidrigkeiten (OWiG):

§ 117 OWiG [Unzulässiger Lärm]
Ordnungswidrig handelt, wer ohne berechtigten Anlass oder in einem unzulässigen oder nach den Umständen vermeidbaren Ausmaß Lärm erregt, der geeignet ist, die Allgemeinheit oder die Nachbarschaft erheblich zu belästigen oder die Gesundheit eines anderen zu beschädigen.

Man beachte, dass nicht Sie als lärmgeschädigter Eigentümer oder Besitzer von diesem Gesetz profitieren können, sondern nur die „Allgemeinheit" bzw. Ihre gesamte „Nachbarschaft". Wenn ein ganzer Straßenzug z. B. durch eine beständig feiernde Burschenschaft immer wieder bis in die frühen Morgenstunden im Schlaf gestört ist, so haben Sie Aussicht, diesen „Studenten" mit einer Geldbuße von bis zu 5 000 Euro zu Leibe zu rücken. Leider sind es allerdings oft genug nur die unmittelbaren Nachbarn, die sich zu einer solchen konzertierten Aktion ausreichend gestört fühlen.
Vor allem muss geprüft werden, welche spezifische Lärmverordnung in dieser Stadt oder in dem betreffenden Bundesland gilt. Das Bayerische

Immissionsschutzgesetz, die rheinland-pfälzische Landverordnung zur Bekämpfung des Lärms oder die hessische Polizeiverordnung zur Bekämpfung des Lärms legen jeweils andere Bestimmungen fest. Und während diese Vorschriften im Falle des Lärms noch auf ziemlich ähnliche Ergebnisse kommen (nach 22.00 Uhr herrscht in den meisten Bundesländern Nachtruhe), so sieht das bei der Bestimmung des Abstandes großer Bäume zur Grundstücksgrenze schon ganz anders aus:
So ist der Mindestabstand für hoch wachsende Laub und Nadelbäume in Ulm (Baden-Württemberg) mit acht Meter vorgegeben, im angrenzenden Neu-Ulm (Bayern) sind aber nur noch zwei Meter Abstand notwendig. Bundesgesetze reichen oft nicht aus, um wirkliche Streitfälle zu lösen. Neben vielfältigen Länder- und Gemeindegesetzen muss auch die jeweilige Rechtsprechung der Gerichte unterschiedlicher Instanzen berücksichtigt werden.

Kinderwagen in Mietshäusern: eine unendliche Geschichte
Darf ein Kinderwagen im Fluraufgang abgestellt werden?
Ja, sofern von diesem keine Gefahr oder Beeinträchtigung für andere ausgeht (AG Schöneberg 109 C 121/99).
Das darf man, urteilt das Amtsgericht Winsen, eine sich hieraus ergebende Beschränkung der Bewegungsfreiheit im Hausflur ist sogar hinzunehmen (16 C 602/99).
Allerdings hat das Amtsgericht Charlottenburg entschieden, dass eine Mieterin selbst dann nicht zum Abstellen des Kinderwagens auf dem Treppenpodest vor der Wohnung berechtigt ist, wenn eine Behinderung von Mitmietern und Handwerkern ausgeschlossen ist (AG Charlottenburg 4 C 261/97).
Es versteht sich, dass noch Urteile gefällt wurden, die klären, ob es erlaubt ist, den Kinderwagen mit einem Drahtseilschloss anzuschließen (ja), ob Besucher ihren Kinderwagen ebenfalls dort abstellen dürfen (nein) und ob auch eine Mieterin des Erdgeschosses diese Möglichkeit besitzt (nein).

Vieles wurde geregelt. Dennoch wird es immer wieder überraschend neue Problemfelder im gegenseitigen Zusammenleben geben, die noch nie schriftlich formuliert wurden, so dass jeder neue Streitfall in unsicheres juristisches Neuland führen kann. Doch um der Unwägbarkeit nachbarschaftlicher Beziehungen einen allgemeinen Halt zu geben, ist ein Rückgriff auf das Grundgesetz gestattet: Eigentum verpflichtet, das heißt, es verpflichtet vor allem zur Rücksichtnahme. Dieser verfassungsmäßige Grundsatz gibt Klarheit im Sinne eines allgemeinen Rechtsfriedens: Ganz gleich, welcher Art die gegensätzlichen Interessen von Nachbarn sind, ob nun zu einer Streitfrage Gesetze oder Urteile formuliert wurden: Die Regel, wonach der Gebrauch von Eigentum dem Wohle der Allgemeinheit dient, fordert zu einem billigen und gerechten Ausgleich gegensätzlicher Interessen nach dem Grundsatz von Treu und Glauben auf.

Häufige Streitpunkte

In diesem Kapitel wollen wir nun die Bereiche unter die Lupe nehmen, in denen es häufig zu Auseinandersetzungen mit dem Nachbarn kommt. Neben Problemen mit Haustieren, sommerlichen Grillorgien und überhängenden Bäumen verursachen auch Lärmbelästigungen erhebliche Spannungen unter Nachbarn.

Lärm

In einem so dicht besiedelten Land wie Deutschland ist Lärm eine der Hauptursachen für nachbarlichen Streit. Als ob der Verkehrslärm von der Straße nicht reichte, sind viele Häuser ausgesprochen hellhörig gebaut, das Leben verlagert sich im Sommer zunehmend auf die Straße. Die Arbeitsrhythmen werden unterschiedlicher, es ist gar nicht mehr so selten, dass bis in die Nacht gearbeitet wird und dann läuft in der Wohnung immer wieder einmal die Dusche zur nächtlichen Zeit. Auch eine Flucht aufs Land bringt oft keine Erleichterung. In den großen Neubausiedlungen am Rande von Ballungszentren drängen sich die neu erbauten „Familienburgen" dicht an dicht – hohe Grundstückspreise verhindern, wirklich mit Abstand zum nächsten Nachbarn zu bauen.

Wie viele Dezibel sind erlaubt? Die TA-Lärm

Lärm ist häufig ein Auslöser von Stress und zeigt schnell körperliche Wirkung: Der Blutdruck steigt, Herzschlag und Atem beschleunigen sich. Die Konzentrationsfähigkeit nimmt ab, weil der Betroffene versucht, den Lärm aus seinem Bewusstsein zu verdrängen. Gleichmäßige, aber andauernde Lärmpegel von bereits 30 dB(A) führen oftmals schon zu Schlafstörungen. Wenn der Lärm öffentliche Ursachen hat, wie zum Beispiel durch Baustellen, Gewerbegebiete, Sport- und Freizeitanlagen, aber auch bei Nachbarschaftslärm, so wenden Sie sich bitte an das örtliche Umweltamt. Es kann eine messtechnische Überprüfung der Lärmsituation mit geeichten Präzisionsschallmessern durchführen und feststellen, ob die nach der „Technischen Anleitung zum Schutz gegen Lärm" (TA-Lärm vom 26.08.1998, GMBl 1998, S. 503) geltenden Immissionsrichtlinien in unzulässiger Weise überschritten sind.

Die wichtigsten Richtwerte der TA-Lärm von Immissionsorten außerhalb von Gebäuden

Anwendungsgebiet	Tag 6.00 – 22.00 Uhr	Nacht 22.00 – 6.00 Uhr
Kurgebiete, Krankenhäuser und Pflegeanstalten	45 dB(A)	35 dB(A)
reine Wohngebiete	50 dB(A)	35 dB(A)
allgemeine Wohngebiete und Kleinsiedlungsgebiete	55 dB(A)	40 dB(A)
Kerngebiete, Dorfgebiete und Mischgebiete	60 dB(A)	45 dB(A)
Gewerbegebiete	65 dB(A)	50 dB(A)
Industriegebiete	70 dB(A)	70 dB(A)

Dies sind die geltenden Durchschnittswerte. Darüber hinaus gilt in der TA-Lärm: „Einzelne kurzzeitige Geräuschspitzen dürfen die Immissionswerte am Tage um nicht mehr als 30 dB(A) und in der Nacht um nicht mehr als 20 dB(A) überschreiten. Bei seltenen Ereignissen (zehn Tage oder Nächte eines Kalenderjahres an nicht mehr als jeweils zwei aufeinander folgenden Wochenenden) betragen die Immissionswerte tagsüber 70 dB(A) und nachts 55 dB(A). Diese Bestimmung ist insbesondere auf Karnevalszeiten und Loveparades anzuwenden: Ist in einer Region ausgelassener Karneval üblich, so muss sowohl Lärm einer Gastwirtschaft wie auch von privaten Fastnachtsfeiern hingenommen werden (AG Köln, DWW 1997, S. 157 und

BGH, JZ, 1982, S. 158). Es folgen einige Beispiele, um sich eine Vorstellung von den unterschiedlichen Geräuschpegeln machen zu können:

Blättersausen	30 – 40 dB(A)
Unterhaltungsgespräche, Bürolärm	50 – 60 dB(A)
Meeresbrandung	60 – 70 dB(A)
lautes Rufen	65 – 70 dB(A)
Arbeitslärm in der Fabrik	80 – 90 dB(A)

Die TA-Lärm kann vom Gesetz her nicht angewendet werden auf Verkehrs-, Flug- oder Gaststättenlärm, hier wenden Sie sich an Ämter wie das Tiefbauamt, Luftamt oder Ordnungsamt. Und machen Sie sich bitte bei Fluglärm keine allzu großen Hoffnungen: Fluglärm von 6.00 bis 22.00 Uhr ist in der Nähe des Flughafens ortsüblich und muss hingenommen werden. Wenden Sie sich aber an die Flughafenlärmkommission, vielleicht können Sie Zuschüsse für schallisolierte Fenster erhalten.

Informieren Sie sich bei Lärmfragen bei folgenden Adressen:

Gesellschaft für Lärmbekämpfung e.V. (GfL)
Lärm- und Schallschutzberatung
Kaiserdamm 80
14057 Berlin
Tel: 0 30/3 01 56 44, Fax: 0 30/3 01 90 16
E-Mail: azu@snafu.de
Schwerpunkte: Selbsthilfe bei Lärmbeschwerden, Nachbarschaftslärm, Gewerbelärm, Verkehrslärm. Die GfL führt keine Lärmmessungen durch! Lärmmessungen finden Sie im Branchenverzeichnis unter dem Stichwort „Ingenieure/Akustik". Bevor Sie eine Lärmmessung in Auftrag geben, wird empfohlen, sich beraten zu lassen.
Beratungszeiten: persönliche Beratung (kostenlos):
Dienstag 14.00 bis 18.00 Uhr, telefonische
Kurzauskünfte: Montag bis Freitag 11.00 bis 13.00 Uhr.

Deutscher Arbeitsring für Lärmbekämpfung (DAL)
Frankenstraße 25
40476 Düsseldorf
Bürgerberatung und Auskunft
Tel.: 02 11/48 84 99
Fax: 02 11/44 26 34
E-Mail: IZLaerm@dalaerm.de
Internet: www.dalaerm.de/

Selbst wenn Sie als Mieter den Weg aufs Amt scheuen – denken Sie daran, Sie können auch den einfachen Umweg über den Vermieter gehen: Das Landgericht Darmstadt zum Beispiel beschloss, dass der übermäßige Baulärm in einem Neubaugebiet zu einer Mietminderung um 25 Prozent berechtigt (WuM 1984, S. 245). Es ist dabei unerheblich, ob der Vermieter den Baulärm zu verschulden hat, er seinerseits kann seine Mietverluste ja bei dem Lärmverursacher einfordern. Voraussetzung für eine Mietminderung ist natürlich, Sie wussten vor Ihrem Einzug nichts von der Baustelle.

Rasenmähen

Es mögen die eigenen vier Wände sein, doch der Rasen des Nachbars fängt gleich zwei Meter neben der Terrasse an. Zum Glück gibt es seit dem 23. Juli 1987 eine in ganz Deutschland gültige Rasenmäherlärmverordnung: In der neuesten Fassung besagt sie, dass Motorrasenmäher Montag bis Freitag zwischen 8.00 und 12.00 Uhr und von 14.00 bis 19.00 Uhr sowie am Samstag von 8.00 bis 12.00 und von 14.00 bis 16.00 Uhr benutzt werden dürfen, zu den übrigen Zeiten und an Sonn- und Feiertagen sind sie verboten. Leise arbeitende Mäher mit einem Schallleistungspegel von weniger als 88 dB(A) dürfen werktags (Montag bis Freitag) auch in der Zeit zwischen 19.00 und 22.00 Uhr betrieben werden. Rasenmäher bis 60 Dezibel dürfen auch noch am Samstag bis 22.00 Uhr genutzt werden. Bitte beachten Sie aber, dass Kommunal- oder Landesrecht diese Ruhezeiten ausdehnen können. Ein Verstoß gegen diese Verordnung rechtfertigt das Einschreiten der Polizei, es droht eine Geldstrafe von bis zu 250 Euro.

Hundegebell und Hahnenkrähen

Ein Rasenmäher ist schnell abgestellt, wie aber verhindert der Tierfreund Hundegebell außerhalb der Ruhezeiten?

Bellregulierung leicht gemacht

Das Oberlandesgericht Köln hat einen Tierhalter dazu verurteilt, seine Hunde nur außerhalb der Ruhezeiten bellen zu lassen, aber auch dann nicht länger als zehn Minuten am Stück bei einer zulässigen Gesamtbell- und Winselzeit von 30 Minuten. Wie er das wohl anstellt? Ganz offenbar hat sich nicht beizeiten eine gütliche Einigung finden lassen und es ist schon sehr fraglich, ob ein solches Urteil Bestand haben wird. (Az. 12 U 40/93)

Denn – wie einem der gesunde Menschenverstand sagen könnte, generell gilt: Gelegentliches Hundegebell sollten wir als Nachbarn ertragen – aber nächtliches Dauerbellen muss nicht sein. In der Stadt ist es üblich, Hunde nachts in geschlossenen Räumen zu halten. Aber auch auf dem Land muss Hundegebell nicht hingenommen werden, sofern es vermeidbar ist, urteilte ein Mainzer Landgericht auf die Klage eines Nachbarn, der zwar auf einem Ohr taub war, aber dennoch kaum mehr Schlaf fand (6 S 87/94).

Der gedopte Hahn

Wer einmal im frühen Morgengrauen durch einen Hahnenschrei aus seinem süßen Schlummer geweckt wurde, mag Verständnis haben für die Klagen von Nachbarn gegen Hahnbesitzer. In unserem Fall beschwerten sich sogar die Gäste eines Hotels und baten um Preisnachlass. Da platzte dem Hotelier endgültig der Kragen und er nahm eine Lärmmessung am Hahn eigenmächtig vor, die 100 dB(A) ergab. Als im Laufe des Gerichtsverfahrens erneut eine unabhängige Messung vorgenommen wurde, der Lärmpegel aber nur bei 40 – 50 Dezibel lag, kam dem Hotelier der Verdacht, der Hahnbesitzer habe vor der Messung seine Hähne mit Valium gedopt. Eine eilig angesetzte gerichtliche Hahnurinkontrolle lief ins Leere, da Hähne keinen Urin produzieren. Da es für eine Blutprobe bereits zu spät war, wurde die Klage des Hoteliers abgewiesen. (Weser-Kurier vom 23.09.1993)

Musik

Manchmal möchte man meinen, die Nachbarn sind taub: Wieso dröhnt schon wieder der Fernseher oder die Stereoanlage so laut, dass man nicht nur den Sender erkennt, sondern auch den Film „live" miterlebt? Ab und an kann er ja ein Lied schon mal in voller Lautstärke spielen. Aber müssen denn gerade im Sommer nun unbedingt auch noch die Fenster geöffnet bleiben? Frische Luft und gute Musik vertragen sich nur mit Kopfhörer. Das gilt besonders dann, wenn der Schall auf eine Gegenwand trifft, wie dies in Innenhöfen der Fall ist. Für Radios oder Fernseher, die bekanntermaßen leicht regulierbar sind, gilt ganz grundsätzlich, dass man als Nachbar eigentlich gar nichts davon mitbekommen sollte. Aufwändige Dolbysurroundanlagen mit Zentralbass können eine noch aufwändigere Schallisolierung notwendig werden lassen, denn die gute alte „Zimmerlautstärke" bedeutet, dass der Nachbar allenfalls ahnen kann, dass Sie eine neue Stereoanlage installiert haben. Eine wesentliche Beeinträchtigung liegt vor, wenn Nachbarn deutliche Geräusche in ihrer Wohnung hören (OLG München NJW-RR 1991, 438). Aus Protest gegen einen seiner Meinung zu lauten Fernseher klopfte ein Mieter minutenlang mit dem Hammer gegen die Wand. Ergebnis? Er wurde wegen Ruhestörung verurteilt (LG Berlin, Az. 18 O 20/91).

Ein Fußballfan, der seine Lautsprecher auf den Balkon stellt, so dass er auch dort die Spiele gut verfolgen kann, handelt regelwidrig, selbst wenn die gemessene Lautstärke nicht die Außengeräusche übertrifft. Hausmusik außerhalb der Ruhezeiten darf etwas lauter sein, weil sie nun einmal schwer regulierbar ist. Hausmusik gehört schließlich zum Recht der freien Persönlichkeitsentfaltung:

- Klavierspielen bis zu 90 Minuten am Tag erlaubt (AG Frankfurt/ Main Az. 33/ C 1437/96).
- Saxophon und Klarinette darf man nur bis zu zwei Stunden täglich üben (OLG Karlsruhe NJW-RR 1989, 253).

- Schlagzeuger müssen sich auf 45 Minuten im Sommer und 90 Minuten im Winterhalbjahr beschränken (LG Nürnberg-Fürth WuM 1992, 253).
- Wohnen mehrere Musiker beisammen, so kann die Spielzeit auf 60 bis 90 Minuten pro Person und Tag begrenzt werden (OLG Frankfurt WM 1984, 303).

Sie können einen lärmenden Nachbarn nicht nur zur Unterlassung der Störung auffordern, sondern im Extremfall sogar Schmerzensgeld verlangen: Das Amtsgericht Dortmund gab der Klage eines älteren Nachbarn statt, der derart unter einer quälend lauten Musikanlage litt, dass er sich in ärztliche Behandlung begeben musste. Der Ruhestörer wurde zur Zahlung von 1 000 DM Schmerzensgeld verurteilt (122 C 6541).

Party

Das Wichtigste vorweg: Es gibt kein Recht auf Party! Das Grundrecht der freien Persönlichkeitsentfaltung ist kein Recht auf lautstarkes Feiern! Und zwar weder einmal im Monat, noch einmal im Jahr, sondern überhaupt niemals! So streng ist das Gesetz! Haus und Gartenfeste im üblichen Umfang, also etwa vier Mal im Jahr können bis 22.00 Uhr hingenommen werden (LG Frankfurt WM 1989. 575).
Nun haben Sie sicher noch kein Fest erlebt, das vor 22.00 Uhr so richtig schön wurde und meist haben Sie ja auch tolerante und verständnisvolle Nachbarn. Doch seien Sie sich dessen bewusst, dass Sie nicht im Recht, sondern vielmehr auf den guten Willen Ihrer Nachbarn angewiesen sind. Informieren Sie Ihre Nachbarn vor allem rechtzeitig. Zum einen kann er mit einer gezielten Vorwarnung diesen Abend auch woanders verbringen, zum anderen weiß er auch ein wenig über das Wie und Warum, wodurch die Geräusche schon nicht mehr ganz so bedrohlich wirken. Als Gastgeber sind Sie für Ihre Gäste verantwortlich: Selbst wenn Sie sich ruhig und besonnen verhalten, kann die Polizei Ihnen ein Bußgeld auferlegen (LG Nürnberg Az. 13 S 10117/99).

Kinder

Kindergeschrei wird von Gerichten nicht als Lärmquelle anerkannt. Wenn der Grundsatz der Rücksichtnahme befolgt wird, ist Kindergeschrei auch während der Mittagsruhe von 13.00 bis 15.00 Uhr erlaubt (OLG Düsseldorf, Az. U 51/95). Typischer und altersbedingter Lärm von Kinderspielen, sei es auf Spielplätzen oder vor dem Haus, ist selbst dann zulässig, wenn technische Grenzwerte überschritte werden. Richter fordern regelmäßig zu erhöhter Toleranz auf und weisen damit verbundene Ansprüche auf Mietminderung oder gar auf eine außerordentliche Kündigung (AG Bad Kreuznach Az. 1 S 21/01) zurück.

Rumpeln im Familientakt

In einem Fall von ungewöhnlich starker Lärmbelästigung verpflichteten die Richter des Landgerichts Berlin den Vermieter zur Kündigung einer lautstarken Familie: Beinahe täglich wurden mehrere Nachbarn auch nach 22.00 Uhr nicht nur durch Kindergeschrei sondern auch durch lautes Poltern geweckt, immer wieder fielen schwere Gegenstände zu Boden, am Sonntagsmorgen lief schon zwischen 6.00 und 8.00 Uhr die Waschmaschine. Dies gehöre auch in einem kinderreichen Mehrfamilienhaus nicht mehr zur üblichen Geräuschkulisse.
(Az. 62 S 290/98)

Doch im Regelfall ist reiner Kinderlärm eben hinzunehmen: Das gilt auch für einen Schichtarbeiter, den fröhliches Kindergeschrei im Innenhof eines Mietshauses den Schlaf kostete (AG Aachen Az. 14 C 318/86). Als Kinder einen Nachbarn, der sich immer mal wieder über sie beschwerte, durch besonders lautes Schreien auf ihr Recht „hinwiesen", schritt das Landgericht Berlin ein: Kinder dürfen zum einen nicht extra laut schreien und müssen zum anderen, wenn ein richtiger Spielplatz in der Nähe ist, sich auch dorthin verziehen (Az. 61 S 22/85).

Kann denn Zirkus Sünde sein?

Ein Zirkus hatte auf einem Privatgrundstück sein Zelt aufgebaut – natürlich mit der notwendigen Genehmigung des Ord-

nungsamtes: Während des Gastspiels von Freitag bis Montag mussten einige Auflagen beachtet werden. Dennoch klagte noch vor der ersten Vorstellung ein Nachbar vor dem Verwaltungsgericht – er erwartete eine ganz unzumutbare Lärmbelästigung. Die Richter gaben dem Zirkusfeind keine Chance: Die Veranstaltungen an dem verlängerten Wochenende sind bei Familien mit Kindern sehr beliebt und stellen keine nennenswerte Beeinträchtigung dar.
(VGH München Az. 24 CS 96.3415)

Gaststätten

Zuständig für Gastwirtschaften ist, ebenso wie für Diskotheken oder Imbissbuden, das Ordnungsamt einer Stadt. Die Geselligkeit wird von deutschen Gerichten selbst in einem reinen Wohngebiet bis 22.00 Uhr als ortsüblich angesehen. Häufig stört aber nicht der eigentliche Lärm innerhalb der Gaststätten, sondern Lärm in der unmittelbaren Umgebung eines Lokals, genannt der „zurechenbare Straßenverkehr" (OVG Bremen, NVwZ-RR 1994, S.80): Nach einem Gerichtsbeschluss muss ab 22.00 Uhr Lärm von an- und abfahrenden Diskobesuchern nicht hingenommen werden, selbst wenn der Besitzer dann schon gegen 21.30 Uhr seinen Ausschank einstellen muss (OVG Münster, DWW 1994, 158). Auch in einem Gewerbegebiet ist ein Diskothekenbesitzer zur Isolierung seiner Gasträume verpflichtet (OVG Koblenz Az. A 69/86).
Generell gilt: Seien Sie als Anwohner so tolerant, dass in dem Wohnviertel, in dem Sie leben, ein Mindestmaß von öffentlichem Leben erhalten bleibt, selbst wenn Sie sich nichts aus einem Kneipenbesuch am Abend machen. Es ist schon manch ein hoffnungsvoller Existenzgründer, sei er nun ein Kneipenwirt oder ein Kinobesitzer, am Widerstand der Nachbarn gescheitert. Bei allen berechtigten Ruhebedürfnissen: Auch Sie möchten nicht in einer reinen, Schnarchstadt wohnen. Besonders erbittert wird dieses Thema regelmäßig zur Sommerzeit in Bayern ausgefochten. Hier gibt es inzwischen eine Biergartenverordnung (BayGVBl. 1995, 311), die Musik und Bewirtung unter freiem Himmel bis 22.30 Uhr erlaubt und erst nach 23.00 Uhr den dazugehörigen Straßenverkehr als unzulässig bewertet.

Baden, Duschen und so weiter

Niemand muss auf den Gang zur Toilette nach 22.00 Uhr verzichten und auch nicht auf das Duschbad, wenn man spät abends nach Hause kommt – vorausgesetzt, man hält sich an eine einsehbar begrenzte Zeit von 30 Minuten für das Duschen oder Baden (OLG Düsseldorf Az. 5 Ss 411/90-181/901).

Wie weit die Vorstellungskraft bei manchen Nachbarn geht, beweist ein Urteil zur Toilettenspülung. Der klagende Nachbar nahm nicht nur Fließgeräusche aus der über ihm liegenden Wohnung wahr, sondern konnte sich die Erzeugung des Geräusches nur allzu genau vorstellen. Vor Gericht versuchte er, seinen Nachbarn von den lärmmindernden Vorteilen des Urinierens im Sitzen zu überzeugen, da die beständige Erledigung im Stehen ihm nervlich schwer zusetzte. Das Gericht lehnte dies ab: Anstatt derart in die Intimsphäre des Mieters einzugreifen, sollte er in diesem Punkt doch mehr Gelassenheit zeigen (AG Wuppertal, Az. 34 C 262/96).

Behindertenlärm

Sie sitzen an einem lauen Sommerabend auf Ihrer Dachterrasse inmitten der Altstadt, sprechen über Kartesische Philosophie bei einem gepflegten Rotwein, immer wieder dringen laute Schreie von Behinderten aus dem angrenzenden Heim zu Ihnen. Bei aller gebotenen Toleranz für diese Menschen, kann denn nicht wenigstens ein bisschen Abhilfe geschaffen werden? Sie möchten Ihren Abend doch genießen!

Ja, auch hier könnte gegenseitige Rücksicht gefordert werden. Wie das Oberlandesgericht Köln in einem ähnlichen Fall feststellte, bedeutet das verfassungsgemäße Toleranzgebot gegenüber Behinderten („Niemand darf wegen seiner Behinderung benachteiligt werden", Art 3 Abs. 3 S.2, GG) nicht, dass keine Maßnahmen gegen „Lärmeinwirkungen wie Schreien, Stöhnen, Kreischen und sonstige unartikulierte Laute" getroffen werden könnten (NJW 1998, S. 1182).

Tolerieren Sie diese Arten von Störungen so weit wie möglich, es sind schließlich keine Stereoanlagen oder Maschinen, sondern menschliche Stimmen. Falls Sie dennoch das Gefühl haben, man könnte durch relativ einfache Maßnahmen Linderung schaffen, scheuen Sie nicht das Gespräch mit dem Heimleiter.

Sonstiger Lärm

- Alarmanlage: Werden Nachbarn durch häufige Fehlalarme gestört, muss die Außenwandsirene abgeschaltet werden (OLG Schleswig ZMR 1980, 146).
- Ehestreit: Normale Streitigkeiten sind hinzunehmen, nicht aber wenn die Auseinandersetzungen regelmäßig länger als 30 Minuten andauern (AG Düsseldorf, NJW 1992, S. 382). Unterhaltungen in normaler Lautstärke sind immer erlaubt.
- Frösche: Quakende Frösche müssen aus Naturschutzgründen hingenommen werden, sei es auf natürlichen oder künstlich angelegten Teichen (BGH WuM 1993, 127).
- Garagentore: Eine Garage, die so viel Lärm verursacht, dass Anwohner aus dem Schlaf gerissen werden, darf nachts nicht benutzt werden (OLG Düsseldorf WuM 1991, 438).
- Kuhglocken: Sie werden auch nachts normalerweise als nicht störend empfunden und müssen von Landbewohnern akzeptiert werden (LG Freiburg, AgrR 1977, 41).
- Altglascontainer gelten als wohntypische Nebenanlagen und sind in der Regel hinzunehmen (VG München NVwZ 1996, 1031).
- Autos: Laut Straßenverkehrsordnung sind unnötiger Lärm und vermeidbare Abgase ordnungswidrig (§ 30 StVO). Damit sind übertriebenes Zuschlagen der Türen und starkes Beschleunigen des Fahrzeuges ebenso regelwidrig wie das winterliche Laufenlassen des Motors, während noch Schnee gekratzt wird (davon abgesehen: Die Heizung wird im Leerlauf auch nicht schneller warm, dem Motor schadet es eher).
- Kirchenglocken sind auch von Nichtchristen zu tolerieren. Das tägliche Läuten muss hingenommen werden, wenn es sich im Rahmen des Herkömmlichen hält (VG Würzburg Az. W 6 E 85). Das gilt auch für liturgisches Läuten am Sonntag, weil es sich um einen sozialadäquaten Vorgang handelt (BVG, NJW 1997, 1938).

Maßnahmen gegen Lärm

Es fehlt ja manchmal wirklich nur ein Tropfen Öl, um lästiges Quietschen zu beseitigen, oder nur ein geringfügig größerer Abstand des Klaviers von der Wand. Sprechen Sie mit Ihrem Nachbarn! Lehnt der Mieter es ab, einen Teppich auf den teuren Parkettboden zu legen, so lassen Sie doch einige Zeit vergehen, meistens haben Sie sich schon nach kurzer Zeit an die neuen Geräusche gewöhnt und hören sie gar nicht mehr. Steigern Sie sich nicht in ein abwartendes Lauschen hinein, denn vor Gericht zählt nicht allein, was Sie als Lärmbelästigung empfinden, sondern wie eine objektive, unbeteiligte Person ohne besondere Sensibilisierung auf die angemahnten Geräusche reagiert. Manche Lärmquelle wird schon allein deshalb als unangenehm laut empfunden, weil man nichts Angenehmes damit assoziiert. Einem Abstinenzler kann schon das leise Aufeinanderschlagen zweier Bierflaschen einen Schauder über den Rücken laufen lassen und ihn so in den Wahnsinn treiben.

Und fragen Sie sich, ob Sie selbst immer leise sind. Befragen Sie auch andere anliegende Bewohner – vielleicht ist Ihre Sensibilisierung mittlerweile so hoch, dass Sie Geräusche hören, über die die andere Nachbarn sich noch nicht einmal im Ansatz Gedanken gemacht haben. Schließlich sprechen Sie mit dem betreffenden Nachbarn – geben Sie dem Störer eine Chance und fangen Sie nicht gleich mit Briefen an den Vermieter oder Anrufen bei der Polizei an. Es ist viel erreicht, wenn man merkt, dass Interventionen etwas bewirken, und man der Belästigung nicht ganz ohnmächtig ausgesetzt ist. Doch wenn das alles nicht hilft: Vermieter einschalten, Anzeige bei der Polizei.

Spätestens wenn es zur Klage kommt, sollten Sie Beweise gesammelt haben. Sehr hilfreich ist ein Lärmprotokoll, auf dem Datum, Uhrzeit und Art der Störung präzise und akribisch verzeichnet sind. Legen Sie ein solches Beweisstück rechtzeitig an – mag es für manche Ihrer Freunde auch nach Verfolgungswahn aussehen. Sind Sie erst einmal in zivilen oder öffentlich-rechtlichen Kampf getreten, zählen nur Fakten.

Tonbandaufzeichnungen werden in aller Regel nicht akzeptiert; suchen Sie sich stattdessen ausreichend Zeugen, die aber nicht aus Ihrem Verwandten- oder Freundschaftskreis kommen sollten. Lassen Sie sich durch den Mieterschutzverein und auch von Anwälten helfen, und das am besten schon bevor Sie eine Klage einreichen. Lassen Sie sich nicht allzu sehr von veröffentlichten Urteilen leiten, der Urteilsspruch in Ihrer Sache ist noch nicht gefällt.

Gerüche

Während die Belästigung durch Lärmimmission eine häufige Streitursache ist, scheint man sich wegen eindringender Gerüche seltener vor Gericht zu treffen. Doch wer einmal erfahren hat, wie unerträglich ein ekelhafter Geruch sein kann, dem man hilflos und manchmal rund um die Uhr ausgeliefert ist, wird nachvollziehen können, dass Geruchsbelästigung durchaus kein Kavaliersdelikt ist. Dabei wird manchem Zeitgenossen nur beim Gedanken an Schweinefett wirklich übel, und wenn dann auch noch das ganze Treppenhaus danach riecht, ist die Lebensfreude mehr als getrübt. Gerüche wirken unmittelbar, der menschliche Geruchssinn ist außerordentlich empfindlich, die Nasenschleimhäute direkter mit dem Stammhirn verbunden, weitgehend ohne zwischengeschaltete „Filter", die Gerüche gedanklich selektieren können. Im Vergleich zu anderen Kulturen haben wir uns nicht nur auf eine gewisse Lärm- sondern auch auf eine erhebliche Geruchsarmut eingerichtet, so dass bereits geringere Abweichungen von einer Geruchsneutralität stark wahrgenommen werden.

Essensgerüche

Essensgerüche als Ausdruck von Lebensqualität und Landeskultur sind grundsätzlich hinzunehmen, aber auch hier gilt das Prinzip Rücksicht: Ein Nachbar klagte, weil Kochdunst direkt in sein Schlafzimmer zog und sich dort in Gardinen und Bettwäsche festsetzte. Die Richter entschieden, dass Gerüche, die sich im Rahmen des Zumutbaren halten, zu tolerieren seien. Wenn aber zu ungewöhnlichen Tages- oder Nachtzeiten Speisen mit erheblichen Fett- oder Verbrennungsdämpfen zubereitet werden, ist eine Dunstabzugshaube einzubauen (OGL Köln Az. 16 WX 67/97).

Koch mir das Kraut bei Ostwind!

Im oberbayerischen Traunstein ließen sich die drei Richter einen Topf Sauerkraut kochen. Grund des ungewöhnlichen

Ortstermins war, festzustellen, ob der Nachbar durch die dabei entstehenden Gerüche unzulässig beeinträchtigt wird. Ein empfindlicher Nachbar wollte speziell bei vorherrschendem Ostwind ein Kochverbot erreichen, da immer dann seine Nachbarhaushälfte olfaktorisch in Mitleidenschaft gezogen wurde. Gerichtlich wurde anschließend festgestellt, dass die Beklagte durchaus das Küchenfenster öffnen dürfe und nicht etwa einen Dunstabzug auf die andere Seite des Hauses verlegen müsse – denn: „gewöhnliche Essendüfte" sind „sozialadäquat".
(AG Traunstein Az. S 326/97)

Gerüche lassen sich nur schwer abstellen. Wie auch kann man vermeiden, dass es im ganzen Treppenhaus nach einer schwülen Melange von Essen riecht? So muss Essengeruch im Treppenhaus, Knoblauch inbegriffen, geduldet werden (AG Hamburg-Harburg Az. 643 C 230/92). Mieter dürfen selbstverständlich zu jeder Tages- und Nachtzeit kochen (LG Essen Az. 10 S 491/98).

Dringt aber der Geruch von Speisen oder auch Tabakrauch nicht nur durch den Türspalt oder durch ein geöffnetes Fenster in Ihre Wohnung, sondern durch undichte Wände und Fugen, so können Sie durchaus eine Mietminderung fordern. Das Landgericht Stuttgart setzte einen Nachlass um 20 Prozent fest (Az. S 421/97).

Wabert Gestank einer krankhaft verwahrlosten Person in das Treppenhaus, der von stinkender Kleidung, Abfällen und verdorbenen Speiseresten herrührt, ist eine Kündigung dieser Person rechtens (AG Saarbrücken, DWW 1994, S.186).

Sommerzeit ist Grillkriegzeit

Beim abendlichen Grillen von Würstchen, Steaks und Spareribs entsteht nicht nur gute Laune, sondern auch geselliger Lärm (siehe dort) und vor allem Rauch und Qualm, den die Holzkohle in Verbindung mit herabtropfendem Fett verursacht. Bei einem großzügig angelegtem Grundstück mit viel Gartenfläche zwischen den Häusern gibt es dabei wenig Probleme. Je dichter allerdings gewohnt wird – und mache haben als Freiraum nur einen Balkon um sich –, umso lästiger kann das Fleischbrutzeln werden.

Denn sommerliches Grillen erzeugt nicht nur den typisch appetitanregenden Geruch, sondern leider auch Verdruss beim Nachbarn, dem die fettigen Rauchschwaden ins Wohn- und Schlafzimmer wehen. Dringt solcher Qualm nun in „konzentrierter" Form in anliegende Gemächer, so ist von einer „erheblichen" und damit unzulässigen Belästigung auszugehen. Wegen Geruchsbelästigung bis 2.30 Uhr nachts musste ein Griller eine Geldbuße von 200 DM hinnehmen (OLG Düsseldorf, Az. 5s Owi 149/95 – Owi 79/95).

Allerdings fragt sich, was genau „konzentriert" bedeutet: Denn sobald des Nachbarn Fenster geöffnet sind, dringt natürlicherweise auch Rauch ein. In einem Streit unter Wohnungseigentümern entschied das Landgericht Stuttgart, dass Nachbarn durchaus stärkere Immissionen hinzunehmen haben, denn das Grillen stelle „in einer multikulturellen Freizeitgesellschaft, die von einer zunehmenden Rückbesinnung auf die Natur geprägt ist, eine übliche und im Sommer gebräuchliche Art der Zubereitung von Speisen jeglicher Art dar." Eine Grilldauer von sechs Stunden im Jahr müsse toleriert werden (Az. 10T 359/96).

Beherzigen Sie in jedem Fall doch einige Regeln beim Grillen, um den Nachbarn den unnötigen Rauch aus den Segeln zu nehmen:

- Falls möglich, weichen Sie auf weniger dicht bebaute Grillplätze aus, wenn Sie in einem engen Hinterhof leben. Halten Sie Abstand und installieren Sie notfalls einen Windschutz.
- Bei einem Holzkohlegrill kann ein spezieller Rost verhindern, dass Fett herabtropft. Verpacken Sie sehr fetthaltiges Fleisch in eine Alufolie. Zusätzlicher Vorteil: Es entsteht weniger Krebs erzeugendes Benzpyren.
- Weichen Sie auf einen elektrischen oder gasbetriebenen Grill aus – diese sind leichter zu bedienen und das Fleisch, hat man es zuvor gut eingelegt, ist kaum weniger schmackhaft.
- Sprechen Sie auch mal eine Einladung an den Nachbarn aus.

Ein Steak im Putzeimer

Entgegen solcher sozialen Errungenschaften der Höflichkeit erlaubte sich ein wohl situierter Geschäftsmann, dem das Grillen des unter ihm wohnenden Nachbarn unerträglich wurde, zur Selbsthilfe zu greifen: Unter wüsten Beschimpfungen goss

er einen Eimer Putzwasser über Grill und Steaks. Die Quittung überreichte ihm das Amtsgericht in München: Wegen Beleidigung und Sachbeschädigung wurde er zu einer Geldstrafe von 1500 DM verurteilt.
(AG München 19.06.2001)

Ist maßvolles Grillen auf dem Balkon oder der Terrasse generell zulässig? Das kann allgemein nicht beantwortet werden, da es unter anderem auch davon abhängt, ob Ihnen eine Wohnung gehört oder Sie zur Miete darin wohnen. Einem Mieter kann das Balkongrillen als „nichtvertragsgemäßer Wohnungsgebrauch" durchaus untersagt werden, weil die Belästigung der übrigen Mieter durch Rauch grundsätzlich unzumutbar ist (AG Hamburg Az. 40 C 229/72). Auch kann ein Mehrheitsbeschluss der Eigentümer einer Wohnanlage rechtens sein, wonach das Grillen auf Terrassen, Balkonen und Rasenflächen wegen Brandgefahr und Geruchsbelästigung untersagt ist (OLG Zweibrücken Az. 3 W 30/93). In Mehrfamilienhäusern dürfen die Bewohner nur einmal im Monat auf Balkon oder Terrasse grillen, sofern sie ihre Nachbarn 48 Stunden zuvor informieren, entschied das Amtsgericht Bonn (6 C 545/96).

Zigarettenrauch

Wenn schon nicht grillen, dann eben paffen! Auf dem eigenen Balkon darf man so viel rauchen, wie die Lunge aushält: Werden Sie zum Rauchen auf den Balkon verwiesen, so können Sie auch dann noch rauchen, wenn die werte Gattin im Stockwerk darüber ihre Migräne dem Tabakrauch zuschreibt. Es ist schließlich unmöglich zu verhindern, dass der Nikotinqualm immer ein wenig angrenzende Wohneinheiten erreicht (AG Bonn 6 C 510/98).
Wenn allerdings ein Kettenraucher gar die Gesundheit seiner Nachbarn gefährdet, könnte von ihm größere Rücksicht verlangt werden. Allerdings kann sich ein Nachbar nicht auf die Gefährdung durch so genanntes Passivrauchen berufen, wenn sich ein Raucher nur kurz im Treppenhaus aufhielt. Inhaber von Eigentumswohnungen können im Treppenhaus kein Rauchverbot erwirken (Bay ObLG WM 99, 536).

Stallgeruch, Misthaufen, Biotonnen und Kläranlagen

Stallgeruch oder Pferdemist auf dem Land muss als ortsüblich hingenommen werden: Doch wenn der Stallbesitzer die übel riechende Abluft mit einem Ventilator gezielt auf das Nachbargrundstück leitet, muss dies keineswegs mehr geduldet werden (LG Nürnberg-Fürth Az. 13 S 250/94).

48 Meter für 200 Schweine und 300 Seelen?

Selbst in einem 300-Seelen-Dorf, in dem überwiegend Landwirtschaft betrieben wird, darf nicht nach Belieben gestunken werden: Ein Bauer entschied sich vor einiger Zeit, die Rindermast aufzugeben und auf Großschweinemast umzurüsten. Die Aufstockung auf 200 Mastschweine wurde vom Landratsamt jedoch nicht genehmigt. Der 48 Meter entfernt wohnende Nachbar klagte über den nun erheblich höheren und penetranteren Gestank. Er bekam Recht: Zum einen ist auch innerhalb des Dorfes ein Abstand von 80 Metern zwischen den Höfen üblich, zum anderen ist die fehlende behördliche Genehmigung auch ein Argument für den Zivilrechtsstreit.
(BGH Az. V ZR 64/98)

Eine Kläranlage hat noch nie gut gerochen, doch ist sie für jede Gemeinde unerlässlich. Eine Gemeinde muss den betroffenen Nachbarn nicht nur für den gesunkenen Wert seines Grundbesitzes, sondern auch für die konkrete Beeinträchtigung entschädigen (BGH NJW 1984, 1876). Ähnliches gilt bei einer Mülldeponie: Hier kann der Nachbar nicht die Stilllegung verlangen – der Betrieb dient dem Gemeinwohl –, aber eine Geldentschädigung, wenn die Immissionen über ein duldbares Maß hinausgehen (BGH in NJW 1980, S.770).

Kompost und Müll

Komposthaufen oder Mülltonnen dürfen an den Rand des Grundstückes gestellt werden, sofern der Gestank nicht unerträglich ist – eine leichte Beeinträchtigung bei bestimmten Windrichtungen ist hinzunehmen (LG Regensburg Az. S 320/83). Der unschöne Anblick einer Reihe vom Mülltonnen allein berechtigt den Nachbarn nicht, einen anderen Stellplatz ein-

zufordern. Die Rücksichtnahme gebietet allerdings, den Müllbehälter in eine Ecke zu stellen, in der er alle Beteiligten am wenigsten stört.
Im Nachbarschaftsrecht Baden-Württemberg findet sich auch eine Regelung für Kompostanlagen: Bei einer Anhäufung des Komposthaufens um zwei Meter Höhe muss der Abstand zur Grundstücksgrenze einen halben Meter betragen. Achten Sie auf eine fachgerechte Anlage des Komposthaufens: Meist verursachen tierische Abfälle sowie Staunässe durch einen lehmigen Untergrund einen schlecht belüfteten und damit stinkenden Komposthaufen, der vom Nachbar zu Recht moniert werden kann (LG München NJW-RR 1988, S. 205).
Werden Biotonnen derart arrangiert, dass Gestank in Flur und Wohnungen dringt, kann zu Recht Abhilfe gefordert werden (LG Osnabrück, Az. II S 402/96). Gartenabfälle wie Äste, Zweige, Blätter und Reisig dürfen im Innenbereich von Wohngegenden in aller Regel nicht verbrannt werden – und auch außerhalb gelten oft recht restriktive Vorschriften, die einem einen Gang zur Kompostieranlage nahe legen.
Heizt Ihr Nachbar mit Holz und dringen an manchen kalten Tagen dichte dunkle Rauchschwaden in die Luft, so haben Sie die Möglichkeit, über die Gemeindeverwaltung beim Landratsamt eine Überprüfung zu erwirken. Der Bezirksschornsteinfeger wird die Heizanlage überprüfen und Mängel oder Verstöße gegen Umweltvorschriften feststellen.

Messbarkeit von Gerüchen und Luftverunreinigungen

Gerüche werden als recht subjektiv empfunden und lassen sich, im Vergleich zu Lärm, schwerer messen. Unmöglich ist es indes nicht. Es gibt eine Geruchs-Immissions-Richtlinie (GIRL), die u.a. Grenzwerte für die Häufigkeit von Gerüchen bereit stellt. So darf es in einem Wohn- und Mischgebiet in 10 Prozent der Untersuchungszeit riechen, in einem Gewerbe- und Industriegebiet liegt die „Geruchsstundenhäufigkeit" bei 15 Prozent. Diese Richtlinie unterscheidet nicht zwischen der Art der Belästigung, sie ignoriert den Unterschied zwischen einer Biogasanlage, eine Kaffeerösterei oder einem Kompostwerk. Unabhängige Sachverständige können Gutachten erstellen, in die sach- und regelgerecht so genannte Geruchsbegehungen wie auch olfaktorische Messungen sowie Verursacheranalysen einbezogen sind.

Handelt es sich nicht nur um Geruchsbelastung, sondern um ausgesprochene Luftverunreinigung, werden die Richtlinien der „Technischen Anleitung Luft“ (TA-Luft) relevant. Diese komplizierten technischen Vorschriften und Grenzwerte zum Bundesimissionsschutzgesetz (BImSchG) müssen jedoch nicht zwangsweise erfüllt werden. Das Gericht kann auch das „Empfinden eines verständigen Durchschnittsbenutzers“ (BGH 1958, 120, S. 259) als Maßstab heranziehen, nicht aber das „subjektive Empfinden des Gestörten“. Ferner gilt auch bei Luftverschmutzungen, dass sie ortsunüblich sein müssen, damit man gegen sie vorgehen kann.

Der Garten

Wer einmal die USA besucht hat, wird sich sicher über die dortigen Gartenanlagen gewundert haben. Ohne Zaun blickt man über den meist sehr ordentlich gepflegten Rasen direkt auf das Haus. Man sieht so gut wie nie einen Amerikaner „garteln“, stattdessen werden die recht uniformen Rasenanlagen von Privatfirmen regelmäßig auf Bürstenschnitt getrimmt. Nun – bei uns im guten alten Europa und erst recht in Deutschland ist dies anders: Mit der kleinsten Krume eigenen Grunds muss individuell umgegangen werden. Gartenarbeit gehört nach wie vor zur beliebten Freizeitbeschäftigung. Und wenn es auch verschiedene Gartenmoden gibt, an denen sich Hobbygärtner orientieren, so möchte man doch innerhalb der „eigenen vier Zäune“ tun und lassen, was beliebt. Selbst halb verwilderte Brachlandschaften werden als gewollt naturnah deklariert.
Wenn das nur so einfach wäre! Von Problemen bei Kompostanlagen haben wir schon berichtet. Doch weiter: Was nützt einem der schönste Garten, wenn keine Sonne mehr auf ihn scheint? Müssen Sie tatenlos zusehen, wie aus Ihrem einst mild beschienenen Südhang ein dunkler, feuchter, efeubewachsener Dschungel wird?

Bäume und Sträucher, die in das Nachbargrundstück ragen

Der Eigentümer eines Grundstückes kann nach § 1004 BGB von dem Eigentümer des Nachbargrundstückes verlangen, dass dieser Wurzeln und Zweige, die über die Grundstücksgrenze wachsen, beseitigt, wenn die Wurzeln oder Zweige die Benutzung des Grundstückes wesentlich beeinträchtigen. Eigentümer dürfen auch zur Selbsthilfe greifen und die Beseitigung selbst vornehmen, bei Wurzeln sofort und bei Zweigen, wenn sie dem Besitzer des Nachbargrundstückes eine angemessene Frist zur Beseitigung gesetzt haben und die Beseitigung nicht innerhalb der Frist erfolgte (§ 910 BGB).
Geringfügige Beeinträchtigungen rechtfertigen indes noch kein Abschneiderecht. Ein Grundstückseigentümer kann also grundsätzlich nicht verlan-

gen, dass der Nachbar seine Bäume beschneidet oder gar fällt, wenn diese sein Haus oder seinen Garten teilweise abschatten, urteilte 1998 das Oberlandesgericht Hamm. Nur in Ausnahmefällen ist er verpflichtet, seine Bäume zu stutzen. Ein Grund wäre, wenn der ganz überwiegende Teil des Nachbargrundstücks im Schatten liegt, was im vorliegenden Streitfall nicht der Fall war (Az. 5 U 67/98).

Deine Weide zieh ich dir aus!

Es fällt freilich schwer, eine eigene Abschattung durch den Nachbarn hinzunehmen, selbst wenn zahlreiche beinahe gleich lautende Urteile gesprochen wurden. Ein Jahr später (1999) klagte ein Grundstücksbesitzer vor dem Landgericht Nürnberg-Fürth, sein Grundstück bekomme wegen der 15 Jahre alten und über zehn Meter hohen Korkenzieherweiden keine Sonne mehr am Nachmittag. Und im Herbst wäre er stundenlang beschäftigt, herabfallendes Laub aus seinem Teich und der Dachrinne zu entfernen. Die Weide müsse auf sechs Meter zurückgeschnitten werden. Der Schattenwurf, so urteilten die Richter, ist „naturgegeben“ und das Laubproblem in der Umgebung „ortsüblich“ sowie auf wenige Wochen im Jahr beschränkt und somit hinzunehmen. Selbst wenn in der näheren Umgebung eher Ziergärten angelegt sind, gehören auch größere Bäume zur üblichen Begrünung der Grundstücke.
(Az. 13 S 10117/99)

Analog gilt dies bei Laubbefall eines Swimmingpools: Die Poolbesitzer müssen selbst das fremde Laub auffischen (OLG Düsseldorf 9 U 10/95). Gegen das Rauschen von hohen Pappeln ist nichts zu unternehmen, auch der extreme Laubwurf muss hingenommen werden, allenfalls kann dem mit Laub zugeschütteten Nachbarn ein geringer Geldbetrag angeboten werden (LG Saarbrücken, MDR 1988, S. 54).

Ein Hobbygärtner sorgte sich um seinen frisch angelegten Ziergarten. Nicht nur, dass die nachbarliche Thujahecke um etwa 50 cm auf sein Grundstück ragte, einige überhängende Fichtenzweige bedeckten seine Beete bis zu drei Meter. Doch der Nachbar reagierte nicht auf des Blumenfreundes Klagen – Nadelfall, Schatten, ein dahinvegetierender Ziergarten waren seine Sorgen nicht. Der Gärtner des verschatteten Grundstücks veranlasste daraufhin die Beseitigung der störenden Überhänge und stellte die Rechnung seinem hartherzigen Nachbarn zu. Als dieser die Bezahlung verweigerte, mussten die Richter entscheiden: Auch geringfügiger Überhang muss vom Verursacher beschnitten werden, wenn der Nachbar dies wünscht. Weigert sich der betreffende Eigentümer, so muss er entstehende Kosten in der Tat begleichen. (AG Königstein, Az. 21 C 113/00). Bedenken Sie, dass bei vielen Bäumen ein Rückschnitt nur außerhalb der Wachstumsperiode, also von Oktober bis zum 5. März erlaubt ist.

Apropos Thujahecke: Den Überhang beseitigen bedeutet nicht, die ganze Hecke in der Höhe zu kürzen! Wer die zwei Meter hohe Thujenhecke seines Nachbarn um einen Meter „erniedrigt", muss Schadensersatz für eine Neupflanzung (hier 3 000 DM) leisten (AG München, 273 C 25082/99). Allerdings muss er nicht auch noch dem eigens bestellten Gutachter 475 DM bezahlen, weil diese Schadensfeststellung überflüssig war. Ein ganz ähnlicher Fall von nachbarlichem Überhang eskalierte in fahrlässigem Übermaß, wie das folgende Urteil zeigt:

Zwei Männer und eine Kettensäge

Ein Gartenbesitzer ärgerte sich schon lange über hineinragende Äste. Als selbst mehrfache Beschwerden nicht fruchteten, griff er wütend und erbost zur Kettensäge, um eigenmächtig – und eigentlich berechtigt – die Äste zu entfernen. Als der Nachbar ihn unter wildem Protest aufforderte, von den Ästen abzulassen, kam es bei laufender Kettensäge zu einer Schlägerei. Der Baumbesitzer wurde durch Schürfwunden und Prellungen verletzt, verließ den Kampfplatz kurzzeitig, um aufzurüsten: Man kämpfte schließlich mit Spaten und Rechen, bis sich die immer noch laufende Kettensäge im Geäst verklemmte. Als der Nachbar, der die Kettensäge eingesetzt hatte, vor Gericht Schmerzensgeld forderte, wurde er von den Richtern ab- und damit deutlich zurechtgewiesen: Der Kläger habe jedes Maß verloren, und nur durch viel Glück hatte die schwere Kettensäge im Laufe des Kampfes niemanden lebensgefährlich verletzt.
(OLG Frankfurt Az. 24 U 45/98)

Gegen Unkraut aus Nachbars Garten ist nichts zu machen: Regelmäßig entscheiden die Richter, dass Samenflug unerwünschter Pflanzen aus einem verwilderten Nachbargarten keine wesentliche Störung des Nachbars im Sinne von § 1004 BGB darstellt. Er muss das Unkraut dulden. Ähnliches gilt in einer Neubausiedlung, wenn der Eigentümer seinen noch unbebauten Grund wenigstens ein Mal im Jahr mäht (AG Tecklenburg. MDR 1981, S.51). Auch ein benachbarter Biobauer konnte nicht verlangen, dass Disteln aus einem Garten nebenan entfernt werden müssen (OLG Schleswig Az. 3 U 205/91). Wer aber absichtlich Brennnesseln an die Grundstücksgrenze pflanzt, muss dies unterlassen (OLG Karlsruhe Az. 1 W 31/71).Ein Nachbar hat keinen Anspruch auf Beseitigung des Überhanges einer Trauerbuche, soweit er über Griffhöhe in den Luftraum des Nachbargrundstücks ragt. Erst wenn sich die Zweige tiefer in die Garagenfahrt neigen, ergebe sich eine wesentliche Eigentumsbeeinträchtigung (AG Wiesbaden Az. 96 C 1504/89).

Ein Grundstückseigentümer kann nicht verpflichtet werden, seine Birke zu fällen, selbst dann nicht, wenn sein Nachbar unter einer Birkenpollenallergie leidet. Zwar handelt es sich in der Tat um eine lästige, aber eben nicht „wesentliche" Beeinträchtigung, insbesondere da Birken ökologisch wertvoll sind (LG Frankfurt/Main, Az. 2/16 S 49/95). Auch wenn Kinder gegen Wespenstiche allergisch sind und Nachbars Obstbäume Bienen und Wespen vermehrt anlocken, entsteht daraus kein Abwehranspruch.

Sind Bäume eines Nachbarn von Ungeziefer (hier: Wollläusen) befallen, so muss er nicht dafür sorgen, dass diese nicht auf das Nachbargrundstück überspringen. Gegen Naturerscheinungen besteht kein Abwehranspruch (BGH. V ZR 213194).

Wenn ein Nachbar allerdings glaubhaft machen kann, dass von einem Baum eine Gefahr auf Gesundheit und Eigentum ausgeht, kann er die Fällung fordern. Es genügt, dass er auf die allgemeine Lebenserfahrung verweist, dass ein morscher, alter Baum bei Sturm umfallen könnte, um sogar einen unter Naturschutz stehenden Baum zu kappen (OVG Saarland, Az. 2 R 2/98). Stürzt ein (eigentlich gesunder) Baum nach einem Sturm auf das Nachbargrundstück, hat der Nachbar kein Anspruch auf Schadensersatz (BGH, Az. V ZR 250/92).

In der Nähe von Kinderspielplätzen dürfen keine giftigen Pflanzen, wie etwa Goldregen, angepflanzt werden. Wer im Umkreis von etwa 30 Metern dieses Gebot ignoriert, macht sich schadensersatzpflichtig, wenn es zu Vergiftungserscheinungen bei Kindern kommt.

Bäume, die zu dicht an der Grenze stehen

Wegen des vielen Streits um überhängende Äste, Verschattung und Laub haben die Gesetzgeber in den regionalen Nachbarschaftsgesetzen Mindestabstände festgelegt, die beim Pflanzen von Sträuchern und Bäumen eingehalten werden müssen. Welches der genaue gesetzlich vorgeschriebene Abstand von Bäumen zur Grundstücksgrenze ist, entnehmen Sie bitte den im Einzelnen recht unterschiedlichen Ländervorschriften, die Sie im Kapitel „Gesetzestexte" finden.
Als Faustregel gilt: Der Abstand sollte ein Drittel der zu erwartenden Höhe betragen. Der Nachbar kann noch bis zu fünf Jahre nach Pflanzung den falschen Abstand beanstanden, seine Ansprüche sind jedoch nur auf dem zivilen Rechtsweg durchsetzbar. Rügen Sie Überschreitungen schriftlich und rechtzeitig. Ihr gesetzmäßiger Anspruch verjährt sonst. Stellen Sie sich auch immer vor, wie der Baum sich in den nächsten Jahren oder Jahrzehnten entwickeln wird. Nach der Frist von fünf (in manchen Ländern auch sechs) Jahren können Sie nur noch überhängende Äste oder zu weit reichendes Wurzelwerk beseitigen (lassen). Als Wurzelwerk die Kanalisation des Nachbarn zu zerstören begann, musste der Eigentümer des Baumes die gesamte Sanierung bezahlen (BGH 1986 S. 2640).

Mindestabstand für hoch wachsende Laub- und Nadelbäume von der Grundstücksgrenze zum Nachbarn

(in Bremen, Hamburg und Mecklenburg-Vorpommern fehlen genaue Regelungen)

Bundesland	Mindestabstand
Baden-Württemberg	8 m
Bayern	2 m
Berlin	3 m
Brandenburg	4 m
Hessen	2 – 4 m

Bundesland	Mindestabstand
Niedersachsen	3 – 8 m
Nordrhein-Westfalen	4 m
Rheinland-Pfalz	2 – 4 m
Saarland	2 – 4 m
Sachsen	0,5 – 2 m
Sachsen-Anhalt	0,5 – 6 m
Schleswig-Holstein	1/3 der Höhe
Thüringen	2 – 4 m

Oft ist die Hausbebauung bei Ein- und Zweifamilienhäusern so dicht, dass eine vernünftige Gartengestaltung unter Einhaltung der zulässigen Grenzen gar nicht mehr möglich ist. Also: Seien Sie nicht übermäßig stur und verlangen Sie vom Nachbarn nicht, er solle jeden Buchstaben des Gesetzes beachten. Bei schmalen Reihenhausgrundstücken einigt man sich besser mit dem Nachbarn über eine sinnvolle Bepflanzung. Solche Vereinbarungen sind grundsätzlich schon mündlich wirksam. Aus Beweisgründen kann es sich aber empfehlen, sie schriftlich niederzulegen. Die Vereinbarung bindet nur den Nachbarn, nicht aber einen etwaigen späteren Käufer des Grundstücks.

Baumschutzverordnungen

Selbst wenn Sie alles Recht hätten, den Nachbarsbaum zu stutzen, müssen Sie noch auf so genannte Baumschutzverordnungen achten, die jede Gemeinde unterschiedlich festlegt. Die Vorschriften der Baumschutzverordnungen sind noch einmal komplizierter als die der Abstandsregeln. Man kann generell sagen, dass jeder Baum mit einem Stammumfang von mehr als 60 cm, gemessen einen Meter über dem Grund, unter eine Schutzverordnung fallen kann. Baumschutzverordnungen haben einen räumlichen Geltungsbereich – im Allgemeinen erstrecken sie sich auf Gemeindeflächen innerhalb bebauter Ortsteile. Dadurch muss der Sinn des

Schutzes nicht im Einzelnen von der Gemeinde nachgewiesen werden. Seien Sie also vorsichtig, bevor Sie auch bei Überhang von Ästen und Wurzeln zur Säge greifen. Der Verstoß gegen Baumschutzverordnungen kann zu empfindlichen Geldbußen führen. Eine alte Kastanie muss schon extrem stören, dass Sie überhaupt Aussicht auf Erfolg haben. Ihr Klageweg ist dann ein öffentlich-rechtlicher. So entschied das Verwaltungsgericht Kassel (NVwZ 1994, S.1020), dass eine 100-jährige Kastanie, die sechs Meter vor dem Wohnzimmerfenster stand, nicht gefällt werden darf. In einem ähnlichen Fall konnte der schattengeplagte Kläger nicht einmal mehr an einem sonnigen Tag ohne künstliches Licht eine Zeitung lesen. Das Verwaltungsgericht Berlin (LKV, S.80) erlöste ihn und gestattete, den Baum zu fällen.
Nicht immer sind überhängende Äste lästig. Bei einem mit süßen Äpfeln oder Birnen beladenen Überhang liegt die Versuchung nahe, sich direkt zu bedienen oder mit ein wenig Schütteln und Rütteln die Früchte zu Fall zu bringen: Doch Vorsicht! Nach § 911 BGB müssen Sie schon warten, bis die Früchte auf Ihren Grund gefallen sind; solange sie am Baum über Ihrem Grundstück hängen, gehören sie dem Nachbarn, der sie z. B. noch mit einem Fangnetz ernten möchte. Das Recht, Ihr Grundstück zum Ernten zu betreten, hat der Nachbar nicht.

Gartenzwerge

An Gartenzwergen scheiden sich die Geister, die einen finden sie schlicht spießig und kleinbürgerlich, für die anderen sind sie eine liebevolle Bereicherung altgermanischer Sitten und Gebräuche. Weil diese „ästhetische Immission" nun einmal Geschmackssache ist, lassen die Richter darüber streiten – aber bitte nicht vor Gericht. Solange Ihre Gartenzwerge auf eigenem Grund und Boden stehen, hat niemand das Recht, Ihnen dies zu untersagen. Nach diesem Grundsatz wurde auch vor dem Amtsgericht Recklinghausen entschieden:

Kleine Zwerge, große Kultur

Die Bewohner einer Wohnanlage klagten über ganz brav ihren Schubkarren schiebende oder Pfeife rauchende Zwerge, denn diese würden – da die dahinter vermutete Geisteshaltung

offensichtlich kleinkariert sei – den Wert ihres Eigentums mindern. Doch der Vater dieser Zwerge verfügte über ein Sondernutzungsrecht des Gartens, der Zwergenrasen war also nicht Gemeinschaftseigentum, woraus folgte, dass die klagenden Mitbewohner von Mitgebrauch und Gestaltungsrecht ausgeschlossen sind (Az. 9 II 65./95).
In einem ähnlichen Fall hatte die Eigentümergemeinschaft Erfolg: Die zwei Gartenzwerge des Typs „Musensohn“ waren im Garten beheimatet, der als Gemeinschaftseigentum von allen Bewohnern genutzt werden darf. Daher, so das Gericht, „müssen die Zwerge trotz ihrer geringen Abmessung von 25 Zentimetern entfernt werden, da ihre leuchtend roten Zipfelmützen im sie umgebenden Grün des Gartens deutlich auffallen“. (Hanseatisches OLG Hamburg Az. 2 W 7/87)

Die Gartenzwerge, erbost von so viel richterlicher Strenge, mutierten alsbald zu den so genannten „Gliedvorzeigern“, wie man sie im Fachjargon alsbald klassifizierte. Das richterliche Urteil folgte unerbittlich: „Bei diesen so genannten Frustzwergen handelt es sich um Werkstoff gewordene Stellvertreter menschlicher Fantasie, deren Gestik und Körperhaltung ehrverletzende Wirkung zugesprochen werden kann. Wenn also solche Gebilde die für einen Gartenzwerg untypischen Posen einnehmen, wie Zunge herausstrecken, Vogel zeigen, Hinterteil entblößen oder sogar Geschlecht zeigen, dann kann davon ausgegangen werden, dass diese Geschöpfe in der Absicht geschaffen wurden, den Nachbarfrieden zu stören.“ Folge: Sie müssen verschwinden! (AG Grünstadt, Az. 2a C 334/93)

Kleinstgarten Balkon

Für viele Mieter ist der Balkon eine schöne Möglichkeit, ohne große Reise an die frische Luft zu kommen. Sie sind dabei freilich erheblich eingeschränkt im Vergleich zu einem Garteneigentümer. So ist die Vogelhaltung auf dem Balkon zur Ruhe- und Nachtzeit verboten (LG Köln 2 O 370/86). Blumenkästen jedoch dürfen nicht mit dem Argument versagt werden, sie könnten bei einem Sturm hinabfallen (AG München Az. 431 C 2477/95, kein Urteil). Sogar Wäschetrocknen kann untersagt werden, wenn die

Wäsche für Vermieter und Nachbarschaft unpassend über die Balkonbrüstung hinausragend sichtbar ist (AG Euskirchen Az. 13 C 663/94). Und selbst wer sich angesichts dieser vielfachen Reglementierungen verstecken will, hat es schwer:

Gesteigertes Bedürfnis nach Balkonverhüllung

Eine Dame wollte gänzlich ungestört und unbeobachtet sein und verhüllte ihren Balkon von allen Seiten. Dazu brachte sie an der Unterseite des darüberliegenden Nachbarbalkons eine Schiene an, woran sie einen schweren Kunststoffvorhang befestigte. Diesen benutzte sie nicht nur vorübergehend zur Sonnenabdeckung, sondern schottete sich damit auf Dauer gänzlich von der Außenwelt ab. Die Vermieterin wollte das nicht hinnehmen und klagte schließlich vor dem Amtsgericht Münster. Die Richter gestanden zwar zu, dass es üblich sei, Markisen und Sonnenschirme anzubringen. Doch mit Vorhangstoff einen Balkon in einen völlig geschlossenen Raum zu verwandeln, sei nicht im Sinne des Balkons. Die Mieterin, so urteilten sie, müsse Vorhang und Schiene wieder beseitigen.
(Az. 48 C 2357/01)

Ein Mieter bekam vom Eigentümer die Erlaubnis, den nicht mitgemieteten Garten unentgeltlich bis auf Widerruf zu benutzen. Als der Vermieter ihn nach zehn Jahren Nutzung ohne Angabe von Gründen aufforderte, den Garten zurückzugeben, wollte der Mieter dem nicht Folge leisten. Zu Recht, wie das AG Recklinghausen beurteilte: Der Widerruf sollte durch einen sachlich gerechtfertigten Anlass begründet sein (Az. 12 C 12/99).

Schrebergärten und Wochenendsiedlungen

All die für Privatgärten aufgeführten Regeln und Gesetze gelten nicht zugleich für Schrebergärten. Die Schrebergärten, ursprünglich entwickelt im 19. Jahrhundert als Armengärten, sind normalerweise immer noch Eigentum von Bundesbahn und Kirchen oder von Städten und Gemeinden. In jedem Kleingartenverein wird durch die Vereinssatzung die Kleingartenordnung bestimmt. Machen Sie sich bitte gründlich mit der jeweiligen Satzung und auch mit dem Geist, in dem diese Satzung entstand, vertraut. Es gibt recht große Unterschiede zwischen peniblen Vorschriften und etwas großzügigeren Ansichten über einen gepflegten Garten. In jedem Fall können Sie nicht vom Verein festgeschriebene Gebäude- und Pflanzenabstände vor Gericht einklagen, wie Sie als Eigentümer eines Grundstückes das verbriefte Recht hätten. Machen Sie sich daher bitte eigens vertraut mit dem Bundeskleingartengesetz (BKleinG).

Wochenendsiedlungen dagegen befinden sich meist im Eigentum der Nutzer, sie sind nicht an bestimmte Vereinsordnungen gebunden. Sehr verschiedene Nutzungsarten, vom ruhigen Harken im Garten bis zu ausgelassenem Feiern im Freien mit Kind und Kegel, müssen hier miteinander in Einklang gebracht werden.

Grenzstreitigkeiten

Die natürliche Landschaft kennt nur wenige scharfe sichtbare Grenzen, die allermeisten Menschen untereinander aber brauchen solche für ihr Wohlbefinden. Nicht fließend, sondern hart und übergangslos ist die Grenze zwischen großen Reichen mächtiger Herrscher, ebenso zwischen den kleinen Festungen des eigenen Zuhauses. Unerträglich der Gedanke, die Grenze zum Nachbarn könnte nur annähernd oder nicht genau bestimmt werden. Nach Grundbuch und Theodolit kommen Wände, Mauern und Zäune.

Die Grenze ist zunächst die gedachte Linie zwischen zwei Grundstücken. Sichtbar wird eine Grenze erst durch eine Kennzeichnung, auch „Abmarkung" genannt. Wenn ein Nachbar seine Grenze tatsächlich für alle sichtbar setzen will, kann er eine Kennzeichnung verlangen:

§ 919 BGB [Grenzabmarkung]

(1) Der Eigentümer eines Grundstücks kann von dem Eigentümer eines Nachbargrundstückes verlangen, dass dieser zur Errichtung fester Grenzzeichen und, wenn ein Grenzzeichen verrückt oder unkenntlich gemacht ist, zur Wiederherstellung mitwirkt.

Manchmal verläuft die Grundstücksgrenze entlang einer Straße oder eines Bachs – dann bedarf es keiner gesonderten Kennzeichnung. Ansonsten werden neben traditionellen Markungen wie Pflöcken und Steinen auch so genannte Einfriedungen, also Mauern und Zäune, genau entlang der Grundstücksgrenze gezogen. Nachbarn können nicht selbst ihre Grundstücke vermessen und Grenzzeichen setzen, vielmehr wird dies durch ein öffentliches Abmarkungsverfahren mit Hilfe von Vermessungsämtern und Feldgeschworenen beurkundet.

Mauern, Zäune und Hecken

Ein Eigentümer hat das Recht, sein Grundstück mit einer Mauer, einem Zaun oder einer Hecke einzufrieden. Die Einfriedung muss er auf eigenem

Grund vornehmen, also nicht genau auf der Grenzlinie, sondern ein kleines Stückchen dahinter. Bei einem festen Bauwerk wie einer Mauer oder einem Zaun muss er aber keinen weiteren Abstand zur Grenzlinie einhalten. Pflanzt er allerdings eine Hecke oder eine Baumreihe, so gelten die üblichen länderabhängigen Abstandsvorschriften. Da sich diese Art von Einfriedung vollständig auf dem eigenen Grundstück befindet, kann der Nachbar keine darüber hinausgehenden Wünsche anbringen, wie z. B. dass der Zaun längst einen Anstrich vertrage oder dass die Betonmauer doch lieber weiß gestrichen sein sollte.

Der lange Marsch zur Mauer

Ein Bauer in Mittelfranken hatte eine schöne, 55 Meter lange Mauer an seiner Grundsstücksgrenze errichtet. Brav orientierte er sich an den sichtbaren und gewichtigen Grenzsteinen. Zufällig jedoch stellte sich zehn Jahre später bei der Durchsicht der Grundstückskataster heraus, dass die Grenzsteine falsch lagen und die richtigen vor langer Zeit schon verschüttet wurden. Er hatte ohne es zu wollen, seinem Nachbarn etwa einen Meter Grund auf die gesamte Mauerlänge abgezwackt, was der Nachbar nicht wirklich dulden wollte.

Was nun? Die Richter des Koblenzer Oberlandesgerichts entschieden, dass dem Eigentümer nicht zugemutet werden könne, seinen Grund zwangsweise zu veräußern und entschieden, dass der fleißige Mauerbauer auf eigene Kosten das gesamte Grenzwerk zu beseitigen habe.

(Az. 5 U 50/98)

Anstatt einer Strauchreihe ist eine Reihe von Fichten zulässig. Diese verliert aber ihre Eigenschaft als Hecke, wenn die einzelnen Bäume, aus der sie zusammengesetzt ist, eine Höhe von drei Metern übersteigen. Ein Nachbar, der die Fichten in einem Abstand von 1,8 Meter parallel zur Grundstücksgrenze angepflanzt hat, ist verpflichtet, die Wuchshöhe zu beschränken (LG Zweibrüchen, Az. 3 S 80/97).

Man hat nicht nur das Recht, sondern oft genug auch die Pflicht zur Einfriedung. Eine Vielzahl von regional unterschiedlichen Vorschriften, die im Kapitel "Gesetzestexte" wiedergegeben werden, regeln, wer an welcher

Stelle eine Einfriedung errichten muss. Die Pflichten ergeben sich dabei sowohl aus privatrechtlichen als auch aus öffentlich-rechtlichen sowie straßenbaulichen oder auch bauordnungsrechtlichen Vorschriften. Natürlich gilt auch wieder der Grundsatz der Ortsüblichkeit. Bitte erkundigen Sie sich unbedingt bei Ihrer Stadt- und Gemeindeverwaltung über die üblichen und festgelegten Normierungen. Generell kann man zwar sagen, dass ein Zaun etwa 1,3 Meter hoch sein soll. Aber es können auch stärkere und höhere Begrenzungen notwendig werden, wenn von Ihrem Grundstück eine wesentliche Beeinträchtigung auf Nachbars Grund ausgeht. Dies gilt insbesondere für Grundstücke innerorts, von denen Kinder oder Hunde ungehindert auf das Nachbargrundstück laufen können. Bei einer Einfriedungspflicht ist meist auch geregelt, welche Seiten des umlaufenden Grundstückes welcher Nachbar einfrieden muss.
Zwei Nachbarn können sich zu einer gemeinsamen Einfriedung entschließen. Sie setzen Zaun oder Mauer also nicht ein Stück hinter, sondern genau auf die Grenzlinie und die Grenzanlage gehört damit beiden Eigentümern gleichermaßen. Gleiches gilt für eine schon lange bestehende Trennung zweier Grundstücke, die sich eindeutig nicht auf einer Grundstücksseite allein befindet:

§ 921 BGB [Gemeinschaftliche Nutzung von Grenzanlagen]
Werden zwei Grundstücke durch einen Zwischenraum, Rain, Winkel, einen Graben, eine Mauer, Hecke, Planke oder eine andere Einrichtung, die zum Vorteile beider Grundstücke dient, voneinander geschieden, so wird vermutet, dass die Eigentümer der Grundstücke zur Benutzung der Einrichtung gemeinschaftlich berechtigt seien, sofern nicht äußere Merkmale darauf hinweisen, dass die Errichtung einem der Nachbarn allein gehört.

Grenzanlagen können sein: gemeinsame Dachrinnen, Dungstätten, Brunnenanlagen oder Hofeinfahrten. Beide Eigentümer können solche Grenzanlagen nutzen, und zwar so, dass die Mitbenutzung durch den Miteigentümer nicht beeinträchtigt ist. Und beide sind verpflichtet, die Grenzanlage gemeinsam zu unterhalten – die Kosten dazu sind von beiden zu tragen. Ist also eine Mauer neu zu verputzen oder eine Hecke zu beschneiden, dann darf keiner von beiden dies allein auf seiner Seite beginnen. Auch darf niemand sie eigenmächtig abholzen, selbst wenn sie sich

hauptsächlich zu einer Seite hin breit macht (BGH Az. V ZR 77/99).
Selbst wenn eine Grenzanlage verwahrlost, muss man das Einverständnis vom Miteigentümer einholen oder aber einen zivilrechtlichen Anspruch auf Reparatur und Instandhaltung durchsetzen. Wenn allerdings ein gemeinsamer Grenzzaun völlig verrottet ist, kann auch der Nachbar nicht verhindern, dass man gleich daneben auf eigenem Grundstück eine ordentliche neue Mauer errichtet (OLG Köln Az. 20 U 250/91).
Doch bei einer ordentlich gepflegten gemeinsamen Grenzhecke darf der Nachbar nicht ohne weiteres auf seinem Gebiet eine Mauer von gleich zwei Metern Höhe erbauen (BGH Az. V ZR U 91).
Wenn eine Hofeinfahrt von zwei Nachbarn benutzt wird, sich diese jedoch eigentlich ganz auf dem Grundstück des einen Nachbarn befindet, könnte man dem anderen nur dann die Zufahrt verbieten, wenn er kein ins Grundbuch eingetragenes Durchfahrtsrecht besitzt und man ihm die Durchfahrt in schriftlicher Form unter Einhaltung einer angemessenen Frist für die Zukunft untersagt. Wurde auf der Grundstücksgrenze eine Garage gebaut, so ist es dem Besitzer nicht erlaubt, den Raum nachträglich als Wohnung auszubauen (OVG Rheinland-Pfalz, 1 A 10064/96).

Nachbarwand und Grenzwand

Eine gemeinsame Grenzmauer muss nicht frei stehend sein, an ihr können zu beiden Seiten Häuser errichtet werden. Eine solche halbscheidige Giebel- oder Kommunmauer ist auch üblich, wenn erst einmal nur ein Haus gebaut wird, während das Nachbargrundstück noch unbebaut bleibt. Später kann der Nachbar an der Kommunmauer unmittelbar anbauen.

Werbung am virtuellen Haus

Juristisch knifflig ging es zu, als ein Nachbar in einer großen Stadt sein Haus abreißen ließ. Ein Werbeunternehmen nahm eines Tages Kontakt mit dem Eigentümer des übrig gebliebenen Hauses auf und nutzte die frei gewordene Hauswand für eine groß angelegte Werbekampagne. Der Eigentümer des inzwischen abgebrochen Hauses überklebte die Werbung, da er davon ausging, dass die Kommunmauer zur Hälfte immer noch ihm gehöre, und zwar natürlich die von der Agentur genutzte sichtbare Außenhälfte. Das Gericht gab ihm Recht. Der ehemalige Hauseigentümer musste der Agentur darüber hinaus nicht einmal eine Nutzausfallsentschädigung zahlen, obwohl er die angebrachten Werbetafeln in verbotener Eigenmacht überklebte. (OLG Düsseldorf, 11 U 8/94)

Überbau

Überbau bedeutet, dass ein Teil des eigenen Grundstückes mit einem Gebäudeteil des Nachbarn überbaut ist, ganz gleich, ob dies schon vor langer Zeit oder erst kürzlich mit einem Neubau geschah. Das muss nun keineswegs kalkulierende Absicht gewesen sein – vielleicht nur eine Fahrlässigkeit des Architekten oder der ausführenden Handwerker. Nach § 912 BGB müssen Sie den Überbau nur dulden, wenn nicht Vorsatz oder Fahrlässigkeit nachgewiesen werden kann. Wohlgemerkt gilt das nur für Gebäude und nicht etwa für Zäune, Mauern usw. Allerdings können Sie vom Nachbarn ein angemessenes Entgelt fordern (vergleiche §§ 912 bis 916 BGB), denn immerhin muss er nicht die Hälfte seines Hauses wieder abreißen! Denkbar ist eine wiederkehrende Rentenzahlung oder eine einmalige Nutzungsentschädigung. Sie können schließlich auch verlangen, dass der Überbauer Ihnen das bebaute Grundstück ein für alle Mal abkauft. In keinem Fall jedoch erwerben Sie Eigentum am Gebäude, das über Ihren Grund ragt.

Meine Rente ist ein Dach

Ein Kläger hatte seinem Nachbarn 1974 gestattet, den Bereich zwischen ihren angrenzenden Häusern zu überdachen, er forderte damals keine Ausgleichszahlung für diesen Überbau. Als aber 1995 der Nachbar sein Haus verkaufte, wollte der Kläger den Überbau vom neuen Eigentümer beseitigen lassen. Nein, entschied das Koblenzer Oberlandesgericht, der Kläger muss den Überbau dulden, kann aber vom neuen Nachbarn pro Jahr 200 DM an Rentenzahlung fordern.
(Az. 5 U 50/98)

Geländeveränderungen

Auf dem eigenen Grund darf gegraben und auch aufgeschüttet werden, aber nur soweit die Festigkeit des Nachbargrundstücks dabei erhalten bleibt. Bei tieferen Schächten oder Gräben besteht die Gefahr, dass der Nebengrund wegrutscht, ebenso können Aufschüttungen bewirken, dass das Erdreich zum Nachbarn hin nachgibt. Stützmauern sind manchmal auch bei natürlichen Geländegegebenheiten notwendig. Eine solche „natürliche" Stützmauer, die oft zugleich auch Grenzmauer sein kann, ist normalerweise nicht nur erlaubt, sondern oft auch notwendig.
Anders ist die Gesetzeslage bei künstlichen Aufschüttungen. Eine dann notwendige Mauer ist oft baubehördlich zu genehmigen; es gelten hier insbesondere die Abstandspflichten wie bei normalen Gebäuden, weil aus Sicht des Nachbarn von dieser künstlichen Stützmauer eine gebäudeähnliche Wirkung ausgeht.

Von Holzstapeln und Gartenhäuschen

Ungewöhnlich viel Holz hatte ein Nachbar vor der Hütte. Wohl aus Furcht, es könne niemals wieder Sommer werden, hatte sich entlang der Grundstücksgrenze ein Stapel von 15 Metern Länge und einer Höhe zwischen 1,7 und drei Metern angesammelt. Das Oberlandesgericht Koblenz stellte fest, dass Holzlagerung selbstverständlich erlaubt ist, vor allem bei eigenem Brennholz – doch wenn der Stapel Ausmaße annimmt, die selbst die Größenordnung von Gartenhütten bei weitem übertreffe, muss Schluss sein. Da der Stapel länger als drei Meter und auch höher als zwei Meter war, musste der Holzsammler den allgemeinen Mindestabstand normaler Gebäude einhalten und somit den Stapel von der unmittelbaren Grundstücksgrenze entfernen (Az. 5 W 810/98).
Planschbecken, Hundehütten sowie Komposthaufen dürfen auch von Mietern eines Hauses mit Garten ohne Zustimmung des Vermieters aufgestellt werden (LG Regensburg Az. 7 C 1956/83).
In letzter Zeit sind darüber hinaus Gartenhäuschen immer beliebter, vor allem, seit man sie nicht mehr selbst zurecht zimmern muss, sondern komplett in jedem Baumarkt erwerben kann. Wenn diese Fertiglauben eine gewisse Größe nicht überschreiten, ist keine Baugenehmigung erforderlich. In ihnen dürfen sich weder Toilette noch Kochnische oder Aufent-

haltsraum befinden. Es sind auch bestimmte Abstände von der Grundstücksgrenze einzuhalten:

H ist in folgender Tabelle die Höhe des Bauwerkes. Beispiel: Sie wollen ein zwei Meter hohes Häuschen aufstellen. Laut Vorschrift muss der Abstand in Bremen 0,6 H betragen. Das ergibt für diesen Fall einen Abstand von 0,6 x 2 = 1,20 Metern. Dieser Wert unterschreitet indes den Mindestabstand in Bremen von 3 Metern, wodurch der tatsächlich einzuhaltende Abstand nicht 1,2 Meter, sondern 3 Meter beträgt. Diese Abstandswerte gelten zu Privatgrundstücken. Grenzt Ihr Garten an eine öffentliche Verkehrsfläche, so können – vor allem bei Eckgrundstücken – geringere Abstände zulässig sein. Fragen Sie bei Ihrer Gemeinde nach!

Gartenhäuschen ohne Baugenehmigung

(zulässige Raumgröße innerhalb und außerhalb bebauter Wohngebiete und der zum Nachbarn einzuhaltende Grenzabstand)

Bundesland	**Inner-**	**Außerorts**	**Grenzabstand**
Baden-Württemberg	40 m^3	20 m^3	0,6 H, mindestens 2,5 m, bei Wänden bis 5m mindestens 2 m
Bayern	50 m^3	nicht erlaubt	1 H, mindestens 3 m
Berlin	30 m^3	30 m^3	1 H, mindestens 3 m
Brandenburg	50 m^3	nicht erlaubt	1 H, mindestens 3 m; Gebäude geringerer Höhe 0,75 H
Bremen	30 m^3	6 m^3	0,6 H, mindestens 3 m
Hamburg	30 m^3	nicht erlaubt	1 H, mindestens 6 m; bei Wohngebäuden geringerer Höhe in Wohngebieten 0,75 H, mindestens 2,5 m
Hessen	30 m^3	30 m^3	0,4 H, mindestens 3 m

Bundesland	Inner-	Außerorts	Grenzabstand
Mecklenburg-Vorpommern	15 m³	15 m³	1 H, mindestens 3 m
Niedersachsen	15 m³	6 m³	1 H, mindestens 3 m
Nordrhein-Westfalen	30 m³	nicht erlaubt	0,8 H, mindestens 3 m
Rheinland-Pfalz	30 m³	10 m³	0,4 H, mindestens 3 m
Saarland	30 m³	10 m³	0,4 H, mindestens 3 m
Sachsen	15 m³	6 m³	1 H, mindestens 3 m
Sachsen-Anhalt	30 m³	6 m³	1 H, mindestens 3 m
Schleswig-Holstein	30 m³	10 m³	1 H, mindestens 3 m
Thüringen	15 m³	nicht erlaubt	1 H, mindestens 3 m

Tiere

Für viele Menschen sind Haustiere die liebsten Freunde. In Deutschland leben schätzungsweise rund 11 Millionen Hunde und Katzen. Deren Herrchen und Frauchen würden sich doch sehr verbitten, Tiere unter der Rubrik „Immission" zu führen. Hunde und Katzen leben als unsere Freunde unter uns, was aber einigen Zeitgenossen offenbar völlig gleichgültig ist. Sie regen sich über jedes Bellen und jede Hinterlassenschaft im Garten auf. Manche Nachbarn verstehen nie, wozu ein treuer Begleiter gut sein kann, andere fürchten sich sogar vor dem kleinen kläffenden Hund von nebenan. Ihnen muss man zeigen, was gute Erziehung selbst bei Katzen bewirken kann. Schwierig wird es im Regelfall, wenn der Tierbesitzer selbst nicht mehr ganz Frau oder Herr der Lage ist.
Zwar sind die ewigen Winsler unter den Hunden meist im wahrsten Sinne des Wortes durch einen grausamen Vorbesitzer auf den Hund gekommen – eine Erziehung zu „gesittetem" Verhalten ist dennoch unumgänglich. Ansonsten mag der Nachbar zwar unverständig sein, aber sich letztlich zu Recht in seiner Wohnqualität erheblich gestört fühlen. Über lautes Bellen hatten wir bereits unter dem Kapitel Lärm gesprochen, kommen wir nun zu den sonstigen tierischen Nachbarschaftsproblemen.
Prinzipiell gilt, dass der Halter eines Haustieres für jeden vom Tier verursachten Schaden haftet und gegebenenfalls auch Schmerzensgeld zahlen muss. Dabei ist es ganz gleichgültig, ob er am Verhalten des Tieres schuldig ist oder nicht: Tiere sind im Gegensatz zum Menschen nicht vernünftig, sondern eben „tierisch unberechenbar"; daher haftet ein Besitzer allein schon, weil er sich überhaupt mit einem Tier ohne wirtschaftliche Notwendigkeit umgibt.

§ 833 BGB [Haftung des Tierhalters]

Wird durch ein Tier ein Mensch getötet oder der Körper oder die Gesundheit eines Menschen verletzt oder eine Sache beschädigt, so ist derjenige, welcher das Tier hält, verpflichtet, dem Verletzten den daraus entstehenden Schaden zu ersetzen. Die Ersatzpflicht tritt nicht ein, wenn der Scha-

den durch ein Haustier verursacht wird, das dem Berufe, der Erwerbstätigkeit oder dem Unterhalte des Tierhalters zu dienen bestimmt ist, und entweder der Tierhalter bei der Beaufsichtigung des Tieres die im Verkehr erforderliche Sorgfalt beobachtet oder der Schaden auch bei Anwendung dieser Sorgfalt entstanden sein würde.

Tiere in der Wohnung

Bisher ist in der Rechtsprechung noch nicht grundsätzlich entschieden worden, ob Hunde und Katzen zum „vertragsgemäßen Gebrauch" einer Wohnung gehören. Es bleibt bislang dem Vermieter freigestellt, Hunde und Katzen zu gestatten. Wenn aber – wie in vielen Mietverträgen der Fall – die Klausel zu lesen ist, Haustiere seien nicht generell gestattet, so ist diese Klausel unwirksam, da sie zu Unrecht auch Kleinsttiere ausschließt (BGH WuM 1993 S.109). Daher heißt es in den meisten Mietvertragsformularen „Tiere dürfen nicht gehalten werden mit Ausnahme von Kleintieren, wie z. B. Zierfische, Wellensittich, Hamster". Diese Formulierung widerspricht in aller Regel nicht dem Übermaßverbot des § 9 AGBG (Gesetz zur Regelung der Allgemeinen Geschäftsbedingungen).
Was zählt noch zu den erlaubten Kleintieren? Der Bundesgerichtshof ist hier ziemlich kleintierfreundlich und urteilt, dass auch harmlose Eidechsen und ungiftige Schlangen ein Mietprivileg genießen (BGH VIII ZR 10/92).
Doch bei allem, was darüber hinausgeht, seien Sie besser vorsichtig! Die Gerichte entscheiden recht unterschiedlich: Ihre Chance, einen Hund oder eine Katze in Ihrer Mietwohnung vor Gericht durchzusetzen, beträgt kaum mehr als 50 Prozent, selbst wenn Sie Gerichtsentscheidungen finden, die genau auf Ihren Fall zutreffen. Ein Richter hat sich letztlich nicht an solche Urteile zu halten, sondern immer nur zu entscheiden, ob ein Haustier einen „vertragsgemäßen Gebrauch" der Mietwohnung darstellt. Selbst wenn Sie vom Haustier psychisch abhängen, spielt das vor Gericht kaum eine Rolle – nur bei einem „Blindenhund" wird das Gericht Ihnen Recht geben.

Ein Yorkshire ist ein Meerschweinchen

Dass ein Hundewinzling von einem Yorkshire-Terrier noch als ein Kleintier zählt, bejahte das Landgericht Kassel aus folgen-

**dem Grund: Gerade mal so groß wie ein Meerschweinchen kann sein kläglich-leises Bellen keine Mitbewohner stören. Doch auch dieser darf nicht das Treppenhaus verunreinigen, selbst mit noch so winzigen Mengen nicht!
(Az. 1 S 503/96)**

Ein Vermieter kann sich das Recht ausbedingen, vor Anschaffung eines Haustieres gefragt zu werden. Er kann auch nur Katzen oder nur Hunde erlauben und muss seine Wahl dabei sachlich und stichhaltig begründen (OLG Hamm WuM 1981, S.53).
Wenn er allerdings anderen Hausbewohnern Hunde gestattete, darf er dies dem „Bittsteller" nicht verweigern, es sei denn, dieser denkt an die Anschaffung eines Dobermann-Schäferhund-Mischlings oder gar eines Kampfhundes, wenn bisher nur Zwergdackel das Haus bewohnten (LG Berlin Az. 64 S 188/93). Selbst bei einem Hundeverbot in einem Mietshaus dürfen Hunde zu Besuch kommen, aber nicht dort übernachten oder gar für eine Zeit in Pflege genommen werden (AG Frankfurt NJW-RR 1988, S. 783). Ist die Hundehaltung vom Mieter erlaubt, rechtfertigt die gelegentliche Verschmutzung des Treppenhauses noch keine fristlose Kündigung (AG Reichenbach Az. C 88/93, WuM 1994, 322).
Katzengestank kann zur fristlosen Kündigung führen: Eine Vermieterin hatte einer Katzenliebhaberin fristlos gekündigt, da sie nicht, wie deutlich aufgefordert, die unerträglichen Katzengerüche aus ihrer Wohnung beseitigte. Andere Mieter hatten sich beschwert und die Miete gemindert. Das Landgericht Berlin billigte dieses Vorgehen (Urteil vom 30.09.1996).
Grundsätzlich aber ist auch in einer Mietwohnung Katzenhaltung möglich, da bei artgerechter Haltung weder störender Lärm noch irreparable Sachbeschädigungen wie etwa Kratzspuren von den Tieren ausgehen. Der typische Katzengeruch kann durch handelsübliche Streumittel weitgehend überdeckt werden (AG Hamburg 40 a C 402/95).
Leichter ist die Tierhaltung für den Eigentümer einer Wohnung. Auch wenn die Gerichte noch unterschiedlicher Auffassung sind, ist es doch der Eigentümergemeinschaft kaum möglich, Eigentümern das Halten von Haustieren zu verbieten. Erfolge können solche Hausordnungen nur dann haben, wenn sich andere Mieter derart beeinträchtigt fühlen, dass sie Mietminderung geltend machen. Normalerweise allerdings regelt die

Hausordnung in diesem Fall lediglich, wie sich Hunde- oder Katzenbesitzer zu verhalten haben, so dass es zu keinen weiteren Klagen kommt.

Balkonhundeverordnung

Recht erfinderisch zeigte sich ein Wohneigentümer im „Gassigehen“: Er band den Hund an eine lange Leine am Balkon seiner Parterrewohnung an. Die Miteigentümer entschieden auf einer Eigentümerversammlung, dies durch einen neuen Hausordnungspunkt zu untersagen. Das Bayerische Oberste Landesgericht gab ihnen Recht: Schließlich verbiete man ja nicht die Hundehaltung, sondern nur eine von vielen Arten, „Gassi“ zu gehen. (Az. 2 Z 21/98)

Umherstreifende Katzen

Nachbarn von Katzenliebhabern müssen dulden, dass diese umherstreifen. Aber nicht beliebig viele! Einem Eigentümer eines Reihenhauses mit einem kleinen Kind wurde Recht gegeben, als er nicht hinnehmen wollte, dass seine Spielwiese gleich von drei Katzen als Klo verwendet wurde. Die zwei übrigen Katzen sind unter Androhung eines Zwangsgeldes von 50 000 DM zu inhaftieren (AG Neu-Ulm Az. 2 C 947/98).
Ein anderes Gericht genehmigte immerhin zwei Katzen, da auch Katzen, so das Gericht, das „Bedürfnis nach einer eigenständigen und autonomen Lebensführung“ hätten und sich dabei „selbstverständlich nicht durch willkürlich gezogene Grundstücksgrenzen abhalten“ lassen. Die „überzähligen“ Katzen müssen entweder weggegeben oder aber im Haus gehalten werden (LG Darmstadt 9 O 597/92). Ein Nachbar darf die streunenden Katzen aber jederzeit von seinem Grundstück vertreiben (AG Rheinberg Az. 10 C 514/91). Wenn von dieser Katze eine Gefahr ausgeht, zum Beispiel für die Singvögel des Nachbarn, so kann sie nach § 228 BGB (Notstand) eingefangen werden. Allerdings darf sie nicht getötet werden!

Vier Pfoten auf einer Haube

Der Eigentümer eines Porsches hatte seinen Nachbarn und Katzenbesitzer auf 3 939,47 DM verklagt, weil die Katze stän-

dig auf der Motorhaube herumgelaufen sei und diese verkratzt habe. Ein Sachverständiger bemerkte hierzu: Eine Katze fährt ihre Krallen nicht auf glatten Oberflächen wie einer Motorhaube aus, da sie sonst den Kontakt verlieren würde. Vielmehr geht sie auf ihren Ballen und kann daher allenfalls durch Sandkörner und Pfotenbehaarung leichte Lackverschrammungen verursachen. Die Klage wurde abgewiesen.
(AG Celle Az. 16 C 187/97)
Allerdings muss ein Autobesitzer keineswegs hinnehmen, dass die Nachbarskatzen das eigene Fahrzeug regelmäßig als sonniges Schlafplätzchen oder als Anlaufstrecke zum Baum nebenan in Anspruch nehmen. Wenn der Katzenbesitzer nichts unternimmt, drohen ihm Ordnungsgelder und bei Lackschäden auch Schadensersatzforderungen.
(LG Lüneburg Az. 198/99)

Zunehmender Katzengestank von bis zu 27 Katzen aus einem Teil einer Doppelhaushälfte empörte die Nachbarn der anderen Haushälfte. Sie erreichten vor Gericht unter Androhung eines Ordnungsgeldes, dass nur mehr zwei Katzen gehalten werden dürfen (OLG München, Urteil vom 26.09.1990).

Assi-Gassi

Hundekot in einer Spielwiese ist nicht nur eine Ordnungswidrigkeit, sondern auch eine Straftat. Die Hinterlassenschaft des Neufundländers Nemo kostete das verantwortliche Frauchen eine Geldstrafe von 300 DM. Gerichtsmediziner klärten sie darüber auf, dass gerade auf Spielwiesen die Berührung von Fäkalien zu lebensbedrohlichen Infektionen zum Beispiel mit Hundebandwürmern oder Wundstarrkrampf führen könne. Damit wurde ein Hundehalter nicht, wie bisher üblich, wegen „umweltgefährdender Abfallbeseitigung" vor einem Zivilgericht verurteilt, sondern wegen Gesundheitsgefährdung vor einem Strafgericht (9. Strafkammer des Landgerichts Düsseldorfs, März 2000). Hundekot, der auf Grün- und Erholungsanlagen sowie auf Gehwegen oder in fremden Vorgärten verrichtet wird, muss vom Halter unverzüglich beseitigt werden. In einigen Städten werden so genannte „Hundetoiletten" aufgestellt, denen man kostenlose Sammelbeutel entnehmen kann. Ansonsten müssen Hundebesitzer in dicht bebauten Wohngegenden immer eine eigene Tüte bei Hand haben.

Stammhalter ohne Auftrag

Kommt ein Rüde einer Hündin ungebührlich nahe, so muss der Halter des Männchens für den entstehenden Nachwuchs Schadensersatz zahlen, wie es in diesem Fall unter Juristen heißt. Allerdings kann er – um den „Schaden" aus diesem ungewollten Deckakt zu begrenzen – den Besitzer der Hündin zur Abtreibung auffordern.
(BGH Az. VI ZR 177/75)

Hunde können einem einen gehörigen Schrecken einjagen. Nichts ahnend geht man spazieren, und wird plötzlich laut bellend am Zaun „empfangen". Ein Jogger klagte vor dem Landgericht Ansbach, ihm stünde Schmerzensgeld zu, da er vor Schreck gestürzt sei. Er wurde vom Richter belehrt, man müsse an einem Gartenzaun immer mit Hunden rechnen (Az. 1 S 98/92). Aber, liebe Hundebesitzer, was bei einem Jogger glimpflich abgelaufen ist, kann bei einem Radfahrer böse Folgen haben: Gerade bei lauten oder großen Hunden – haben Sie ein Herz auch für schreckhafte Zeitgenossen.

Beißt ein Hund, so steht dem Gebissenen selbstverständlich Schadensersatz zu. Darüber hinaus kann dem Hundebesitzer eine Anzeige wegen fahrlässiger Körperverletzung drohen, wenn ihm nachgewiesen werden kann, dass sowohl von Art und Verhalten des Hundes als auch von seinen mangelnden Fähigkeiten, den Hund zu führen, ein Hundebiss zu erwarten gewesen sei. Wer als Hundebesitzer den aggressiven Charakter seines Tieres nicht anerkennt und keine geeigneten Sicherheitsmaßnahmen trift, handelt pflichtwidrig (OLG Hamm Az. 2 Ss 1035/95).

Bienen, Frösche, Vögel

Ob Bienen gehalten werden dürfen, kann nicht generell beantwortet werden, sondern hängt vom Wohnort ab. Bienenhaltung in landwirtschaftlichen Gebieten, Gartensiedlungen und Siedlungsgebieten ist grundsätzlich erlaubt, aber nicht in reinen Wohngebieten. Das Verwaltungsgericht Mannheim hat in einem Fall entschieden, dass Bienenhaltung mit fünf Bienenkörben zulässig sein kann, wenn genügend Rücksicht auf den Nachbarn genommen wird, wodurch dieser allenfalls Unannehmlichkeiten zu manchen Jahres- oder Tageszeiten erleidet, aber noch keine veritablen Störungen (Az. 5 S 2352/92).

Die meisten deutschen Imker betreiben ihr Hobby in Gegenden, in denen auch gewohnt wird. Sie sind dort wegen fraglicher „Ortsüblichkeit" immer wieder Gegenstand von Klagen.Vor und nach der Blüte dürfen Gärtner in der Nähe von Bienenstöcken keine blühenden Pflanzen mit Pflanzenschutzmitteln behandeln, ohne mit dem Imker Rücksprache gehalten zu haben.

Auch Taubenzucht kann selbst in Wohngebieten eine ortsübliche Nutzung sein, wenn es noch einige weitere Taubenzüchter in der Umgebung gibt. Doch selbst bei 15 benachbarten Taubenzüchtern begrenzten die Richter die Anzahl der Tiere auf etwa 100 Tauben, um der Nachbarschaft nicht zu viel zuzumuten (Landgericht Itzehoe Az. S 176/94).

Gegen Vögel ist kaum etwas einzuwenden; nur wenn sie – wie durch laute Schreie oder stundenlanges Pfeifen wie z. B. Graupapageien oder Pfauen – die Nachbarn wesentlich beeinträchtigen (OLG Düsseldorf WuM 1990, 122).

Eine Gartenbesitzerin legte einen künstlichen Teich an. Das Liebeskonzert der sich ansiedelnden Frösche erreichte 64 Dezibel, zu viel für eine gute Nachtruhe, entschieden die Richter. Doch weil die naturgeschützten Quaker nicht entfernt werden dürfen, musste die Froschherrin 3 000 DM Lärmausgleich an die Nachbarn zahlen (OLG München, 17 U 2577/90). Ob diese „Lärmgebühr" Schule macht, ist anzuzweifeln. Bisher jedenfalls gingen die Gerichte davon aus, dass der Arten- und Naturschutz Vorrang vor dem Bedürfnis nach Ruhe hat, zumal Froschlärm ohnehin nur auf wenige Wochen im Jahr beschränkt ist (OLG Schleswig Az. 2 S 343/84).

Gefährliche Haustiere

Für das Halten von Vogelspinnen oder Giftschlangen benötigen Sie eine behördliche Genehmigung. Sie müssen Ihre Zuverlässigkeit unter Beweis stellen und zeigen, dass die Tiere Ihre Nachbarn nicht gefährden können.

Generell sind gefährliche Tiere verboten, da sie nicht zur üblichen Benutzung eines Grundstücks oder einer Wohnung gehören.

Darf ich meinen Liebling im Garten bestatten?

Auch wenn der Nachbar etwas von Tierkörperbeseitigunganlage murmelt – ja, Sie dürfen Ihrem verstorbenen Liebling selbst das letzte Geleit in eigenem Grund und Boden geben, soweit Ihr Grund nicht im Wasserschutzgebiet liegt und das Grab mindestens einen halben Meter tief ist. Geregelt wird dies im Tierkörperbeseitigungsgesetz:

§ 5 [Tierkörperbeseitigungsgesetz]
(1) In Tierkörperbeseitigungsanstalten sind zu beseitigen:
1. Körper von Einhufern, Klauentieren, Hunden, Katzen, Geflügel, Kaninchen und Edelpelztieren, die sich im Haus, Betrieb oder sonst im Besitz von Menschen befinden,
2. Körper von Tieren, die in Zoologischen Gärten oder ähnlichen Einrichtungen wie in Tierhandlungen gehalten werden,
3. Herrenlose Tierkörper der in Nummer 1 genannten Tierarten, ausgenommen solche von frei lebendem Wild.
(2) Abs 1 Satz 1 gilt nicht für einzelne Körper von Hunden, Katzen, Ferkenl, Kaninchen, unter vier Wochen alten Schaf- oder Ziegenlämmern sowie einzelne Körper von Geflügel oder in Tierhaltung gehaltener Kleintiere und Vögeln, die auf geeigneten und von der zuständigen Behörde hierfür besodners zugelassenen Plätzen oder auf geeignetem Gelände, jedoch nicht in Wasserschutzgebieten und nicht in unmittelbarer Nähe öffentlicher Wege und Plätze, vergraben oder in dafür zugelassenen Abfallbeseitigungsanlagen verbrannt werden. Die Tierkörper müssen so vergraben werden, dass sie mit einer ausreichenden, mindestens 50 Zentimeter starken Erdschicht, gemessen vom Rand der Grube an, bedeckt sind.

Gefahrenquellen

Ein Grundstücks- und Hauseigentümer muss darauf achten, dass von seinem Grund keine Gefahr für andere, seien es Bewohner, Nachbarn oder Passanten, ausgeht. Besonders drastisch und unmittelbar ist die Gefahr eines drohenden Einsturzes des Nachbargebäudes. Sie können vom Nachbarn sofortige Abhilfe verlangen, wenn Sie berechtigte Zweifel an der Stabilität haben. Sie müssen also nicht warten, bis sich tatsächlich ein Teil des Gebäudes gelöst hat – eine ganz vage Möglichkeit, dass irgendwann einmal etwas abbröckelt, reicht allerdings nicht. Die dazugehörigen Vorschriften über drohenden Gebäudeeinsturz und Haftung bei Einsturz eines Gebäudes finden Sie im BGB (§§ 908, 836).

Droht ein beschädigter Dachziegel von einem Gebäude auf das Nachbargrundstück zu fallen, so kann der Nachbar vom Gebäudebesitzer Sofortmaßnahmen nach § 908 BGB verlangen. Der Besitzer sollte solch einer Aufforderung unverzüglich nachkommen, denn die Rechtsprechung stellt hohe Ansprüche, damit er sich im Schadensfall tatsächlich entlasten kann. So muss er regelmäßige Kontrollen der Dachziegel durchführen und gerade bei älteren Gebäuden alle zumutbaren Maßnahmen treffen, um einen Schaden zu verhindern. Der Grundstücksbesitzer muss beweisen, dass er alles Erforderliche getan hat (LG Ansbach Az. 1 S 250/95).

Gefahr vom eigenen Grund geht für gewöhnlich an kalten Wintertagen aus: Wenn Schnee und Eis die Wege bedecken, muss geregelt werden, wer für den Räumdienst zuständig ist.

Räum- und Streupflicht

Zunächst einmal ist natürlich der Eigentümer für das Schneeräumen verantwortlich. Dieser „leitet" seine Verantwortung meist an die Mieter weiter, sofern er nicht den Hausmeister oder die Hausverwaltung damit beauftragt. Er muss aber eine solche Räumpflicht dem Mieter schon bei Vertragsabschluss mit einer Kopie der Hausordnung bekannt machen und auch regelmäßig kontrollieren, ob die Mieter ihrer Verpflichtung nachkommen. Wenn beispielsweise gar kein Mieter weiß, wann er „dran" ist mit Schaufeln auf welchen Wegabschnitten, ist es unwahrscheinlich, dass bei Schneefall alle Bereiche, wie Zugänge zum Haus, Parkplätze oder Mülltonnen, nach Plan geräumt werden.

Oft übertragen manche Gemeinden die Streupflicht auch auf öffentliche Wege: Zwischen 7.00 und 20.00 Uhr an Werktagen, an Sonn- und Feiertagen oft erst später, müssen dann die Gehwege geräumt sein, in manchen Gemeinden sogar zu noch früherer bzw. auch späterer Stunde.

Wenn ein Fußgänger stürzt, dann ist der Verantwortliche – also der, dem die Streu- und Räumpflicht oblag – schadensersatz-, aber auch schmerzensgeldpflichtig. Er kann sogar zu einer Rentenzahlung verpflichtet sein, wenn der Gestürzte nicht mehr erwerbsfähig ist. Allerdings: Wer sich bewusst auf einen spiegelglatten Gehweg begibt, haftet selbst für die Folgen seines Sturzes.

Ein Kläger wollte zur Sparkasse, lief den Weg dorthin über ein erkennbar nicht gestreutes Stück Fußweg. Das Gericht wies eine Schadensersatz- und Schmerzensgeldklage ab, obwohl es zu dem Ergebnis kam, dass der beklagte Hauseigentümer seine Streupflicht verletzt habe. Der Kläger habe das Risiko freiwillig übernommen – bekannte Gefahrenlagen müssten umgangen werden (OLG Hamm Az. 9 U 217/97).

In schneereichen Gebieten rutschen immer wieder Dachlawinen ab, die zu erheblichen Schäden führen können, wenn sich der Schnee bereits eine Zeit lang zu harten Platten komprimierte. Natürlich haftet der Hauseigentümer. Doch wenn dieser auf dem Dach ein Schneefanggitter anbringt, genügt er seiner Verkehrssicherungspflicht in der Regel. Wenn er bemerkt, dass dennoch Dachlawinen abgehen, muss er zusätzlich Warnschilder auf der darunter liegenden Straße anbringen.

Schneesturm über Dresden

Im nicht gerade schneereichen Dresden hatte ein Hauseigentümer nach einem heftigen Schneesturm Warnhinweise unter seinem Dach auf dem Bürgersteig angebracht. Ein Nachbar meinte, dennoch genau dort parken zu müssen. Als eine Dachlawine sein Auto erheblich beschädigte, forderte er Schadensersatz von seinem Nachbarn, schließlich hätte er mit einem Besen oder einem anderen Gegenstand den Schnee rechtzeitig beseitigen können. Urteil des Oberlandesgerichts Dresden: Die Klage musste abgewiesen werden, da der Hauseigentümer bereits alles Zumutbare getan habe. Er sei keineswegs verpflichtet, sich mit einer Räumung selbst in Lebensgefahr zu bringen. (Az. 13 U 87/92)

Handystrahlung

Ein Gespenst geht um in deutschen Häusern und Wohnungen, es heißt Handystrahlung! Nachdem auch Baby und Oma mit den schönen neuen Handys versorgt sind und SMS-Nachrichten wie wild ausgetauscht werden, befürchtet eine immer größer werdende Gruppe eine neue Umweltgefahr, vielleicht schlimmer noch als Luft- und Wasserverschmutzung der letzten Jahrzehnte. Bürgergruppen formieren sich. Und wenn es auch den Anschein hat, als wäre der Kampf gegen immer weitere flächendeckende Handynetze sinnlos, so können sie doch von einigen Erfolgen berichten.

Telekommunikationsunternehmen benutzen entweder freistehende Masten, oder aber sie mieten Dachflächen geeigneter hoch liegender Gebäude, oft handelt es sich dabei um Wohngebäude. Der Erfolg scheint ihnen Recht zu geben, kaum jemand will auf sein Handy verzichten – doch der Mast solle doch besser nicht vor dem eigenen Haus stehen. Proteste gegen Antennen hatten bislang selten Erfolg. Das liegt vor allem daran, dass eine schädliche Wirkung der Strahlung innerhalb der Grenzwerte bislang nicht nachgewiesen werden konnte. Die 26. Bundesimmissionsschutzverordnung (26. BImSchV) nennt Grenzwerte für Strahlungen im Mega- und Gigaherzbereich, also den Bereich, in dem die bisherigen Netze (D1, D2, E1 und E2) und die neu hinzukommenden (UMTS) Strahlungen aussenden. Als Maßstab für eine Schädigung gilt so genannte „thermische Wirkung", es wird also gemessen, wie stark sich Körperzellen durch Strahlung erwärmen. Erwärmung des Körpers um weniger als 0,1 °C wird als unbedenklich eingestuft. Diese Immissionsgrenzwerte basieren auch auf Empfehlungen der internationalen Strahlenschutzorganisation (IRPA), der internationalen Strahlenschutzvereinigung (INIRC), der internationalen Kommission für den Schutz vor nicht ionisierender Strahlung (ICNIRP) sowie auf den Empfehlungen der Strahlenschutzkommission.

Die überwiegende Rechtsprechung geht daher regelmäßig von diesen Grenzwerten aus und verneint nachbarschaftsrechtliche Abwehransprüche, solange eine Schädlichkeit nicht eindeutig nachgewiesen ist (OVG Bautzen DÖV 1998, S.431). Solange keine neuen Grenzwerte existieren, kann ein Mieter keine Mietminderung durchsetzen, auch wenn er subjektiv unter Elektrosmog leidet (AG Köln ZMR 1994, S.369).
Kritiker weisen auf zahlreiche Mängel dieser Verordnung hin: Handystrahlung sei schließlich nicht kontinuierlich, sondern gepulst. Man merke dies an dem lauten Knacken, wenn man sein Handy einschaltet und sich in der Nähe eines Lautsprechers befindet. Die 26. BImSchV, so argumentieren die Kritiker, macht kein Unterschied zwischen beiden Arten von Strahlungen, obwohl von einer erheblich höheren Belastung gepulster Strahlung auszugehen ist. Allerdings liegen wissenschaftlich eindeutige Ergebnisse noch nicht vor. Dies gilt auch für die so genannte biochemisch/neurologische Erforschung von Handystrahlung. Zwar wurde nachgewiesen, dass sich Hirnströme bei stärkerer Mobilfunkstrahlung ändern, doch inwieweit sie tatsächlich gefährlich sind, steht noch nicht abschließend fest.
Bisher haben Bürgerkomitees noch relativ wenig erreicht, die Handyunternehmen können wie vorgesehen ihre UMTS-Masten errichten. Doch einige Urteile haben das öffentliche Meinungsbild verändert, wenngleich sie für die Gesamtheit der Rechtsprechung wenig repräsentativ sind:

Ein erster Sieg der Handyskeptiker

Das Amtsgericht München billigte 1998 einem Mieter eine Mietminderung um 20 Prozent: Der Mieter sah sich in seiner Gesundheit durch die Errichtung von drei Sende- und Empfangsanlagen auf einem Flachdach direkt über seiner Wohnung gefährdet. Interessant ist hierbei, wie der Richter das Urteil begründete: Für das Wohlbefinden der Mieter komme es nicht nur auf sofort spürbare Einwirkungen der Antennenanlagen an, sondern auch auf die Furcht vor Gesundheitsschäden, selbst wenn sich diese später als unbegründet darstellen sollte. Ob die messbaren Felder, insbesondere bei jahrelangem Dauerbetrieb, negative Auswirkungen auf die Gesundheit hätten, sei zumindest noch umstritten. Besonders vor dem Hintergrund,

dass in der Vergangenheit wiederholt die von neuen technischen Errungenschaften ausgehenden Gefahren falsch eingeschätzt worden seien, blieben angesichts vieler warnender Stimmen kritischer Wissenschaftler vernünftig erscheinende Zweifel. Und, so der Richter, „es ist für diese Auseinandersetzung belanglos, dass die Mobilfunkanlage rechtlich zulässig ist, und alle in Deutschland gültigen Grenzwerte einhalte."
(Az. 14 S 6614/98)

Im zweiten hier aufgeführten Urteil geht es um die Frage, ob Mobilfunkmasten den Wert von Wohneigentum mindern. Zwar erhalten Eigentümer von den Funkbetreibern hohe Geldsummen als Mietzins, doch steht auf der anderen Seite immer eine mögliche Mietminderung bzw. ein Sinken des Verkehrswertes einer Immobilie. VIAG Interkom wollte im Jahr 2001 eine bestehende Sendeanlage in Augsburg erweitern. Das offenbar recht großzügige Angebot an die Eigentümer bewirkte, dass die Eigentümerversammlung mit 47:5 Stimmen für die Erweiterung votierte. Zwei Eigentümer zogen gegen diesen Beschluss vor Gericht und hatten Erfolg. Das Amtsgericht Augsburg erklärte (3 UR II 70/01 WEG):
„Allein die erhebliche Ausweitung der Antennengarnituren ... führt zu einer starken optischen Beeinträchtigung. Dies birgt die konkrete Gefahr, dass der Wert der Miteigentumsanteile sinkt, weil sich immer weniger Käufer finden, die bereit sind, eine Wohnung in einer Anlage zu kaufen, auf der eine stark strahlende Mobilfunkstation eingerichtet ist. Außerdem besteht ein nicht abschätzbares Risiko der gesundheitlichen Beeinträchtigung der Bewohner, insbesondere vor allem der Bewohner im Nachbarhaus. Nach dem derzeitigen Stand der Forschung, so wie er sich aus den Medien ergibt, konnte zwar eine gesundheitliche Schädigung durch Mobilfunkstrahlung noch nicht nachgewiesen werden, doch hat sich bisher auch kein Experte gefunden, der sich zugetraut hätte, eine solche Gefährdung auszuschließen. Unter dem Gesichtspunkt, dass nämlich alle Miteigentümer wechselseitig zu größtmöglicher Rücksichtnahme verpflichtet sind, verstößt dieser Erweiterungsbeschluss gegen die Grundsätze ordnungsgemäßer Verwaltung, denn dort werden einige Eigentümer Situationen ausgesetzt, von denen man nicht ausschließen kann, dass sie gesundheitlich relevant sein könnten ..."

Gehören Sie zu denen, die solche Bedenken für unnötig und unangebracht halten? Möchten Sie lieber ebenfalls an den UMTS-Milliarden mitverdienen, indem Sie Ihr Hauseigentum dem Fortschritt und weiteren Mobilfunksendern zur Verfügung stellen? Dann sehen Sie sich bitte den Vertrag mit dem Telekommunikationsunternehmen genau an: Sorgen Sie dafür, dass sich der Betreiber vertraglich verpflichtet, sämtliche Schäden auszugleichen, die sich zum Beispiel aus Wert- und Mietminderungen der eigenen Immobilie ergeben. Der Mobilfunkbetreiber sollte auch die Prozesskosten zur Abwehr dieser möglichen Ansprüche tragen.

Sonstige Strahlung

Strahlung ist nicht gleich Strahlung. Bitte lassen Sie sich nicht von jeder Art von Strahlung „verrückt" machen: Vom Mobilfunk gehen hochfrequente Strahlen aus, von Bahnoberleitungen oder Hochspannungsmasten niederfrequente Strahlungen, für die andere physikalische Gesetze gelten. Informieren Sie sich unter anderem bei der
VERBRAUCHER INITIATIVE e.V.
Elsenstraße 106
12435 Berlin
Tel.: 0 30/53 60 73-3
Fax: 0 30/53 60 73-45
E-Mail: mail@verbraucher.org
Internet: www.verbraucher.org

Blutkrebs durch Trafostation?

Eltern protestierten gegen eine Umspannstation: Sie befürchteten, dass bei „elektrosensiblen" Menschen diese Wellen zu Schlaf- und Sehstörungen, Atembeschwerden und bei Kindern sogar zu Blutkrebs führen könnten. Das Elektrizitätswerk aber wies nach, dass das Trafohäuschen derart stark abgeschirmt ist, dass der Grenzwert magnetischer Strahlung bereits an der Grundstücksgrenze unterschritten ist. Dem schlossen sich die Richter an: Die Eltern hätten nichts zu befürchten.
(OLG Nürnberg 5 U 2366/96)

Der Wohnbereich muss frei sein von Gefahren für die Bewohner. In einem Seniorenwohnheim hatten die Mieter erhebliche Zweifel und vermuteten, dass aus dem Teppich giftiges Formaldehyd ausgase. Das Gericht verurteilte den Vermieter, den Teppich gegen einen unschädlichen auszutauschen und auch die Kosten des Schadstoff-Sachverständigen zu übernehmen. Er wäre eigentlich verpflichtet gewesen, ein solches Gutachten selbst zu veranlassen (AG Frankfurt/Main Az. 33 C 2618/98-27).

Prozesswürdig wurden Autoabgase eines Rückwärtseinparkers. Immer, wenn sein Nachbar rückwärts in die Garage einfahre, sei die Luft seines Nachbargrundstücks stark von Abgasen verunreinigt, argumentierte der Kläger. Das Gericht entschied aber, dass dies kein Grund ist, dem Nachbarn die Benutzung seiner Garage in üblicher Weise zu verbieten (LG Nürnberg Az. 11 S 191/97).

Sonstige Streitquellen

Das Recht auf freien Zugang zu Information ist ebenso wie das Eigentumsrecht ein garantiertes Grundrecht. Da der örtliche Kabelanschluss nicht nur teuer ist (in Bayern kommt noch ein extra Kabelgroschen hinzu), sondern in vielen Fällen nicht einmal die gewünschten Programme liefern kann, möchten viele Mediennutzer lieber mit Satellitenschüsseln ihre Fernseh- und Radioprogramme empfangen. Diese können bekanntlich nicht unter dem Dach versteckt werden, so dass ihre Ausrichtung auf den gewünschten Satellit alsbald zu einer Störung des Fassadenbildes führt. Der Nachbar kann gegen ästhetische Immissionen kaum etwas unternehmen, es sei denn die Antenne ist auf einer unmittelbar angrenzenden Garage eindeutig derart groß und „engt" mit einer Höhe von fast vier Metern „optisch stark ein" (VGH Hessen, Az. 4 UE 1706/94).

Der Eigentümer eines Hauses indes ist immer berechtigt, eine Parabolantenne zu untersagen – sofern das Informationsrecht der Mieter nicht über Gebühr beeinträchtigt ist:

Informationsrecht – Wie viel Fernsehen braucht der Mensch?

Ein türkischer Mieter konnte via Kabelfernsehen immerhin ganze vier Programme in türkischer Sprache empfangen. Als er dennoch auf weitere drei Heimatprogramme nicht verzichten wollte, installierte er noch eine Satellitenschüssel. Er machte geltend, dass nur diese drei neuen Programme unabhängige Nachrichten und Kommentare senden, während die anderen vier hauptsächlich Staatssender wären. Das Landgericht München folgte diesem Argument: Bei Abwägung zwischen Eigentums- und Informationsrecht müsse hier dem Informationsrecht der Vorrang gegeben werden (Az. 14 S 119/99).

Eine deutsche Mieterin hingegen hat nicht das Recht, auf ihrer Terrasse eine Schüssel aufzustellen, wenn im Hause Kabelanschluss vorhanden ist, denn ihr Informationsbedürfnis kann durch das Kabel hinreichend befriedigt werden. Sie muss dafür die Zustimmung des Vermieters einholen,

selbst wenn nur ein kleines Betonloch zur Befestigung nötig ist (AG Bochum 43 C 490/96).
Wurde eine Parabolantenne erlaubt, kann sie nicht nach einer solch langen Zeit wie zehn Jahren verboten werden, insbesondere, wenn zwischendurch schon einmal das gesamte Dach, auf dem sich die Schüssel befindet, renoviert wurde (AG Gelsenkirchen Az. 3b C 178/99). Der Vermieter kann die Beseitigung der Antenne verlangen, wenn der Mieter eigenmächtig und unfachmännisch handelt und bei der Aufstellung die Bausubstanz des Hauses beschädigt (LG Bremen 2 S 376/94).

Wegerechte

Für den Fall, dass Ihr Grundstück von einem öffentlichen Weg völlig abgeschnitten ist und Sie selbst unter Inkaufnahme von erheblichen Umwegen nicht mehr zu Ihrem Grund gelangen, hat der Gesetzgeber bestimmt, dass Sie einen Weg durch das Nachbargrundstück benutzen dürfen:

§ 917 BGB [Notweg]
(1) Fehlt einem Grundstücke die zur ordnungsgemäßen Benutzung notwendige Verbindung mit einem öffentlichen Wege, so kann der Eigentümer von den Nachbarn verlangen, dass sie bis zur Behebung des Mangels die Benutzung ihrer Grundstücke zur Herstellung der erforderlichen Verbindung dulden. Die Richtung des Notwegs und der Umfang des Benutzungsrechts werden erforderlichen Falls durch Urteil bestimmt.
(2) Die Nachbarn, über deren Grundstücke der Notweg führt, sind durch eine Geldrente zu entschädigen. (...)

Ein Notweg kann also vorübergehend notwendig oder dauerhaft sein. Es kann dem Benutzer eines Notweges dabei durchaus untersagt werden, diesen aus Bequemlichkeitsgründen mit dem Auto zu befahren, selbst wenn eine fünfköpfige Familie versorgt werden will (OLG Karlsruhe NJW – RR 1995, S.1042).
Der Eigentümer einer Privatstraße muss die Benutzung als Notweg dulden, aber nicht, wenn sich der Benutzer auf die Dauer weigert, einen Anteil am Straßenunterhalt zu zahlen bzw. Miteigentümer der Straße zu werden (OLG Frankfurt, MDR 1981, S.932).

Würde ein Notweg den Zugang durch Rettungsfahrzeuge im Notfall beschleunigen, ist das aber noch kein Grund, jemandem einen Notweg einräumen zu müssen (OLG Köln ZMR 1992, S.53).

Wer einen Teil seines Grundstückes verkauft und sich damit selbst oder den anderen vom bisher üblichen Weg abschneidet, muss den früher gängigen Weg als Notweg dulden – sei es nun der Käufer oder der Verkäufer (§ 917 BGB).

Hindernislauf im Wald

Die Eigentümer zweier Waldgrundstücke gerieten in Streit mit einem dritten Eigentümer: Dieser besaß ebenfalls eine Parzelle, die er nur durch einen Weg durch die anderen beiden Parzellen erreichen konnte. Normalerweise stellten diese ihre Grundstücke sowohl Wanderern als auch anderen Nachbarn anstandslos zu Verfügung. Doch aus nicht ganz geklärten Gründen machten sie es jenem ungeliebten Dritten so schwer wie möglich: Die Siedler verengten den Waldweg, indem sie auf ihrem Grund Stahlbetonpfosten einsetzten. Doch der Dritte erwies sich sehr geschickt am Steuer und gelangte doch noch auf seinen Grund. Daraufhin deponierten sie mehrere große Felsbrocken auf dem Weg, doch abermals, fast schon reif für „Wetten dass...?“, überwand er durch mehrfaches Hin- und Herrangieren die Hürden. Als mit einem weiteren Felsen auch das unmöglich wurde, zog der so lange gutmütig gebliebene dritte Siedler vor Gericht. Die Richter entschieden, dass die Betonpflöcke und Felsen pure und willkürliche Schikane gegen einen Einzelnen seien und daher entfernt werden müssten.
(OLG Düsseldorf Az. 9 U 119/00)

Fenster- und Lichtrecht

Fensterrecht ist das Recht, Fenster in Richtung des Grundstücknachbarn einzubauen. Wenn sie auch noch das Lichtrecht haben sollten, sind sie auf der sicheren und lichten Seite des Lebens: Dieses Recht verhindert, dass ihnen die Nachbarn das Fenster einfach zubauen, wie es einem Ehepaar in einer idyllischen Altstadtwohnung erging:

Darf ein stilles Örtchen zugemauert werden?

Ein Ehepaar klagte, weil ihnen gleich drei Fenster von Toilette, Bad und Treppenhaus durch einen Neubau der Nachbarn komplett zugebaut werden sollten. Doch leider mussten sie dies hinnehmen. Die Fenster an der Grenzwand zum Nachbargebäude seien, wie bei vielen Altbauten der Innenstadt, nicht genehmigt worden, daher müssen sie Dunkelheit nicht nur im stillen Örtchen dulden.
(AG Neumark i.d.OPf. Az. 3 C 810/96)

Fenster- und Lichtrecht sind nicht im BGB, sondern in vielen einzelnen Regionalgesetzen festgelegt, sogar der alte Code Civil Napoleons vom 5. März 1803 gilt heute noch, natürlich nur im linksrheinischen Rechtsgebiet, oder – der Unvollständigkeit halber zu erwähnen – die Nassau-Katzenelnbogische Landordnung. Sie merken es schon: Fragen Sie die zuständige Behörde Ihres Landkreises nach Ihrem persönlichen Licht- und Fensterrecht! Manchem leidgeprüften Zeitgenossen indes würde vollkommen das Recht auf Dunkelheit genügen:

Der Rächer der Flutlichtorgie

Aus purer Schikane wurde ein Nachbar jede Nacht von grellem Flutlicht ausgeleuchtet. Bis in das Schlafzimmer hinein drang blendendes Flutlicht. Das Opfer dieser Lichtorgie ging schließlich vor Gericht: Das Landgericht Köln sprach von einer eindeutigen und wesentlichen Beeinträchtigung des Eigentümers durch die Lichtstrahler und untersagte unter Androhung eines Ordnungsgeldes von 500 000 DM oder Ordnungshaft von bis zu zwei Jahren jede weitere Illumination.
(Az. 9 S 362/99)

Hammerschlags- und Leiterrecht

Der Ausdruck klingt etwas antiquiert, doch dieses Recht ist noch immer von Bedeutung. Will ein Nachbar genau an der Grundstücksgrenze bauen oder einen schon bestehenden Bau an dieser Grenze renovieren oder abbrechen, so kommt er meist nicht umhin, auch Ihr Grundstück mitzubenutzen. Schließlich muss er vielleicht sogar genau dort, wo sich jetzt Ihr Rosenbeet befindet, ein Gerüst oder die üblichen Baumaschinen installieren. Er hat normalerweise das Recht hierzu, wenn er anders sein baurechtlich genehmigtes Vorhaben nicht verwirklichen kann. Allerdings: Fragen muss er Sie, und zwar mindestens zwei Wochen zuvor. Selbst wenn er das Hammerschlags- und Leiterrecht zu besitzen vermeint, kann er nicht einfach schon einmal mit dem Werk beginnen, wenn Sie ihm den Zutritt verweigern. Er müsste sein Recht schon erst einmal vor Gericht durchsetzen. Aber vermutlich wird es so weit nicht kommen – denn dass er Ihnen den entstanden Schaden, hier am Rosenbeet, ersetzen muss, versteht sich ja von selbst.

Nachbarbeobachtungen durch Video und Foto

1996 entschied der BGH, dass ein Nachbar nicht per Kamera oder Fotoapparat überwacht werden darf. Wer derart bewaffnet hinterm Fenster lauert, verletzt „in schwer wiegender Weise das Persönlichkeitsrecht“ und die Intimsphäre des Betroffenen – selbst wenn die Kamera nur auf ihn gerichtet und nicht benutzt wird (Az. VI ZR 272/94).

Video und Gendarm

Anders gelagert war der Fall vor dem Oberlandesgericht Nürnberg: Ein Unbefugter war wiederholt in das Grundstück des Klägers eingedrungen und hatte dort immer wieder kleinere Schäden verursacht. Weil auch die Polizei keinen Schuldigen ermitteln konnte, installierte der Kläger heimlich eine Videokamera und konnte tatsächlich den Übeltäter beweiskräftig entlarven: Es war der Nachbar! Dieser wurde daraufhin verurteilt, was er auch reumütig hinnahm. Doch die Videokamerakosten wollte er auf keinen Fall ersetzen. Das Gericht jedoch entschied, dass sich der Nachbar zumindest zur Hälfte an den Gesamtkosten von mehr als 4 000 DM beteiligen musste, da er Auslöser der Störung war und anders kein Beweismittel gefunden werden konnte.
(Az. 13 W 1699/95)

Allgemein lässt sich feststellen, dass gegen eine Videokamera nichts einzuwenden ist, solange sie nur dazu dient, unliebsame Besucher abzuschrecken oder zu überführen. Doch wenn in Persönlichkeitsrechte Unbeteiligter eingegriffen wird, zum Beispiel indem auch Passanten eines öffentlichen Weges außerhalb des Grundstücks überwacht werden, ist Videoüberwachung nicht zulässig.

Befindet sich ein Fotograf auf öffentlichem, allgemein zugänglichem Gelände, kann er von Ihrem Haus Fotografien herstellen und diese sogar gewerblich veräußern, Sie können keine Abwehrrechte geltend machen (BGH Az. NJW 1989, S. 2251).

Ein Vermieter darf nicht den Zustand seiner Wohnung fotografisch festhalten, ohne den Mieter um Erlaubnis gefragt zu haben (AG Frankfurt/Main Az. WuM 1998, S.343).

Prostitution

Nachbarn können sich gegen Prostitution wehren, wenn sie sich durch Lärm oder Licht (z. B. grell blinkendes Neonlicht) gestört fühlen. Ein Kläger fand sich in seiner Nachtruhe durch einen sexuellen Dienstleistungsbetrieb beeinträchtigt: Auch Zeugen konnten bestätigen, dass der Lärm von an- und abfahrenden Bordellkunden der anderen Doppelhaushälfte eine erhebliche Lärmbelästigung darstellte. Der Vermieter wurde verurteilt, seinen Mietern diese Gewerbstätigkeit zu untersagen (OLG Oldenburg Az. 6 U 177/97).

Wichtig in diesem Zusammenhang ist zu wissen, dass die Richter dabei keine moralischen Bedenken gegen „sittlich anstößiges" Verhalten akzeptieren. Mieter dürfen nur mit Zustimmung des Vermieters Prostitution in einer Wohnung ausüben, ansonsten ist durch vertragswidriges Verhalten eine fristlose Kündigung denkbar (LG Lübeck 6 S 48/92). Voraussetzung zur Zustimmung des Vermieters ist, dass die entsprechende Wohnung gewerblich genutzt werden darf:

Die geschäftstüchtige Signora X

Die Mitbewohner einer Wohneigentumsanlage wollten durch einen Beschluss der Eigentümermehrheit die Prostitution von

Signora X (Name geändert) verhindern. Die Dame aus dem ältesten Gewerbe der Welt warb mit einigem Erfolg in der örtlichen Zeitung – auch Ihr Vermieter hatte keinerlei Einwände. Die Eigentümergemeinschaft hatte vor dem Landgericht Nürnberg-Fürth keinen Erfolg. Einer nachträgliche Nutzungseinschränkung fehlte die erforderliche Rechtsgrundlage. Allerdings stellte der Richter klar, dass unzumutbare Belästigungen durch allzu regen Liebeszuspruch vermieden werden müssten. Auch das verbriefte Recht der Eigentümer speziell dieser Hausanlage, Gewerbe und Beruf auszuüben, darf die anderen Eigentümer nicht ganz wesentlich in ihren Rechten beeinträchtigen. (Az. T 214/90)

Auch wenn sittliche Auffassungen irrelevant sind, gestehen die Richter Nachbarn, die Wohnungseigentümer sind, durchaus Beeinträchtigung in Form einer deutlichen Wertminderung zu. Daher kann ein Nachbar, der Eigentümer ist, sehr wohl Abwehransprüche nach § 1004 Abs. 1 BGB und nach § 14 Nr. 1, §15 Abs. 3 Wohneigentumsgesetz geltend machen (LG Tübingen Az. 5 T 338/99).

Betretungsrecht und Hausfriedensbruch

Niemand darf ohne Erlaubnis ein fremdes Grundstück oder eine Wohnung betreten. Er macht sich nach dem Strafgesetzbuch strafbar und kann angezeigt werden:

§ 123 StGB Hausfriedensbruch

(1) Wer in die Wohnung, in die Geschäftsräume oder in das befriedete Besitztum eines anderen oder in abgeschlossene Räume, welche zum öffentlichen Dienst oder Verkehr bestimmt sind, widerrechtlich eindringt, oder wer, wenn er ohne Befugnis darin verweilt, auf die Aufforderung des Berechtigten sich nicht entfernt, wird mit Freiheitsstrafe bis zu einem Jahr oder mit Geldstrafe bestraft.

(2) Die Tat wird nur auf Antrag verfolgt.

Schon ein niedrig umzäunter Garten gilt als „befriedetes Besitztum". Doch ist davon auszugehen, dass es einen strafrechtlichen Unterschied macht, ob Sie über diesen kleinen Zaun hopsen oder mit Leitern eine meterhohe Mauer überwinden. Ist der Spielball in den Nachbargrund geflogen, fragen Sie höflich, ob Sie den Grund betreten dürfen. Sie haben zwar nach § 867 BGB das Verfolgungsrecht des Besitzers, doch wenn der Nachbar Ihnen den Zutritt verweigert, müssten Sie den Zutritt – rein juristisch gesehen – erst einklagen.

Schließlich kann es einen Nachbarn empfindlich stören, wenn Bälle von Spielplätzen auf sein Grundstück geschlagen werden – besonders, wenn beim Suchen und Zurückholen der Bälle das frische Blumenbeet zertrampelt wird. Ein Nachbar muss dies nicht dulden: Bei Bällen handelt es sich um so genannte Grobimmissionen, für die keine Duldungspflicht besteht.

Anders verhält es sich bei einer aus Ihrem Garten entlaufenen Schildkröte. So langsam sie sein mag, bis ein Richter ein Urteil gefällt hätte, wäre sie in jedem Fall verschwunden. Hier ist „mit einem Aufschub Gefahr verbunden", Sie dürfen den Ausreißer auch sofort durch Betreten des Nachbargrundstückes zurückholen.

Auch in wirklichen Notfällen können Sie Nachbars Grund betreten, etwa wenn Sie nur von dort aus verhindern können, dass Ihr Baum umknickt oder der Nachbar vergessen hat, die Mülltonnen hineinzustellen und der Sturm sie durch das ganze Wohngebiet zu wehen droht.

Betritt ein Vermieter die Wohnung seines Mieters mit einem eigenen Schlüssel, ohne sich anzumelden oder sich auch nur zu vergewissern, ob jemand da ist, kann er nicht geltend machen, er wollte nur von Handwerkern Arbeiten ausführen lassen. Dieser Fall von Hausfriedensbruch rechtfertigt die fristlose Kündigung durch den Mieter, selbst wenn die Kündigung erst sechs Wochen später erfolgt, wenn der Mieter eine neue Wohnung gefunden hat (LG Berlin Az. 64 S, 305/98).

Die Rechte des Mieters

Wir haben im Verlaufe der Kapitel verschiedenste Störungen im Nachbarschaftsverhältnis kennen gelernt: Der Grundstücks-, Haus- und Wohnungseigentümer kann versuchen, die Störung seines Eigentums nach § 1004 BGB abzuwehren, sofern er sie nicht dulden muss (§ 906 BGB). Ein Mieter ist den Eigentümern substanziell nicht schlechter gestellt, doch kann er oftmals nicht direkt vom Störer eine Unterlassung fordern, sondern ist auf den Eigentümer, seinen Vermieter, angewiesen.

Rechtsposition des Mieters

Der Umweg über den Vermieter muss dabei nicht unbedingt ein Nachteil sein. Es gibt einige Fälle, in denen auch ein Vermieter als Eigentümer nichts gegen Störungen, wie zum Beispiel Lärm aus nahe liegenden Gaststätten und Baustellen, unternehmen kann, und man sich deshalb überhaupt nicht bei ihm beschweren kann. Doch ein Mieter muss dies keineswegs hinnehmen – er braucht nicht gutes Geld für schlechtes Wohnen zahlen: Der Gesetzgeber hat erst jüngst ein völlig neues Mietrecht verabschiedet – Grund genug, sich an dieser Stelle mit den neuen Vorschriften genau vertraut zu machen. Im Hinblick auf Mietminderung hat sich zwar nicht sehr viel geändert, dennoch gibt der Wortlaut des Bürgerlichen Gesetzbuches nun einiges mehr an Klarheit, als es eine Vielzahl von Urteilen bisher vermochte.

Der Vermieter muss Ihnen gegen 100 Prozent Miete auch 100 Prozent Wohnwert bereitstellen. Die Rechte und Pflichten der Unterzeichner eines Mietvertrages sind wie folgt verteilt:

§ 535 BGB Inhalt und Hauptpflichten des Mietvertrages

(1) Durch den Vertrag wird der Vermieter verpflichtet, dem Mieter den Gebrauch der Mietsache während der Mietzeit zu gewähren. Der Vermieter hat die Mietsache dem Mieter in einem zum vertragsgemäßen Ge-

brauch geeigneten Zustand zu überlassen und sie während der Mietzeit in diesem Zustand zu erhalten. Er hat die auf der Mietsache ruhenden Lasten zu tragen.
(2) Der Mieter ist verpflichtet, dem Vermieter die vereinbarte Miete zu entrichten.

So schön der vertragliche Idealzustand auch ist, unschwer konnten wir erkennen: Es gibt 1 000 Gründe, warum sich der Zustand einer Mietsache ändert – zu technischen Mängeln, die noch relativ leicht zu beheben sind, kommen jene nachbarschaftlichen Querelen, die eigentlich von Mensch zu Mensch zu lösen wären, wo aber ohne das Einschreiten eines Vermieters keine Änderung mehr zu erwarten ist.

Mietminderung

Es geht wohl oft nicht anders, als an eine Mietminderung zu denken, wenn man nicht mehr in der Lage ist, die allabendlichen Partys der Nachbarn oder den unerträglichen Katzengeruch zu dulden. Viele dieser gerichtlich akzeptierten Störungen schränken die Tauglichkeit einer Wohnung oder eines angemieteten Hauses erheblich ein und berechtigen zur Mietminderung:

§ 536 BGB Mietminderung bei Sach- und Rechtsmängeln
(1) Hat die Mietsache zur Zeit der Überlassung an den Mieter einen Fehler, der ihre Tauglichkeit zum vertragsgemäßen Gebrauch aufhebt, oder entsteht während der Mietzeit ein solcher Fehler, so ist der Mieter für die Zeit, in der die Tauglichkeit aufgehoben ist, von der Entrichtung der Miete befreit. Für die Zeit, während der die Tauglichkeit gemindert ist, hat er nur eine angemessen herabgesetzte Miete zu entrichten. Eine unerhebliche Minderung der Tauglichkeit bleibt außer Betracht.
(2) Absatz 1 Satz 1 und 2 gilt auch, wenn die zugesicherte Eigenschaft fehlt, oder später wegfällt.
(3) Wird dem Mieter der vertragsgemäße Gebrauch der Mietsache durch das Recht eines Dritten entzogen, so gelten die Absätze 1 und 2 entsprechend.

(4) Bei einem Mietverhältnis über Wohnraum ist eine zum Nachteil des Mieters abweichende Vereinbarung unwirksam.

Der Fehler einer Mietsache muss den Wohnwert der vom Mieter bewohnten Wohnung tatsächlich mindern. Ist eine Minderung nur vorübergehend, darf natürlich auch nur für diese Zeit Mietminderung geltend gemacht werden. Der Mangel darf aber nicht nur so vorübergehend sein, dass er schlicht „unerheblich" ist. Nicht jeder kurze Heizungsausfall oder einmalige Lärm aus der Nachbarwohnung trübt die Wohnqualität insgesamt.
Erst einmal aber muss der Vermieter die Chance bekommen, den Mietmangel zu beheben. Natürlich werden Sie ihn erst einmal freundlich auf Störungen hinweisen – achten Sie darauf, dass Sie ihm sobald wie möglich auf den Mangel hinweisen, das Gesetz spricht von „unverzüglich":

§ 536c BGB Während der Mietzeit auftretende Mängel; Mängelanzeige durch den Mieter

(1) Zeigt sich im Laufe der Mietzeit ein Mangel der Mietsache oder wird eine Maßnahme zum Schutz der Mietsache gegen eine nicht vorhergesehene Gefahr erforderlich, so hat der Mieter dies dem Vermieter unverzüglich anzuzeigen. Das Gleiche gilt, wenn ein Dritter sich der Sache anmaßt.
(2) Unterlässt der Mieter die Anzeige, so ist er dem Vermieter zum Ersatz des daraus entstehenden Schadens verpflichtet. Soweit der Vermieter infolge der Unterlassung der Anzeige nicht Abhilfe schaffen konnte, ist der Mieter nicht berechtigt,
1. die in § 536 bestimmten Rechte geltend zu machen,
2. nach § 536a Abs. 1 Schadensersatz wegen Nichterfüllung zu verlangen oder
3. ohne Bestimmung einer angemessenen Frist zur Abhilfe nach § 543 Abs. 3 Satz 1 zu kündigen.

Bei schweren Mängeln, wie z. B. einem Wassereintritt, müssen Sie den Vermieter sofort in Kenntnis setzten, ansonsten könnte er Sie schadensersatzpflichtig machen – etwa, weil mittlerweile nicht nur Ihre, sondern auch die leer stehende Nachbarwohnung durch ein undichtes Dach erheblich zerstört wurde. Der Vermieter ist auf Ihre Mithilfe angewiesen. Schließlich hält er sich meist nicht im selben Haus auf und kann nur durch seine Mieter erfahren, wenn Gefahr im Verzug ist. Seien Sie bitte so kooperativ und informieren Sie ihn auch bei kleineren Mängeln, wie z. B. einem Defekt einer Haustürhydraulik, der mit der Zeit die ganze Tür zerstören kann. Auch wenn es nicht Ihr persönliches Eigentum ist, verpflichtet Sie das Gesetz, das Eigentum Ihres Vermieters zu schützen. Tun Sie es nicht, dann haben Sie auch keinen Anspruch auf Mietminderung, auf Schadensersatz wegen Nichterfüllung des Mietvertrages und auch keinen Anspruch fristlos zu kündigen.

Ignoriert der Vermieter Ihre Mängelanzeige, weil er befürchtet, es ginge Ihnen nicht um den Mangel, sondern nur um eine mögliche Mietminderung, sind sie „aus dem Schneider" – Ihnen kann man keinen Vorwurf mehr machen. Am besten, sie weisen den Vermieter beiläufig und bestimmt zugleich auf ein Problem hin. Schreiben Sie nicht gleich lange Briefe mit fünf Durchschlägen, sondern senden Sie ihm ein kurzes Fax oder eine E-Mail (nicht ohne sich eine ausgedruckte Kopie davon aufzuheben). Denn selbst, wenn es sich nicht um einen (bau)technischen Defekt handelt, sondern um ungebührlich laute Nachbarn, ist letztlich nicht Ihr Eigentum gefährdet, sondern das des Vermieters.

Wenn die Störungen durch den Nachbarn sich nicht im Rahmen des Üblichen und Duldbaren halten, kann der Vermieter Unterlassungsklage gegen den Nachbarmieter erheben:

§ 541 BGB Unterlassungsklage bei vertragswidrigem Gebrauch
Setzt der Mieter einen vertragswidrigen Gebrauch der Mietsache trotz einer Abmahnung des Vermieters fort, so kann dieser auf Unterlassung klagen.

Wenn der Vermieter jedoch kaum auf Ihre Hinweise ernsthaft reagiert, und Sie persönlich immer noch Anlass zur Klage haben, formulieren Sie Ihre Beschwerde schriftlich. Schildern Sie die Sachlage genau und fordern Sie ihn auf, innerhalb einer gesetzten Frist den vereinbarten Mietzustand wiederherzustellen. Vor allem: Weisen Sie nur deutlich auf eine mögliche Mietminderung hin – stellen Sie also Ihre künftigen Mietzahlungen unter den Vorbehalt einer Mietminderung. Ändert sich erneut nichts an den reklamierten Zuständen, können Sie die Miete tatsächlich von sich aus mindern.

Wie viel Zeit Sie zur Mietminderung haben

Bitte beachten Sie, dass eine Mietminderung ein recht „robustes“ Instrument ist, das nur bei Ausschöpfung aller übrigen Maßnahmen sinnvoll ist. Bei einer nicht angekündigten Mietminderung müssen Sie mit einer recht harschen Gegenreaktion eines brüskierten Vermieters rechnen. Wenn aber bereits alle Versuche einer Einigung gescheitert sind, sollten Sie eine Mietminderung, vielleicht auch mit einem Rechtsbeistand, in Erwägung ziehen.
Im Gegensatz zu früheren Regelungen haben Sie mit dem neuen Mietrecht mehr Zeit zur Mietminderung: Haben Sie Ihre Beanstandungen dem Vermieter mitgeteilt, können Sie selbst nach einer monatelangen Wartezeit noch Ihr Recht geltend machen. Der Vermieter kann nicht mehr wie früher behaupten, so schlimm sei der Mangel offenbar nicht gewesen, sonst hätten Sie nicht unmittelbar die Miete gemindert. Diese Gesetzesänderung soll unnötige Prozesse verhindern, wie sie bei einer rasch ausgesprochenen Mietminderung oft vorgekommen sind. Vielleicht muss der Vermieter erst noch Angebote mehrerer Handwerkerfirmen einholen oder Reparaturaufträge wurden bereits vergeben, aber die Ausführung verzögert sich durch ein notwendiges Gutachten etc. Natürlich müssen Sie nicht endlos warten und sich immer wieder vertrösten lassen, aber der Anspruch, die Miete nach einer längeren Zeit der Duldung dennoch zu mindern, kann Ihnen so schnell nicht mehr genommen werden.
Also: Entsteht ein Mietmangel, zögern Sie nicht, ihn dem Vermieter mitzuteilen, setzten Sie ihm auch schriftlich eine Frist. Warten Sie erst einmal in Ruhe ab. Selbst nach mehr als sechs Monaten können Sie noch Ihre Mietzahlung verringern. Im Gegensatz zur bisherigen Rechtsprechung sind Sie nicht mehr verpflichtet, die Miete innerhalb von sechs Monaten zu verringern, um den Anspruch auf Mietminderung zu erhalten. Eine sehr sinnvolle Neuregelung, denn sie zwingt uns nicht mehr, uns mit dem Vermieter mittels recht drastischer Mittel gleich zu streiten.
Wechselt der Eigentümer des Mietobjekts, machen Sie den neuen Eigentümer gleich auf die Schäden aufmerksam und auch auf die vorgenommene oder anstehende Mietminderung. Lassen Sie sich nicht abwimmeln mit Argumenten wie z. B. der Vermieter habe alles in seiner Macht Stehende getan, um die Nachbarn zu einem leiseren Verhalten zu bewegen. Dann hätte er den nächtlichen Partygängern eben kündigen müssen. Wie gesagt: Selbst wenn der Vermieter überhaupt nichts für die Störung kann

und z. B. auch durch eine jahrelange Baustelle keine Entschädigung erhält – das ist nicht Ihr Problem als Mieter, es sei denn, Sie konnten vor dem Einzug leicht erkennen, dass diese Bauarbeiten anstehen (OLG München WM 93, 607).

Exkurs: Wohnungssuche

Den meisten Ärger können Sie natürlich vermeiden, indem Sie sich eine Mietwohnung besonders gründlich ansehen, bevor Sie einen Mietvertrag abschließen. Ein Rundgang in der Wohnung am Sonntagmittag wird nur sehr unzureichend vermitteln, wie sich dort tatsächlich leben wird. Führt etwa eine dicht befahrene Straße an der Wohnung vorbei? Öffnen Sie die Fenster und sehen Sie sich um. Manchmal handelt es sich um schallisolierte Fenster, die der Vermieter oder Makler bei einer Wohnungsführung am liebsten verschlossen hält. Doch wollen Sie wirklich auch im Sommer immer mit verschlossenen Fenstern leben? Führen Bahn- oder Straßenbahngleise vorbei? Schwieriger wird es schon bei den alltäglichen Streitereien: Wie sind die Nachbarn? Klingeln sie doch einmal – vielleicht nicht gerade am Sonntag bei der Besichtigung – und unterhalten Sie sich mit den zukünftigen Nebenbewohnern: Oft genügen schon kleine Hinweise auf das Hausklima.

Entspricht der strenge oder laxe Umgang mit der Hausordnung Ihren Vorstellungen? Denn wie Gerichte auch immer entscheiden, letztlich bildet jedes Haus für sich eine eigene Wohnkultur. Man nimmt auf verschiedene Leute Rücksicht, vielleicht zu Unrecht, weil es sich so „eingependelt" hat. Aber auch Sie werden nicht an alten Hausgebräuchen, die sich über Jahrzehnte gebildet haben, rütteln können. Ist Ihnen wichtig, dass die Treppen genau nach Hausordnung geputzt werden, aber können Sie im ganzen Haus keinen Plan finden, der dies regelt? Nun, die Bewohner werden ein bisschen nach „Gusto" ihrer Pflicht nachkommen. Im Übrigen: Putzt ein Nachbar die Treppe nicht, ist der Mieter nicht zur Mietminderung berechtigt, da die Quote unterhalb von 5 Prozent liegt (AG Wuppertal, Az. 92 C 325/96).

Zeigen Sie auch eine gesunde Menschenkenntnis, was den Vermieter anbetrifft: Erfahrungsgemäß ist es besser, er kümmert sich um die Anliegen seiner Mieter, aber dies nicht allzu sehr. Nichts ist lästiger als ein überaus neugieriger Vermieter, der angeblich nur sehen will, ob der Handwerker das neue Waschbecken auch wirklich richtig montiert hat, aber im Grunde nur darauf wartet, sich nach Ihrem Familienstand zu erkundigen.

Wo keine Mietminderung möglich ist

Versuchen Sie bloß nicht, die Miete für einen Mangel zu mindern, den sie selbst verursacht haben, etwa für feuchte, schimmlige Wände, wenn Sie seit Jahr und Tag nicht gelüftet und geheizt haben. Der Schuss kann, wie es volkstümlich heißt, nach hinten losgehen. Denn der Vermieter hat in diesem Fall mehr Recht, von Ihnen Schadensersatz zu verlangen. Haben Mieter und Vermieter gleichermaßen Anteil an einem Schaden, fällt die Mietminderung entsprechend geringer aus. Übrigens ist es einem Mieter in tendenziell feuchten Räumen nicht zuzumuten, die Temperatur beständig auf 22 °C zu halten und zusätzlich noch etwa sechs Mal am Tag zu lüften.
Ebenso naiv wäre es, in eine billige Altbauwohnung zu ziehen und sich kurze Zeit später über undichte Fenster oder schlecht beheizbare Räume zu beklagen. Hier muss man davon ausgehen, dass Sie gerade wegen der geringen Miete in eine sichtbar billige Wohnung gezogen sind. Wer sich unbekümmert erst gar keine Gedanken über zugige Fenster gemacht hat, weil das Haus noch nicht alt ist, kann nachträglich nur dann Mietminderung und weitere Ersatzansprüche geltend machen, wenn ihm der Vermieter den Zustand „arglistig verschwiegen" hat – er also genau wusste, dass die Fenster erheblich besser aussehen, als sie sind:

§ 536 b BGB Kenntnis des Mieters vom Mangel bei Vertragsschluss oder Annahme

Kennt der Mieter bei Vertragsschluss den Mangel der Mietsache, so stehen ihm die Rechte aus den §§ 536 und 535a nicht zu. Ist ihm der Mangel auf Grund grober Fahrlässigkeit unbekannt geblieben, so stehen ihm diese Rechte nur zu, wenn der Vermieter den Mangel arglistig verschwiegen hat. Nimmt der Mieter eine mangelhafte Sache an, obwohl er den Mangel kennt, so kann er die Rechte aus den §§ 536 und 536a nur geltend machen, wenn er sich die Annahme vorbehält.

Sichert der Vermieter beispielsweise den Einbau einer Gastherme noch vor dem Winter zu, tatsächlich aber müssen Sie noch mit dem alten Kohleofen heizen, so können Sie die Miete selbstverständlich mindern. Ähnliches gilt für undichte Fenster, Feuchtigkeitsschäden usw. Am besten halten Sie den Zustand in einem Übernahmeprotokoll fest. Seien Sie aber nach dem Einzug nicht gar zu kleinlich. Es kam schon einmal zum Prozess, weil ein Mieter wegen einer fehlenden Glühbirne im Keller weniger zahlen wollte.

Erfolgt schließlich die Vertragsunterzeichnung, muss Klarheit über den Normzustand der Wohnung herrschen, also über die vom Vermieter zugesicherten Eigenschaften. Entspricht die Wohnung nicht dieser vertraglichen Abmachung, liegt ein Mangel vor, der zur Mietminderung unmittelbar berechtigt.

Erhöht der Vermieter die Miete einer recht mangelhaften, um nicht zu sagen maroden Wohnung, so muss er auch mehr dafür bieten: Der Mieter hat dann das Recht, wegen bestehender Altmängel die Miete zu kürzen – allerdings um nicht mehr als die Mieterhöhung. Sprechen Sie mit Ihrem Vermieter darüber; vielleicht hat er eine Investition noch für dieses Jahr geplant, die seine Erhöhung letztlich rechtfertigt – lassen Sie sich die versprochene Verbesserung schriftlich geben.

Und seien Sie generell vorsichtig: Viele Vermieter von Wohnungen unterer Qualität verlangen (Kalt-)Quadratmeterpreise, die zwar zunächst niedrig aussehen, aber nach einem höheren Gasverbrauch im Winter sich beinahe den Preisen einer modernen, komfortablen Wohnung annähern. Sie dürfen sich zu Recht dagegen wehren. Auch in einer Altbauwohnung muss nicht jedes Zugloch hingenommen werden: Wenn man Mängel aufzeigen kann, die auch schon zur Herstellungszeit des Hauses zu beanstanden gewesen wären, oder solche, die bei ordnungsgemäßer Instandhaltung zu vermeiden gewesen wären, ist Mietminderung wegen ganz ungewöhnlich hohem Energieverbrauch durchaus möglich (LG Waldshut WM 91, 479).

Berechnung der Mietminderung

Kommen wir zur Höhe der Minderung: Generell hängt die Höhe der Mietminderung vom Grad der Wohnbeeinträchtigung ab. Gekürzt wird in Prozent, aber wovon? Wenn Sie schon je einmal Auskunft geben mussten, wie viel Miete Sie zahlen, dann kennen Sie das Problem: Nettokaltmiete,

Nebenkosten, Heizkosten ... Oder muss man auch noch die Kabelfernsehkosten dazuzählen? Meistens akzeptieren die Gerichte, wenn man als Grundlage für eine Minderung die Kaltmiete zusammen mit den Nebenkosten annimmt (z. B. OLG Frankfurt/Main WuM 86,19). Informieren Sie sich aber zusätzlich bei einem örtlichen Mieterverein, denn manchmal akzeptieren Gerichte auch verbrauchsabhängige Kosten (Heizung, Wasser).
Sollten Sie dann schließlich tatsächlich zur Bank gehen und den Dauerauftrag ändern, so wäre es klug, den geminderten Betrag auf ein Sparkonto anzulegen und nicht gleich anderweitig zu verplanen – juristisch gesehen üben Sie nach § 320 BGB das Zurückbehaltungsrecht aus. Sie handeln, damit der Vermieter endlich tätig wird, und nicht, damit Sie endlich mal weniger Miete zahlen müssen. Zudem müssen Sie einkalkulieren, sich mit einer Mietminderung schlicht ins Unrecht zu setzen. Die einbehaltene Geldsumme würde früher oder später fällig.

Achtung Vermieter! Sollten Sie von einer Mietminderung betroffen sein, sehen Sie sofort nach dem Rechten. Selbst wenn Sie genau wissen, dass ein Mangel schon längere Zeit vorliegt, müssen Sie nicht jede Minderung hinnehmen. Es kann sein, dass Ihr Mieter übertreibt und eigentlich gar nicht so viel weniger zahlen darf, wie er vorgibt. Ganz wagemutig ging ein Mieter vor, der wegen Katzengetrappel aus der Wohnung über ihm seine Miete gleich um 30 Prozent kürzte. Als der Vermieter das längere Zeit nicht beanstandete, musste er diese reichlich kecke Zinskürzung hinnehmen (LG Berlin 94, 361).

Wenn im Februar die Heizung längere Zeit ausfällt, können Sie die Februarmiete aus gutem Grund kürzen. Doch zumeist haben sie Ihre Mietzahlung schon im Voraus geleistet, also Anfang Februar. Sie dürfen nun die Mietminderung mit der kommenden Märzmiete verrechnen, selbst wenn im Kleingedruckten des Mietvertrages eine Verrechnung untersagt ist – eine solche Klausel war schon vor dem neuen Mietrecht unwirksam (BGH ZMR 85, 403). Das neue Mietrecht bekräftigt das Aufrechnungsrecht noch einmal ausdrücklich:

§ 556b BGB Fälligkeit der Miete, Aufrechnungs- und Zurückbehaltungsrecht

(1) Die Miete ist zu Beginn, spätestens bis zum dritten Werktag der einzelnen Zeitabschnitte zu entrichten, nach denen sie bemessen ist.

(2) Der Mieter kann entgegen einer vertraglichen Bestimmung gegen eine Mietforderung mit einer Forderung auf Grund der §§ 536a, 539 oder aus ungerechtfertigter Bereicherung wegen zu viel gezahlter Miete aufrechnen oder wegen einer solchen Forderung ein Zurückbehaltungsrecht ausüben, wenn er seine Absicht dem Vermieter mindestens einen Monat vor der Fälligkeit in Textform angezeigt hat. Eine zum Nachteil des Mieters abweichende Vereinbarung ist unwirksam.

Wenn Ihre Gastherme im September ausfällt, der Winter naht und eine Reparatur durch den Vermieter nicht in Sicht ist, können Sie natürlich bei geringer Miete (Mietminderung) einen kalten Winter verbringen. Doch vielleicht ist es besser, Sie lassen das Gerät selbst in Stand setzen. Ist der Vermieter über diesen Schritt einen Monat zuvor unterrichtet und der Mangel bis dahin immer noch nicht behoben, haben Sie keine Schwierigkeiten, die Handwerkerkosten von der Miete „abzusetzen". Ein klarer Fall von Selbstbeseitigungsrecht!

Das Gesetz macht klar, dass Mietminderung und Schadensersatz bzw. Aufwendungsersatz zwei von einander getrennte Rechte sind:

§ 536a BGB Schadensersatz- und Aufwendungsersatz des Mieters wegen eines Mangels

(1) Ist ein Mangel im Sinne des § 536 bei Vertragsschluss vorhanden oder entsteht ein solcher Mangel später wegen eines Umstandes, den der Vermieter zu vertreten hat, oder kommt der Vermieter mit der Beseitigung eines Mangels in Verzug, so kann der Mieter unbeschadet der Rechte aus § 536 Schadensersatz wegen Nichterfüllung verlangen.

(2) Der Mieter kann den Mangel selbst beseitigen und Ersatz der erforderlichen Aufwendungen verlangen, wenn

1. der Vermieter mit der Beseitigung des Mangels in Verzug ist oder

2. die umgehende Beseitigung des Mangels zur Erhaltung oder Wiederherstellung des Bestandes der Mietsache notwendig ist.

Dieser Paragraph stellt auch klar, dass Sie in dringenden Fällen, z. B. bei einem Wasserrohrbruch, auch ohne den Vermieter zu informieren, einen Handwerker beauftragen können – die Kosten muss der Vermieter übernehmen, selbst wenn Sie in der Eile nicht den billigsten Handwerker erreichen konnten. Kann Ihnen auf Grund der Mietminderung gekündigt werden? Nein, selbst wenn sich die Minderung als unberechtigt herausstellt, brauchen Sie keine Angst vor einer Kündigung zu haben, sofern die Minderung nicht schuldhaft ganz und gar überzogen ist. Auf keinen Fall aber dürfen Sie Ihre Miete ohne Hinweis auf eine Mietminderung kürzen. Denn selbst ein nur geringfügiger Mietrückstand von 31,75 DM berechtigt zur fristlosen Kündigung (LG Hamburg Az. 334 S 53/00).

Um wie viel kann ich meine Miete mindern?
Eine Liste von Gerichtsurteilen

Mietmangel	**Minderung**	**Urteil**
Die tatsächliche Wohnfläche ist mehr als 10 Prozent geringer als vereinbart	Neuberechnung mit wirklicher Fläche	BGH, Az. V ZR 246/96
normale Wohngeräusche aus der Nachbarwohnung	0 Prozent	AG Steinfurt, Az. 3 C 230/77
verschmutzte Toilette in Altbauwohnung	0 Prozent	AG Köpenick, Az. 2 C 305 98
Trübung von Isolierglasscheiben	0,5 – 1 Prozent	AG Miesbach, Az. 3 C 585/84
Fliesenfugen im Bad brechen aus	2 Prozent	LG Berlin (64), Az. GE 96,471
dauernder Defekt des Müllschluckers	2,5 Prozent	AG Hamburg, Az. 48 C 1464/79
keine Postzustellung: Briefkasten fehlt	3 Prozent	AG Hamburg, Az. 40 C 305/73

Mietmangel	**Minderung**	**Urteil**
durch Gerüst weniger Licht und Lüftungs probleme	5 Prozent	LG Berlin, Az. MM 94, 396
Verwahrlosung von Flur, Treppe, Eingängen	5 Prozent	AG Kiel, WuM 1991, 343
Ladetätigkeit für ein Geschäft nebenan	5 Prozent	LG Berlin, Az. 61 S 259/91
Trittschallgeräusche von oben	5 Prozent	LG Hannover, Az. 9 S 211/93
eingeschränkte Garten-nutzung durch Aufstel-len eines Schuppens	5 Prozent	AG Köln, Urteil v .06.1994
gelegentlich dringt Wasser durch Decke in Altbauwohnung	5 Prozent	Kammerger. Berlin, Az. 8 C
Fäkalienrückfluss im WC	5 Prozent	AG Schöneberg, Az. 5 C 72/90
Essensgerüche dringen durch Fußboden	7 Prozent	AG Tiergarten, Az. 4 C 550/80
Durchfeuchtung der Zimmerdecke	8 Prozent	LG Hamburg, Az. 11 S 6/71
Lärm von Glascontainer außerhalb zulässiger Stunden	10 Prozent	LG Berlin, Az. GE 96, 427
vermeidbarer Kinderlärm	10 Prozent	AG Neuss, WuM 88, 264
Mäuse und Kakerlaken dringen ab und zu ein	10 Prozent	AG Rendsburg, WuM 89, 284
Beschimpfung durch den Hausmeister	10 Prozent	AG Neukölln, Az. 10 C 255/82

Mietmangel	Minderung	Urteil
Garagentor lärmt bei Nacht	10 Prozent	LG Berlin, Az. 64 S 26/86
Hauptwasserrohr zu laut	10 Prozent	LG Berlin, Az. MM 86, 116
Bordell im Erdgeschoss	10 Prozent	LG Berlin (64), Az. GE 95, 1133
Wohnung sollte lt. Vertrag auf 20 °C erwärmt werden, kommt aber nur auf 17 – 18 °C	6 Prozent	LG Hamburg, Az. 19 S 143/60
klopfende Heizanlage	17 Prozent	LG Darmstadt, WuM 80, 52
häufige Partys bei Nachbarn	20 Prozent	LG Dortmund, DWW 1988, 238
Nachbar hält mehr als 100 Tauben	20 Prozent	AG Goslar, Az. 8 C 716/72
Badewanne ist unbenutzbar	20 Prozent	AG Goslar, Az. 8 C 716/72
starker Baulärm in Neubaugebiet	25 Prozent	LG Darmstadt, WuM 87, 272
Mieter hat Angst, Opfer krimineller Handlungen seiner Nachbarn zu werden	25 Prozent	AG Dortmund, Az. C 151/79
Bordell im Haus	30 Prozent	AG Charlottenburg, MM 88,367
Discolärm	30 Prozent	AG Köln, Az. 155 C 2035/77
Wohnzimmerdecke droht einzustürzen	30 Prozent	AG Berlin-Schöneberg, Az. 17 C

Mietmangel	Minderung	Urteil
penetranter Frettchengeruch aus Nachbar wohnung	33 Prozent	AG Köln, WuM 1989, 234
Lärm durch darüber liegenden Dachgeschossausbau	33 Prozent	LG Berlin (64), Az. GE 96, 471
Nachbar ist extrem laut	35 Prozent	AG Chemnitz, WuM 1994, 68
starker Gaststättenlärm bis 1.00 Uhr nachts	37 Prozent	AG Rheine, WuM 85, 260
Bau- und Sanierungsarbeiten	50 Prozent	AG Weißwasser, WuM 1994, 601
giftige Gase einer chemischen Reinigung	50 Prozent	NJW-RR 1990, 972
Gaststättenlärm um 10 Dezibel mehr als erlaubt	50 Prozent	AG Schöneberg, Az. MM 95, 29
Ausgasen von PVC-Teppichen	50 Prozent	LG Kiel, Az. 10 S 24/95
dauerhaft feuchte Wände	50 Prozent	LG Berlin (64), Az. GE 95, 761
Formaldehyd-Gase aus Teppichen	56 Prozent	AG Köln, Az. 217 C 346/86
einzige Toilette nicht benutzbar	80 Prozent	LG Berlin, MM 88, 213
totaler Heizungsausfall von September bis Februar	100 Prozent	LG Hamburg, Az. 7 O 80/74

Wenn alles zu spät ist: Kündigung!

Sehen wir uns das Ende der langen Tabelle an, so wird deutlich, dass ganz gravierende Mängel nicht nur eine Mietminderung, sondern auch eine fristlose Kündigung zur Folge haben können. Sowohl Vermieter als auch Mieter können unter bestimmten Umständen fristlos den Mietvertrag kündigen. Das BGB nennt die Gründe:

§ 543 BGB Außerordentliche fristlose Kündigung aus wichtigem Grund

(1) Jede Vertragspartei kann das Mietverhältnis aus wichtigem Grund außerordentlich fristlos kündigen. Ein wichtiger Grund liegt vor, wenn dem Kündigenden unter Berücksichtigung aller Umstände des Einzelfalls, insbesondere eines Verschuldens der Vertragsparteien, und unter Abwägung der beiderseitigen Interessen die Fortsetzung des Mietverhältnisses bis zum Ablauf der Kündigungsfrist oder bis zur sonstigen Beendigung des Mietverhältnisses nicht zugemutet werden kann.

(2) Ein wichtiger Grund liegt insbesondere vor, wenn

1. dem Mieter der vertragsgemäße Gebrauch der Mietsache ganz oder zum Teil nicht rechtzeitig gewährt oder wieder entzogen wird,

2. der Mieter die Rechte des Vermieters dadurch in erheblichem Maße verletzt, dass er die Mietsache durch Vernachlässigung der ihm obliegenden Sorgfalt erheblich gefährdet oder sie unbefugt einem Dritten überlässt (...)

Weitere wichtige Gründe nennt der Gesetzgeber ausdrücklich:

§ 569 BGB Außerordentliche fristlose Kündigung aus wichtigem Grund

(1) Ein wichtiger Grund im Sinne des § 543 Abs. 1 liegt für den Mieter auch vor, wenn der gemietete Wohnraum so beschaffen ist, dass seine Benutzung mit einer erheblichen Gefährdung der Gesundheit verbunden ist. Dies gilt auch, wenn der Mieter die Gefahr bringende Beschaffenheit bei Vertragsschluss gekannt oder darauf verzichtet hat, die ihm wegen dieser Beschaffenheit zustehenden Rechte geltend zu machen.

(2) Ein wichtiger Grund im Sinne des § 543 Abs. 1 liegt ferner vor, wenn eine Vertragspartei den Hausfrieden nachhaltig stört, so dass dem Kündi-

genden unter Berücksichtigung aller Umstände des Einzelfalls, insbesondere eines Verschuldens der Vertragsparteien, und unter Abwägung der beiderseitigen Interessen die Fortsetzung des Mietverhältnisses bis zum Ablauf der Kündigungsfrist oder bis zur sonstigen Beendigung des Mietverhältnisses nicht zugemutet werden kann. (...)

Einer fristlosen Kündigung muss aber eine Mahnung mit Fristsetzung vorausgehen. Dem Hausfriedensstörer etwa muss schriftlich klipp und klar gesagt werden, dass jedes weitere Vorkommnis zu einer fristlosen Kündigung führt. Ebenso muss ein Mieter dem Vermieter eine Frist gestellt haben, bis zu der die feuchten Wände, der Heizungsausfall etc. beseitigt sind. Doch wenn eine Besserung gar nicht absehbar ist, etwa weil es schon Dutzende erfolglose Reparaturversuche gab oder weil eine Mängelbeseitigung faktisch schon gar nicht mehr realistisch ist, muss der Mieter keine Frist mehr stellen, er kann ohne weiteres Zaudern fristlos kündigen. Beispiele für gesundheitsgefährdenden Wohnraum sind überhöhte Formaldehyd- oder Holzschutzmittelkonzentration, wie auch eine völlig feuchte Wohnung oder Hochwasserschäden.
Kündigen Sie schriftlich und beschreiben Sie den wichtigen Grund klar und deutlich – nur so ist die fristlose Kündigung wirksam. Fristlose Kündigungen aus gesundheitlichen Gründen sind auch möglich, wenn man die Ursache, zum Beispiel eine nahgelegene Kläranlage, schon bei Vertragsabschluss kannte – der Vermieter wird auch nicht durch eine Abmahnung in der Lage sein, die Kläranlage stillzulegen.
Bei anderen als gesundheitlich wichtigen Gründen muss man schnell reagieren, man kann sich nicht auf einen Vorfall, zum Beispiel eine unstatthafte Beleidigung durch den Mieter, berufen, der schon mehrere Monate zurückliegt. In aller Regel sollte sechs Wochen nach einem Vorfall eine Kündigung ausgesprochen sein.
Wenn ein Mieter fristlos kündigt, kann er sicher auch gleich ausziehen. Der Vermieter muss ihm unter Umständen sogar den entstandenen Schaden wie Umzugskosten, Makler- und Anwaltsgebühren erstatten (LG Kassel, WM 82, 188). Muss aber ein Mieter, dem fristlos gekündigt wurde, ebenfalls sofort ausziehen? Nein, denn er kann sich eine „angemessene Frist" lang – man geht in der Regel von einem Monat aus – nach einer neuen Wohnung umsehen. Überhaupt ist es nicht so leicht, einem Mieter, der

seine Nachbarn erheblich stört, fristlos zu kündigen.
Fristlose Kündigungen sind sicher ein wichtiges Recht bei schlimmen Mietmängeln. In der Regel aber sind Störungen von Nachbarn nicht unmittelbar bedrohlich, sondern eröffnen einen gewissen Zeitrahmen, innerhalb dessen sowohl Verhandlungen, aber auch ordentliche Kündigungen notwendig werden. Wurde eine fristlose Kündigung ausgesprochen, die jedoch mangels berechtigtem Grund nicht möglich ist, so wandelt sich diese nicht automatisch in eine ordentliche Kündigung um. Vielmehr muss aus der Erklärung der fristlosen Kündigung klar hervorgehen, dass die Kündigung hilfsweise auch als ordentliche gelten soll (LG Augsburg WM 2001, 359).

Besser ein Ende mit Anstand: die ordentliche Kündigung

Manchmal lässt sich vielleicht mit einer vorübergehenden Störung leben, gerade, wenn man für diese Zeit etwas weniger Miete zahlen musste. Doch bei erheblichen Beeinträchtigungen kann sich die Frage stellen, ob nicht durch einen Umzug das lästige Problem ein für alle Mal beendet werden kann. Vielleicht ist die Wohnung wirklich nicht die richtige gewesen, vielleicht ist man einfach nicht mehr in der Lage, allzu viel Lärm zu ertragen, und der Nachbar mag laut, aber eben nicht wirklich zu laut sein. Schwierig ist das bei einer Eigentumswohnung oder gar einem eigenem Haus. Der zeitliche und finanzielle Aufwand, Eigentum zu verkaufen und an anderer Stelle neues zu erwerben, mag manchen abschrecken. Doch auch ein Mieter wird einen Umzug scheuen, denn bis ein Umzug abgeschlossen ist und man sich neu eingelebt hat, vergeht viel Zeit. Doch andererseits – was hilft's? Von manchen nachbarlichen Zeitgenossen hält man sich besser fern, es kann unerheblich sein, wer von beiden nun vor Gericht Recht bekommt. Opfern Sie nicht unnötig Zeit und Nerven, ziehen Sie auch rechtzeitig einen Umzug in Erwägung.

Kündigung des Mieters

Nach dem neuen, seit dem 1. September 2001 gültigen Mietrecht, beträgt die generelle Kündigungsfrist für Mieter drei Monate. Dies gilt in aller Regel auch für bestehende Altverträge, mit Ausnahme von Fristen, die

weder auf gesetzliche Regelungen Bezug nehmen, noch den Mieter gegenüber dem neuen Recht unzulässig beschränken.
Will der Vermieter kündigen, so verlängert sich die Kündigungsfrist bei schon länger als fünf bzw. acht Jahren bestehenden Mietverträgen auf sechs bzw. neun Monate. Mieter und Vermieter sind nicht mehr an dieselben Kündigungsfristen gebunden. Während der Mieter erheblich schneller als bisher kündigen kann, muss der Vermieter eine kaum geänderte Kündigungsfrist hinnehmen:

§ 573 c BGB Fristen der ordentlichen Kündigung
(1) Die Kündigung ist spätestens am dritten Werktag eines Kalendermonats zum Ablauf des übernächsten Monats zulässig. Die Kündigungsfrist für den Vermieter verlängert sich nach fünf und acht Jahren um jeweils weitere drei Monate. (...)

Rechnen Sie mit einem Kalender in der Hand genau, um nicht unnötig einen ganzen Monat länger Miete zahlen zu müssen. Sie wollen Ende Juli ausziehen? Dann muss dem Vermieter bis zum dritten Werktag im Mai die Kündigung zugegangen sein – Samstage gelten (nicht nur bei Parkuhren) als Werktage. Insgesamt kann man sagen, dass diese Regelung dem flexiblen Mieter hilft, Nachbarschaftsstörern schnell aus dem Weg zu gehen.

Kündigung durch den Vermieter

Es ist im Sinne des Vermieters, unangenehm auf die übrigen Mieter wirkenden Mietern zu kündigen, insbesondere wenn der Wert des gesamten Mietshauses durch bestimmte Mieter zu fallen beginnt und auch die Mieteinnahmen durch Mietminderung sinken. Auch ein Vermieter hat das Recht zur ordentlichen Kündigung eines unbefristeten Mietvertrages und zwar nicht nur bei der allseits bekannten Eigenbedarfskündigung:

§ 573 BGB Ordentliche Kündigung des Vermieters
(1) Der Vermieter kann nur kündigen, wenn er ein berechtigtes Interesse an der Beendigung des Mietverhältnisses hat. Die Kündigung zum Zwecke der Mieterhöhung ist ausgeschlossen.
(2) Ein berechtigtes Interesse des Vermieters an der Beendigung des Miet-

verhältnisses liegt insbesondere vor, wenn
1. der Mieter seine vertraglichen Pflichten schuldhaft nicht unerheblich verletzt hat,
2. der Mieter die Räume als Wohnung für sich, seine Familienangehörigen oder Angehörige des Haushalts benötigt. (...)
(3) Die Gründe für ein berechtigtes Interesse des Vermieters sind in dem Kündigungsschreiben anzugeben. Andere Gründe werden nur berücksichtigt, soweit sie nachträglich entstanden sind. (...)

Was versteht man im Einzelnen unter einer Pflichtverletzung durch den Mieter? Neben andauernd unpünktlichen Mietzahlungen und Mietrückständen zählen zur schuldhaften Pflichtverletzung auch nachbarschaftlich relevante Tatsachen wie Beleidigungen gegenüber dem Vermieter oder wiederholte grobe Verstöße gegen die Hausordnung. Solche Verstöße des Hausfriedens müssen dem Mieter aber schuldhaft zugerechnet werden, diese Gründe müssen in einer schriftlichen Kündigung ausdrücklich genannt werden.

Baurecht

Das Grundrecht auf Eigentum ermöglicht uns auch das Häuslebauen. So einfach der Grundsatz, so schwierig die Ausgestaltung – angesichts der Enge in unserem Lande können allenfalls Kinder beim Baumhausbau dieses Recht ungetrübt von Gesetzen und Vorschriften ausüben. Betrachtet man Bautätigkeit in Ländern des ehemaligen Ostblocks, die fantasievoll und ungehemmt eine lang aufgestaute Begierde nach Großem und Individuellen widerspiegelt, so herrscht bei uns in Deutschland auf den ersten Blick eher trübe Langeweile: Bauvorschriften wie die des Baugesetzbuches (BauGB), der Baunutzungsverordnung (BauNutzVO) und regionales Bauordnungsrecht normieren in unterschiedlichem, aber letztlich starken Maße Neubausiedlungen zu einer uniformen „Fertigbausuppe". Nach wie vor bleibt aber das eigene Haus ein bevorzugtes Objekt der Sehnsucht.

Baugenehmigungen

Für Gartenhäuschen brauchen Sie meist keine Baugenehmigung, ebenso nicht für Gebäude, die eine bestimmte Größe nicht überschreiten. Die meisten Landesbauordnungen nehmen auch folgende Bauten von der Genehmigung aus:

- Feuerungs- und Energieerzeugungsanlagen (mit bestimmten Einschränkungen)
- Schwimmbecken bis zu einem bestimmten Volumen
- Gartenlauben in Kleingärtenanlagen
- bestimmte landwirtschaftliche Gebäude und Gewächshäuser
- Kaninchenställe
- Zäune und Einfriedungen bis zu einer bestimmten Höhe
- Wäsche und Teppichstangen, Klettergerüste oder Fußballtore im eigenen Garten
- Sonnenkollektoren oder Sonnenschutzvorrichtungen am Wohnhaus

In allen übrigen Fällen ist eine Baugenehmigung notwendig. Auch beim Umbau bestehender Gebäude müssen Sie in den meisten Fällen um eine Genehmigung bitten. Selbst wenn Sie gar nichts verändern, sondern das Gebäude zu einem neuen Zweck nutzen – der Staat muss alles genehmigen. Weder darf aus einem Keller ein Wohnraum für arme Studenten werden noch dürfen Sie ohne Behörde ein Kunstgemälde auf Ihrer Außenwand anbringen. Selbst ein Farbwechsel der Fassade von Weiß auf Rot könnte Ihnen Schwierigkeiten machen.
Doch keine Angst, das Eigentumsrecht macht Sie nicht zu einem Bittsteller gegenüber der Behörde, Sie haben vielmehr Anspruch auf Genehmigung, wenn Ihr Projekt den öffentlich-rechtlichen Vorschriften entspricht und sind also nicht auf das Ermessen der Verwaltung angewiesen.

Die vielen Seiten des Nachbarschaftsrechts

Die Baubehörde prüft selbstverständlich auch, ob Bestimmungen des Nachbarschaftsrechts eingehalten werden, und das selbst dann, wenn der Nachbar keine Bedenken äußert. Doch wird eine Baugenehmigung erteilt, so bedeutet dies nicht automatisch, dass ab nun der Nachbar überhaupt keine Rechte mehr dem Bauherrn gegenüber hat. Mit einer Baugenehmigung stellt die Baubehörde genau genommen lediglich fest, dass öffentlich-rechtliche Bestimmungen dem Bau nicht entgegenstehen; es handelt sich also um die Sphäre des öffentlichen Rechts. Davon unabhängig kann ein Nachbar aber rein zivilrechtliche Ansprüche zur Geltung bringen. Im Baurecht stehen privatrechtlicher und öffentlich-rechtlicher Nachbarschutz einander gleichwertig gegenüber.
Klagt der Nachbar nun vor einem Zivilgericht gegen einen Bau mit Baugenehmigung, könnte dieses sehr wohl zur Auffassung gelangen, die Baugenehmigung müsse erst einmal noch rechtskräftig, also von einem Verwaltungsgericht, bestätigt werden, bevor sie auch bei Zivilgericht anerkannt wird. Ein ziviles Gericht wie das Amtsgericht kann, aber muss natürlich nicht zu dieser Auffassung gelangen.
Klagt ein Nachbar hingegen gleich vor dem (öffentlichen) Verwaltungsgericht seinen Beseitigungs- und Unterlassungsanspruch (§ 1004 Abs. 1 BGB) ein, so wird dieses voraussichtlich selbst dann die Klage abweisen, wenn die bestandskräftige Baugenehmigung nicht gerichtlich überprüft oder

sogar rechtswidrig ist, allein weil der Tatbestand einer Genehmigung privatrechtlichen Ansprüchen entgegensteht.
Für einen Nachbarn gilt folgende Merkregel: Auch wenn privatrechtlicher und öffentlich-rechtlicher Nachbarschaftsschutz einander grundsätzlich gleichwertig gegenüberstehen, sollte zunächst höchste Aufmerksamkeit auf den öffentlichen Nachbarschutz gelenkt werden.
Fast alle Bauordnungen der Länder sehen eine Nachbarbeteiligung vor, wenn deren Rechte in irgendeiner Weise durch das Bauvorhaben berührt sind. Ein Nachbar hat damit das Recht, den Bauentwurf bei der Baubehörde einzusehen. Hat der Nachbar einen Bauplan eingereicht, der die zulässigen Grenzabstände unterschreitet, so kann die Behörde den Nachbarn zu einer Stellungnahme auffordern. Wenn sie das unterlässt, wird eine erteilte Baugenehmigung zwar nicht automatisch ungültig oder rechtswidrig, doch hat der Nachbar im Widerspruchs- oder Klagefall ein klares Argument auf seiner Seite.

Subjektiv-öffentliches Recht

Zunächst einmal aber dient das öffentliche Recht dem Allgemeinwohl und nicht unmittelbar dem Einzelnen – dies ist normalerweise dem privaten Zivilrecht vorbehalten. Erst, wenn der Nachbar geltend machen kann, dass eine Genehmigung nicht privates, sondern subjektiv-öffentliches Recht verletzt, kann er als Einzelner Schutz durch öffentliches Recht verlangen. Dies ist immer dann der Fall, wenn öffentliches Baurecht auch individuellen Schutz gewährt. Ein Nachbar muss nachweisen, dass eine öffentlich-rechtliche Genehmigung sein Recht verletzt. Ist eine Genehmigung z. B. einer Gaststätte aus einem anderen Grund rechtswidrig, kann dies der Nachbar nicht für sich nutzen.
Ein Verwaltungsgesetz muss also so formuliert sein, dass sich daraus ein individuelles Abwehrrecht begründen lässt; das individuelle Recht muss speziell erwähnt sein. Das ist zwar nicht allzu häufig der Fall, doch da der Nachbarschutz vom Gesetzgeber ausdrücklich beabsichtigt ist, muss jede Baunorm daraufhin überprüft werden, ob sie tatsächlich auf Interessen Dritter Rücksicht nimmt. Folgende Vorschriften sind als nachbarschaftsschützend anzusehen:

- Abstandsflächen von Gebäudeaußenwänden zu anderen baulichen Anlagen
- Brandschutz und Brandwände
- Lage von Stellplätzen und Garagen
- Die Vorschrift, wonach Anlagen so zu errichten sind, dass schädliche Umwelteinwirkungen und erhebliche Belästigungen für die Allgemeinheit und Nachbarschaft nicht hervorgerufen werden können (§ 5 Abs. 1 Satz 1 BImSchG). Das betrifft insbesondere Vorschriften, die vor vermeidbaren Belästigungen wie Geräuschen, Gestank oder Erschütterungen schützen sollen.
- Die Vorschrift, wonach einer Gaststätte aus Gründen, die auch im Bundesimmissionsschutzgesetz genannt sind, die Erlaubnis versagt werden muss (§ 4 Abs. 1 S.3 GaststättenG). Doch Vorsicht: Es ist umstritten, ob dieses Gesetz nachbarschützend ist.
- Sperrzeitengesetz (§ 18 Abs. 1 S.2 GaststättenG)

Folgende Vorschriften begründen indes keine nachbarschaftsrechtliche Schutzwirkung:

- bauliche Gestaltung
- Festsetzung der Firstrichtung
- Dachgeschossnutzung
- Mindestgröße des Baugrundstücks
- Natur- und Denkmalschutz
- Vorschriften, die sich auf die Vorsorge schädlicher Immissionen richten (§ 5 Abs. 1 Satz 2 BImSchG)

Noch ein allgemeiner Grundsatz ist von großer Bedeutung: Nachbarn haben zwar ein subjektiv-öffentliches Recht auf die Art der Nutzung von Baumaßnahmen, aber nicht eines auf das Maß. Nachbarn können also verhindern, dass in einem Wohngebiet ein Gewerbebetrieb errichtet wird, doch bei einem neuen Hochhaus haben sie in aller Regel keine Widerspruchsrechte – denn auch ein Hochhaus kann ausschließlich zum Wohnen benutzt werden, wenngleich in erheblich höherem Ausmaß, als das in der Umgebung bisher üblich war.

Wie weit die Muezzine rufen

Die türkisch-islamische Union hatte in Wittlich (Eifel) eine Moschee errichtet und auch die Baugenehmigung für ein 18 Meter hohes Minarett erhalten, mit der Auflage, die Lautsprecheranlage darin nur einmal wöchentlich „bei leisem Betrieb" zum Freitagsgebet zu nutzen. Ein Nachbar klagte dagegen: Diese Nutzung sei nicht nur laut, sondern insgesamt unverschämt rücksichtslos ihm und der gesamten deutschen Nachbarschaft gegenüber, man sei ja schließlich in Deutschland und nicht in Istanbul. Das Oberverwaltungsgericht Koblenz meinte hingegen, das Minarett füge sich sehr wohl in die Eigenart der näheren Umgebung ein: „Das Baurecht diene nicht der Gewährleistung eines Milieuschutzes, sondern müsse die Bedürfnisse der gesamten Bevölkerung berücksichtigen. Wenn ein Minarett auch von weiten Teilen der nicht-moslemischen Bevölkerung als 'fremd' empfunden werde, so sei es für die islamische Glaubensgemeinschaft andererseits ein Ausdruck ihres religiösen Selbstverständnisses." Die Nutzungsmöglichkeit für das Nachbargrundstück unter den gegebenen Umständen ist keineswegs unzumutbar beeinträchtigt.
(Az. 8 A 11739/00)

Der wohl häufigste Fall von nachbarschützenden Normen sind die Abstandsvorschriften. Der Zugang zu Luft, Licht und Sonne hängt ja wesentlich davon ab, wie dicht die Gebäude zueinander stehen. Die Bauordnungen der Länder regeln, wie nah an die Grundstücksgrenze heran gebaut werden darf. Falls gesichert werden kann, dass der Nachbar nicht von seinem Recht Gebrauch macht, ebenso nah an seine Grenze zu bauen, kann der andere Nachbar noch näher an die Grenze heranbauen. Er muss sich dies jedoch vom Nachbar durch Bestellung einer so genannten Grunddienstbarkeit einräumen lassen.

§1018 BGB [Grunddienstbarkeit]

Ein Grundstück kann zugunsten des jeweiligen Eigentümers eines anderen Grundstücks in der Weise belastet werden, dass dieser das Grundstück in einzelnen Beziehungen benutzen darf oder dass auf dem Grundstück ge-

wisse Handlungen nicht vorgenommen werden dürfen oder dass die Ausübung eines Rechts ausgeschlossen ist, das sich aus dem Eigentum an dem belasteten Grundstück dem anderen Grundstück gegenüber ergibt (Grunddienstbarkeit).

Ohne Grunddienstbarkeit wird einem Bauherrn die Baugenehmigung eines Gebäudes regelmäßig versagt, wenn er die gesetzlichen Abstandsflächen nicht einhält.

Eine alte Scheune ist doch kein Maschinenhaus

Eine Landwirtin musste ihre baufällige alte Scheune abreißen und wollte an gleicher Stelle ein größeres Maschinengebäude errichten, das sie aus wirtschaftlichen Gründen dringend brauchte. Ihr Nachbar aber widersprach dem Begehr und so konnte keine Baugenehmigung erteilt werden, da die Grenzabstände nicht eingehalten wurden. Das Oberverwaltungsgericht Koblenz sah dies nicht anders: Einem Bauherrn darf nur ganz ausnahmsweise erlaubt werden, von den Abstandsregelungen für benachbarte Wohngebäude abzuweichen. Wenn die Baubehörde zu großzügig Ausnahmen macht, würden die öffentlichen Interessen, wie ausreichende Beleuchtung, Belüftung und effektiver Brandschutz, verfehlt.
(Az. 8 A 10951/99)

Besitzt ein Nachbar auch kein individuelles Recht auf eine öffentliche Vorschrift, so kann diese ihn dennoch als Teil der Allgemeinheit schützen. Als Beispiel sei die Pflicht zur ortsüblichen Nutzung genannt:

§ 34 BauGB Zulässigkeit von Vorhaben innerhalb der im Zusammenhang bebauten Ortsteile

(1) Innerhalb der im Zusammenhang bebauten Ortsteile ist ein Vorhaben zulässig, wenn es sich nach Art und Maß der baulichen Nutzung, der Bauweise und der Grundstücksfläche, die überbaut werden soll, in die Eigenart der näheren Umgebung einfügt und die Erschließung gesichert ist. Die Anforderungen an gesunde Wohn- und Arbeitsverhältnisse müssen gewahrt bleiben; das Ortsbild darf nicht beeinträchtigt werden. (...)

Ein Nachbar kann zwar privatrechtlich gegen Eigentumsstörungen durch Bauvorhaben klagen, die er nicht dulden müsste, wenn diese nicht „ortsüblich" sind (§§ 1004, 906 BGB). Er wird jedoch meist Schwierigkeiten haben, nachzuweisen, dass die Ortsüblichkeit eines Bebauungsplanes mit erteilter Baugenehmigung nur vorgestellt ist und der tatsächlichen Situation vor Ort eklatant widerspricht.

Das Gebot der Rücksichtnahme

Ganz offensichtliche Ungerechtigkeiten können aber trotz aller Legalität der Bauvorschriften höchstens mit dem Hinweis auf das allgemeine „Gebot der Rücksichtnahme" verhindert werden, wie es schon im Grundgesetz in Bezug auf das Eigentum heißt. Wenn „die Baugenehmigung oder ihre Ausnutzung eine schwer wiegende Veränderung der vorgegebenen Grundstückssituation darstellt und dadurch den Nachbarn schwer und unerträglich trifft", kann ein individueller Abwehranspruch eines Nachbarn begründet werden (BVG, NJW 1978, S.62).

Viele Geschosse in Kassler Höhen

Der Bebauungsplan einer Stadt dient nicht dazu, allen Nachbarn die freie Sicht von einem Hang zu garantieren. Doch ein sechsgeschossiges Wohnhaus in einer Gegend, in der der Bebauungsplan eindeutig zwei Geschosse vorsah, das war den Richtern des Hessischen Verwaltungsgerichtshofes doch zu viel des Guten: Sie betonten, auch wenn es kein „Recht auf freie Sicht" gäbe, so verletzten die Behörden in diesem Fall die gebotene Rücksicht auf nachbarliche Interessen besonders krass. Die Baugenehmigung ist damit „in vollem Umfang objektiv rechtswidrig". Mit dem „voluminösen Bauvorhaben" sei der gesamte Charakter des Wohngebietes „in Unruhe gebracht" und in Frage gestellt worden. Die Nachbarn könnten daher zumindest verlangen, dass die Höhe des Hauses auf – immer noch rechtswidrige – vier Geschosse begrenzt werde.
(Az. 4 TG 1322/99)

Ihr Nachbar mag bei einigen Bauausführungen gegen die Genehmigungspflicht verstoßen haben. Zum Beispiel, indem er das Haus nicht wie genehmigt mit weißer, sondern mit grünblauer Farbe strich, weil der Baumarkt diese Farbe gerade im Angebot hatte. Privatrechtlich ist dies eine ästhetische Immission, gegen die Sie nichts erwirken können. Und vom öffentlichen Recht her sind gestalterische Vorgaben nicht drittwirkend, d. h. sie gewähren Ihnen als Nachbarn kein subjektiv-öffentliches Recht. Und es sei ausdrücklich wiederholt: Auch auf das höchste ästhetische Gut, auf den Blick ins Grüne, haben Sie kein Recht – nicht alle Hauseigentümer wollen das klaglos hinnehmen:

Der einsame Naturschützer von Bietigheim-Bissingen

Es hätte so schön sein können: In einer idyllischen Randlage blickte Herr X auf eine Streuobstwiese zum Waldrand des Landschaftsschutzgebietes hin. Doch der Stadtrat machte aus dieser bisher landwirtschaftlich genutzten Fläche Baugrund für ein Wohnhaus. Alle vorgebrachten Bedenken, wie z. B. die auf der Wiese heimisch gewordenen Tiere, wies der Gemeinderat zurück, woraufhin der Nachbar einen Normenkontrollantrag vor dem Verwaltungsgerichtshof Baden-Württemberg einreichte. Der Antrag wurde nicht angenommen: Der VGH wies darauf hin, dass er nur bei außergewöhnlich schutzwürdigen Gegebenheiten einen solchen Antrag annehmen würde, zum Beispiel wenn die Aussicht durch einen bestehenden Bebauungsplan geschützt wird – dies war in Bietigheim-Bissingen jedoch nicht der Fall.

Was können Sie tun, um den Nachbarn am Bauvorhaben zu hindern?

Zunächst einmal müssen Sie abwarten, bis der Bauherr von der örtlichen Baubehörde eine Baugenehmigung oder zumindest einen Bauvorbescheid oder Ähnliches erhält. Liegt noch nicht einmal eine solche Baugenehmigung vor, haben Sie nur in seltenen Fällen, die von grundsätzlicher Bedeu-

tung sind, Aussicht, eine Klage gegen ein Bauvorhaben einreichen zu können. Die Baubehörde muss schließlich erst den eingereichten Bauantrag prüfen und wird erst danach zu einer Entscheidung kommen.
Achten Sie darauf, dass nicht nur dem Bauherrn, sondern auch Ihnen als Nachbarn die Baugenehmigung zugestellt wird. Im Anhang dieses Behördenschreibens finden Sie eine so genannte „Rechtshilfebelehrung". Sie können innerhalb einer gestellten Frist (es wird sich in der Regel um einen Monat handeln) Widerspruch einlegen. Sollten Sie noch unschlüssig sein, ob Sie widersprechen möchten oder nicht, so widersprechen Sie ruhig einmal, damit die Frist nicht verstreicht. Zunächst ist nur wichtig, überhaupt zu widersprechen – Sie müssen nicht einmal einen Grund für den Widerspruch angeben. Wenn also die Baugenehmigung am 13. März in Ihrem Briefkasten liegt, muss der Behörde bis zum 13. April ein Widerspruch vorliegen, die Begründung liefern Sie so bald wie möglich nach.

Vorsicht bei Fristen: wie kurz ein Jahr sein kann

Was passiert, wenn die Behörde Ihnen keine Kopie der Baugenehmigung zugestellt hat? Glück gehabt, denn dann verlängert sich die Frist erheblich – allerdings nicht unendlich lange, denn schließlich sehen Sie ja mit eigenen Augen, dass der Nachbar baut, oder erfahren aus anderer Quelle von der erteilten Baugenehmigung.
Also: Sobald Sie von der Genehmigung erfahren oder Sie sich an fünf Fingern ausrechnen können, dass eine solche vorliegen muss: Widerspruch einlegen. Der Gesetzgeber hat Ihnen hierbei eine Jahresfrist eingeräumt. Doch bevor Sie in die Schwierigkeit geraten, beweisen zu müssen, wann genau Sie von der Genehmigung erfuhren – reagieren Sie beherzt und schnell, wenn Sie dem nachbarlichen Bauvorhaben nicht zustimmen. Denn widersprechen Sie nach Ablauf der Frist, so darf die Behörde sich mit Ihren Einwänden selbst dann nicht mehr beschäftigen, wenn diese sehr berechtigt sind. Wenn Sie durch längeres Untätigbleiben den Nachbarn im berechtigten Glauben beließen, Sie seien mit seinem Bauvorhaben einverstanden, können Sie bereits Ihr Abwehrrecht verwirkt haben, selbst wenn die Frist von einem Jahr noch nicht abgelaufen ist.
Seien Sie dabei fair: Wenn Sie über Jahre von dem Wunsch des Nachbarn wussten, einen Balkon anzubauen und mit ihm selbst oft darüber gespro-

chen haben, widersprechen Sie nicht, nur weil Sie momentan Ärger mit seiner zugelaufenen Katze haben!

Die nachbarschaftliche Unterschrift

Gar keine Chancen auf einen Baustopp haben Sie natürlich, wenn Sie dem Bauantrag mit Ihrer Unterschrift bereits ausdrücklich zugestimmt haben. Mit einer Unterschrift unter der Bauvorlage haben Sie Ihr Einverständnis schriftlich dokumentiert. Zwar prüft die Baubehörde trotzdem noch einmal nachbarschaftliche Vorschriften, doch wird sie in der Regel die Baugenehmigung erteilen, auch wenn der Grenzabstand (mit Ihrer Zustimmung) unterschritten ist. Mit der Unterschrift verlieren Sie – wie auch Ihre Rechtsnachfolger wie Erben oder Käufer Ihres Grundstückes – den Anspruch auf eine öffentlich-rechtliche Nachbarklage. Sie haben sich dann ebenfalls mit möglichen Emissionen, die aus dem Bauantrag zu entnehmen sind, einverstanden erklärt.
Haben Sie dagegen mit dem Bauherren zwar schon eine Vereinbarung getroffen, aber auf dem Bauantrag noch keine Unterschrift geleistet, so müssen Sie sich nicht zu einer nun endgültig bindenden Unterschrift gezwungen fühlen. Zwar könnte der Bauherr zivilrechtlich die Unterschrift einfordern, aber dort müsste noch einmal geprüft werden, was genau die bereits getroffene Vereinbarung zum Inhalt hatte. Eine Baugenehmigung ist ein öffentlich-rechtliches Verfahren: Der Nachbar ist mit einer solchen Genehmigung nicht von allen zivilrechtlichen Verpflichtungen – den Abwehransprüchen nach § 1004 BGB – befreit.

Folgt dem Widerspruch ein sofortiger Baustopp?

Der erste Schritt ist getan, Sie haben Widerspruch eingelegt. Muss der Nachbar nun sofort aufhören zu bauen? Nein, seit 1998 das Baugesetz novelliert wurde, kann der Nachbar trotz eines schwebenden Verfahrens erst einmal weiterbauen. Sie können als Nachbar, wenn Sie wesentliche Nachteile befürchten, allerdings bei der Baubehörde einen Antrag auf „Aussetzung der Vollziehung“ stellen oder aber vor dem zuständigen Verwaltungsgericht beantragen, dass Ihr Widerspruch „aufschiebende Wirkung“ hat. Bestehen daraufhin ernsthafte Zweifel, dass die Baugenehmi-

gung nachbarschutzrechtliche Bestimmungen verletzt, muss der Bauherr seine Tätigkeit einstellen. Tut er dies nicht, ist wiederum ein Gang vor das Verwaltungsgericht fällig.
Die Erfolgsaussichten bei einem vorläufigen Rechtsschutz hängen davon ab, ob die behördliche Entscheidung offensichtlich rechtmäßig oder rechtswidrig war. Die Behördenentscheidung muss also nicht in allen Punkten rechtmäßig sein, um mit dem Widerspruch auch eine aufschiebende Wirkung zu erlangen. Nur wenn die Baubehörde überwiegend und eindeutig subjektive Nachbarrechte ignorierte, kann der Nachbar einen Baustopp verlangen – nicht aber, wenn die Baugenehmigung zwar rechtswidrig ist, aber davon seine Interessen nicht berührt werden.
Sie haben Widerspruch eingelegt, doch wurde diesem nicht stattgegeben. Der nächste Schritt wäre, ebenfalls innerhalb einer Monatsfrist, beim Verwaltungsgericht eine öffentliche Klage gegen die erteilte Baugenehmigung zu erheben. Haben Sie mit der Klage Erfolg, ist Ihnen der Sieg jedoch nicht sicher. Nur bei einer starken nachbarlichen Störung können Sie von der Behörde die Beseitigung des ohne gültige Baugenehmigung errichteten Gebäudes verlangen.

Schwarzbau und Bestandsschutz

Ein Gebäude ohne erteilte notwendige Baugenehmigung ist ein Schwarzbau. Nicht nur, dass ein Bauherr mit einem hohen Bußgeld rechnen muss, wenn er schon einmal ohne Genehmigung zu bauen beginnt, auch kann ihm die Baubehörde die Nutzung verweigern, ja sogar einen Abriss fordern. Und das kann teuer werden!
Auch hier muss aber der Grundsatz der Verhältnismäßigkeit gewahrt bleiben. So muss eine Genehmigung auch nachträglich erteilt werden, wenn dem Bauherrn auf Antrag hin eine Genehmigung erteilt worden wäre, weil die Anlage nicht gegen öffentlich-rechtliche Vorschriften verstößt. Ist statt eines Abrisses durch Umbau eine Umwandlung in einen rechtmäßigen Zustand möglich, so muss dies gewährt werden.
Entscheidend ist die Gesetzeslage zum Zeitpunkt der Errichtung: Ein Schwarzbau genießt dann Bestandsschutz, wenn er zum Zeitpunkt des Baus genehmigungsfähig gewesen wäre. Ist auch das nicht der Fall, so

kann noch nach vielen Jahren ein Abriss gefordert werden – auch jahrelanges Dulden eines rechtswidrigen Zustandes bewirkt keine Bestandsgarantie. Der Wiederaufbau eines abgebrannten Wochenendhauses darf daher mit dem Argument untersagt werden, dass das Gebäude vor der Zerstörung eigenmächtig so stark verändert worden war, dass die ursprünglich erteilte Genehmigung erloschen ist. (BVG Az. 4 B 48. 94)
Ändern sich Rechtsvorschriften, so sollten Sie nicht schnell noch nach dem alten Recht einen Schwarzbau errichten, zum Beispiel, weil Sie wissen, dass ab nächstem Jahr aus Naturschutzgründen keine weiteren Wochenendhäuschen genehmigt werden. Das Bundesverwaltungsgericht hat entschieden, dass ein illegal errichtetes Gebäude mindestens drei Monate rechtmäßig hätte sein müssen, um den Bestandsschutz zu genießen (BVerwG, BauR 1979, 228).

Beratung und Hilfe

Leider lassen sich Streitigkeiten mit dem Nachbarn nicht immer durch ein Gespräch unter vier Augen klären, in vielen Fällen beharren beide Parteien so sehr auf ihrem Standpunkt, dass ein professioneller „Streitschlichter" helfen muss. An wen Sie sich in einem solchen Fall wenden können und wo Sie weitere Informationen zu Ihrer Auseinandersetzung mit dem Nachbarn erhalten, erfahren Sie in diesem Kapitel.

Schiedsgericht

Immer wieder gelangen ausgesprochene Bagatellfälle vor Gericht. Die Nachbarn sind dabei meist untereinander derart zerstritten, dass auch ein Urteil keinen Rechtsfrieden wiederherstellen kann. Im Gegenteil: Eine Kleinigkeit wird vor Gericht noch einmal so aufgebauscht, dass man dem Nachbarn allein den Gang vors Gericht nie verzeihen wird, selbst wenn man selbst Recht bekommen hat. Die menschliche Beziehung der Nachbarn ist dann zerrütteter als je zuvor. Außenstehende schütteln oft nur den Kopf und fragen sich, ob nicht ein wenig Gesprächsbereitschaft und Entgegenkommen ausgereicht hätte, um das Problem zu bereinigen. Hinzu kommt, dass die Gerichte chronisch überlastet sind, insbesondere fehlt es an Richtern. Daher verabschiedete der Bundestag 1999 ein „Gesetz zur Förderung außergerichtlicher Streitbeilegung", das seit dem Jahr 2000 in Kraft ist. Dieses Gesetz gibt den einzelnen Bundesländern Rahmenbedingungen für ein neues Vorverfahren für Bagatellsachen. Es obliegt nun den einzelnen Bundesländern, Schiedsgerichtsstellen einzurichten. Ist eine solche Schlichtungsstelle erst einmal eingerichtet, wird eine Vielzahl von Klagen nur noch dann vor einem ordentlichen Gericht zugelassen, wenn das vorgeschaltete Schiedsverfahren erfolglos blieb. Betroffen sind Klagen aus dem Nachbarrecht, allgemeine Zivilklagen, deren Streitwerte 750 Euro nicht übersteigen, sowie Ansprüche wegen Verletzung der persönlichen Ehre.

Am Beispiel von Nordrhein-Westfalen sei erläutert, wie Schiedsleute helfen können: Schiedsleute sind durch das Schiedsamtgesetz als Streitschlichter tätig. Dank ihrer Erfahrung und Kenntnisse können Sie häufig eine Einigung kostengünstig ganz ohne Gericht, Anwalts- und Prozesskosten erzielen. Und vor allem: Schiedsleute sind oft genug in der Lage, beide Kontrahenten zu befriedigen. Schiedspersonen werden vom Rat der Gemeinde für fünf Jahre gewählt – ihre Wahl wird vom Amtsgericht bestätigt. Jede Gemeinde wählt mindestens eine Schiedsfrau oder einen Schiedsmann, die mit den örtlichen Gegebenheiten meist noch besser als das Amtsgericht vertraut sind. Bei leichten Straftaten wie Hausfriedensbruch oder Sachbeschädigung schlägt die Staatsanwaltschaft den Betroffenen häufig vor, sich bei Schiedspersonen um eine Einigung zu bemühen. Doch auch bei bürgerlich-rechtlichen Streitsachen können Nachbarn freiwillig den Weg zum Schiedsamt beschreiten. Empfohlen wird dies insbesondere bei Streitereien um die Treppenhausreinigung, Lärm, Gestank, Grillfeste auf Balkons, ständig falsch geparkte Autos usw.

Das Schiedsverfahren beginnt mit einem schriftlichen Antrag – aber auch ein mündlich zu Protokoll gegebenes Gespräch mit der Schiedsperson ist ausreichend. Die Schiedsperson setzt daraufhin einen Termin fest, zu dem beide Parteien erscheinen müssen. Bleiben sie ohne hinreichende Entschuldigung fern, so kann ein Ordnungsgeld verhängt werden. Die Verhandlung erfolgt nur mündlich, also ohne schriftliche „Beweisanträge", und dauert meist mehrere Stunden, während derer versucht wird, die Spannungen zu lösen. Wenn sich die Verhandlungspartner näher kommen, ist für beide Parteien der Schritt zu notwendigen Kompromissen gekommen. Das Ergebnis einer gütlichen Einigung wird schriftlich festgehalten. Beide Parteien unterschreiben schließlich, was sie tun oder unterlassen müssen. Dieser Kompromiss ist rechtsunwirksam und unter Umständen sogar durch einen Gerichtsvollzieher vollstreckbar.

Es fallen recht geringe Gebühren an, von denen die Schiedsleute keinen Lohn außer der Anerkennung erhalten. Der Vorteil für beide Parteien ist nicht nur die geringe Gebühr, sondern auch, dass sie sich ihre Schiedsleute selbst aussuchen und Ort und Zeit des Verfahrens selbst bestimmen können. Sie bleiben zu jeder Zeit Herren des Verfahrens. Nicht zu unterschätzen ist auch die Nichtöffentlichkeit – persönliche und vertrauliche Daten dringen nicht nach außen.

Bitte informieren Sie sich beim örtlichen Amtsgericht über Schiedsstellen, Sie könnten nicht nur viel Geld sparen, sondern die lästige nachbarschaftliche Angelegenheit wirklich vernünftig beilegen.

Der Weg vor Gericht

Wie heißt es so schön: Auf hoher See und vor Gericht ist man in Gottes Hand! Es gibt sicher Schlimmeres, als einen Nachbarn wegen einer Nachbarschaftszwistigkeit vor Gericht zu ziehen oder selbst vor einem Richter zu stehen, doch letztlich geht es dabei immer neben den strapazierten Nerven auch um bares Geld. Informieren Sie sich ausreichend über das Prozessverfahren. Dazu gehört, dass man seine Behauptung oder Forderung auch beweisen können muss. Bei der Forderung nach einer Mietminderung müssen Sie beispielsweise den Lärm durch ein Lärmprotokoll und einige Zeugen in Art und Ausmaß beweisen. Vor allem sind die Kosten zu bedenken. Sie können bei einem Verfahren mit einem geringen Streitwert, das vor dem Amtsgericht ausgetragen wird, auf einen Anwalt verzichten, um Kosten zu sparen – in diesem Fall sollten Sie sich aber Ihrer Sache auch unter juristischen Gesichtspunkten ziemlich sicher sein, denn ein gegnerischer Anwalt kann Sie in Beweisnot bringen. Ab 2 500 Euro kann ohnehin auch das Landgericht zuständig sein, vor dem Anwaltzwang herrscht.
Bedenken Sie die vielen auch in diesem Buch aufgelisteten Urteile. Nur aus wenigen gehen ganz eindeutige Rechtspositionen hervor – also: Eine Klage, gerade in Nachbarschaftsstreitigkeiten, ist schnell verloren, selbst wenn Sie vor einem anderen Richter bessere Aussichten hätten erwarten dürfen.

Die Kosten eines Rechtsstreites setzten sich aus den gerichtlichen Kosten (Gebühren und Auslagen) und den außergerichtlichen Kosten (Anwalts- und Parteikosten) zusammen. Nicht immer ist vor einem Prozess klar zu entscheiden, wie hoch die Kosten sein werden. Im Laufe des Verfahrens kann sich der Streitwert ändern, Anträge können zum Teil zurückgenommen werden. Der Kläger ist Veranlasser des Verfahrens und der Beklagte als Unterlegener der Kostenschuldner. Beide Parteien sind bezüglich der Gerichtskosten Gesamtschuldner, wobei der Unterliegende als Primärschuldner heranzuziehen ist. Wenn eine Partei vollständig unterliegt, so hat sie auch alle Kosten zu tragen. Unterliegt eine Partei nur teilweise, so muss sie einen entsprechenden Anteil der Gesamtkosten tragen.

Eine wesentliche Neuerung des Kostenrechtsänderungsgesetzes von 1994 war, dass der Antragsteller oder Kläger im allgemeinen Zivilverfahren nunmehr drei volle Gerichtsgebühren als Vorschuss einzahlen muss. Wenn das Verfahren stattfindet, die mündliche Verhandlung noch nicht beendet und noch kein Urteil gesprochen wurde und die Parteien auf einen Prozess verzichten oder zu einem Vergleich kommen, so ermäßigt sich die Verfahrensgebühr.

Eine erste Beratungsgebühr darf nach § 20 der Bundesrechtsanwaltsgebührenordnung (BRAGO) maximal 180 Euro kosten. Für eine erste Anfrage bei einem Rechtsanwalt ohne Erteilung eines vollen Mandates müssen Sie also keine allzu hohen Kosten fürchten.

Folgende Tabelle soll Ihnen die Größenordnung eines zivilen Rechtsstreites annäherungsweise vermitteln. Zur Erläuterung noch einige Anmerkungen vorneweg:

- **1GG:** bedeutet die einfachen Gerichtskosten
- **3GG:** die zunächst zu leistenden dreifachen Gerichtskosten
- **1AG:** einfache Anwaltskosten
- **Fall 1:** Kläger vollstreckt ohne Beweisaufnahme. Hier muss der unterlegene Beklagte ebenso die Anwaltskosten des Gegners bezahlen, also die dreifachen Gerichtskosten, und zweimal die Anwaltskosten. Dieser Fall – dem noch weitere anfallende Gebühren unterstellt werden – tritt bei einem vollstreckbaren Urteil ohne Beweisaufnahme und die entsprechenden Beweisgebühren ein.
- **Fall 2 :** Kläger vollstreckt mit Beweisaufnahme. Beachten Sie, dass es nach der BRAGO eine Vielzahl von Gebühren gibt und wir hier nur als Beispiel die Beweisgebühren neben anderen Gebühren unterstellt haben.

Tabelle für Gebühren nach dem Gerichtskostengesetz und der Bundesrechtsanwaltsgebührenordnung (in Euro)

Wert	1GG	3GG	1AG	Fall 1	Fall 2
300	25	75	25	142	175
600	35	105	45	225	285
900	45	135	65	308	384
1 200	55	165	85	385	484
1 500	65	195	105	462	584
2 000	73	219	133	551	705
2 500	81	243	161	640	826
3 000	89	267	189	729	948
3 500	97	291	217	818	1 069
4 000	105	315	245	907	1 191
4 500	113	339	273	996	1 312
5 000	121	363	301	1 085	1 434
6 000	136	408	338	1 215	1 607
7 000	151	453	375	1 346	1 781
8 000	166	498	412	1 477	1 955
9 000	181	543	449	1 608	2 129
10 000	196	588	486	1 739	2 302
13 000	219	657	526	1 901	2 511
16 000	242	726	566	2 062	2 719
19 000	265	795	606	2 224	2 927

Wert	1GG	3GG	1AG	Fall 1	Fall 2
22 000	288	864	646	2 386	3 135
25 000	311	933	686	2 548	3 343
30 000	340	1 020	758	2 802	3 681
35 000	369	1 107	830	3 056	4 019
40 000	398	1 194	902	3 310	4 356
45 000	427	1 281	974	3 564	4 694
50 000	456	1 368	1 046	3 818	5 031
65 000	556	1 668	1 123	4 297	5 599
80 000	656	1 968	1 200	4 775	6 167
95 000	756	2 268	1 277	5 254	6 735
110 000	856	2 568	1 354	5 732	7 303
125 000	956	2 868	1 431	6 211	7 871
140 000	1 056	3 168	1 508	6 690	8 439
155 000	1 156	3 468	1 585	7 168	9 007
170 000	1 256	3 768	1 662	7 647	9 575
185 000	1 356	4 068	1 739	8 126	10 143
200 000	1 456	4 368	1 816	8 604	10 711
230 000	1 606	4 818	1 934	9 328	11 572
260 000	1 756	5 268	2 052	10 052	12 432

Informationsquellen

Neben diesem Buch stehen Ihnen natürlich noch eine Reihe anderer Informationsquellen zur Verfügung, die Ihnen mit einer Vielzahl von Tipps und Auskünften rund um das Thema „Nachbarrecht" helfen.

Informationen für Mieter

In den meisten Städten Deutschlands gibt es Mietervereine des Deutschen Mieterbundes (DMB). Sie vertreten die Rechte ihrer Mitglieder. Die Mietervereinigung berät Sie in folgenden Fällen:

- bei Fragen der zweckmäßigen Gestaltung eines Mietvertrages
- Rechte und Pflichten der Vertragsparteien
- Heiz – und Nebenkostenabrechnung
- Mieterhöhungen
- Kündigungsfragen
- Wohngeldanträge
- Konflikte mit Vermietern

Sollte sich ein Mietstreit ankündigen, so ist es nicht zu spät, um dem Mieterverein beizutreten. Üblicherweise ist die Aufnahmegebühr höher als der jährliche Beitrag. Mietervereine kennen auf das Mietrecht spezialisierte Anwälte; bei den örtlichen Mietervereinen ist eine Rechtsberatung nur für Mitglieder möglich. Ihren örtlichen Mieterverein können Sie auch unter 0 18 05/83 58 35 (0,12 Euro pro Minute) oder bei dem jeweils zuständigen Regionalverband erfragen:

Deutscher Mieterbund
Littenstraße 10
10179 Berlin
Tel.: 0 30/2 23 23-0
Fax: 0 30/2 23 23-100
E-Mail: info@mieterbund.de
Internet: www.mieterbund.de

Deutscher Mieterbund
Landesverband Baden-Württemberg
Olgastraße 77
70182 Stuttgart
Tel.: 07 11/2 36 06 00
Fax: 07 11/2 36 06 02
E-Mail: info@mieterbund-bw.de

Deutscher Mieterbund
Landesverband Bayern
Am Antritt 15
83727 Schliersee
Tel.: 0 80 26/6 06 69 10
Fax: 0 80 26/40 00

Berliner Mieterverein e. V.
Landesverband im Deutschen Mieterbund
Wilhelmstraße 74
10117 Berlin
Tel.: 0 30/2 26 26-0
Fax: 0 30/2 26 26-161
E-Mail: bmv@berliner-mieterverein.de

DMB Landesverband
Mieterbund Land Brandenburg e. V.
Schopenhauerstraße 31
14467 Potsdam
Tel.: 03 31/9 51 08 90
Fax: 03 31/9 51 08 91
E-Mail: Mieterbund.Brandenburg@t-online.de

Mieterverein zu Hamburg von 1890 R. V.
Glockengießerwall 2 (Wallhof) II. Stock
20095 Hamburg
Tel.: 0 40/8 79 79-0
Fax: 0 40/8 79 79-120
E-Mail: info@mieterverein-hamburg.de

Deutscher Mieterbund
Landesverband Hessen e.V.
Adelheidstraße 70
65185 Wiesbaden
Tel.: 06 11/3 08 17 19
Fax: 06 11/37 80 70
E-Mail: lv@mieterbund-hessen.de

DMB Landesverband Mecklenburg-Vorpommern
Dr.-Külz-Straße 18
19053 Schwerin
Tel.: 03 85/71 24 60
Fax: 03 85/71 46 69
E-Mail: information@mieterverein-schwerin.de

Deutscher Mieterbund
Landesverband Niedersachsen-Bremen
Herrenstraße 14
30159 Hannover
Tel.: 05 11/1 21 06-0
Fax: 05 11/1 21 06-16
E-Mail:info@mieterbund-nieders-bremen.de

Deutscher Mieterbund Nordrhein-Westfalen e. V.
Luisenstraße 12
44137 Dortmund
Tel.: 02 31/14 92 60
Fax: 02 31/16 27 22
E-Mail: mieter@deutscher-mieterbund-nrw.de

Rheinischer Mieterverband e. V.
Mühlenbach 49
50676 Köln
Tel.: 02 21/24 61 18
Fax: 02 21/2 40 25 37

Deutscher Mieterbund
Landesverband Rheinland-Pfalz
Walramsneustraße 8
54290 Trier
Tel.: 06 51/99 40 97-0
Fax: 06 51/99 40 97-4
E-Mail: dmb-rhpl@gmx.de

Deutscher Mieterbund
Landesverband Saarland e. V.
Karl-Marx-Straße 1
66111 Saarbrücken
Tel.: 06 81/3 21 48
Fax: 06 81/3 21 07
E-Mail: mssaar@saarnet.de

DMB Landesverband Sächsischer Mietervereine e. V.
Fürstenstraße 10
09130 Chemnitz
Tel.: 03 71/4 02 40 97
Fax: 03 71/4 02 40 95

DMB Landesverband Sachsen-Anhalt e. V.
Alter Markt 6
06108 Halle
Tel.: 03 45/2 02 14 67
Fax: 03 45/2 02 14 68
E-Mail: dmblvsachsanhalt@aol.com

Deutscher Mieterbund
Landesverband Schleswig-Holstein e. V.
Eggerstedtstraße 1
24103 Kiel
Tel.: 04 31/9 79 19-0
Fax: 04 31/9 79 19-31
E-Mail: info@mieterbund-schleswig-holstein.de

DMB Landesverband Thüringen e. V.
Schillerstraße 34
99096 Erfurt
Tel.: 03 61/59 80 50
Fax: 03 61/5 98 05 20
E-Mail: MieterbundThuer@aol.com

Die Broschüren und Bücher zum Thema Mietfragen sind bei den örtlichen Mietervereinen erhältlich oder zzgl. Porto und Versandkosten zu bestellen bei:
DMB-Verlag Verlags- und Verwaltungsgesellschaft des DMB mbH
10169 Berlin
Tel.: 0 30/2 23 23-0
Fax: 0 30/2 23 23-100

Informationen für Haus- und Wohnungseigentümer

Der *Zentralverband der Deutschen Haus-, Wohnungs- und Grundeigentümer e.V.* ist in 29 Landesverbände mit rund tausend Ortsvereinen gegliedert. Wenn Sie Haus- oder Wohnungseigentümer sind oder demnächst eine solche Immobilie erwerben möchten, können Sie sich als Mitglied fachkundig beraten lassen, insbesondere in Fragen wie:

- Rechts-, Steuer- und Wirtschaftsfragen
- ziviles und öffentliches Nachbarrecht
- kommunale Abgaben
- öffentliches und ziviles Baurecht
- Wohnungseigentumsrecht

Nähere Informationen erteilt der Zentralverband bzw. der jeweilige Regionalverband:

Haus & Grund Deutschland
Zentralverband der Deutschen Haus-, Wohnungs- und Grundeigentümer e.V.
Mohrenstraße 33
10117 Berlin
Tel.: 0 30/2 02 16-0
Fax: 0 30/2 02 16-555
E-Mail zv@haus-und-grund.net
Internet: www.haus-und-grund.net/

Landesverband Badischer Haus-, Wohnungs- und Grundeigentümer e.V.
Haus & Grund Baden
Lessingstraße 10
76135 Karlsruhe
Tel.: 07 21/8 31 28-10 oder -11
Fax: 07 21/8 31 28-12

Landesverband Bayerischer Haus- und Grundbesitzer e.V.
Herzog-Wilhelm-Straße 10/IV (Sonnenstraße 13 – Rückseite)
80331 München
Tel.: 0 89/5 51 41-510
Fax: 0 89/5 51 41-552
E-Mail: info@haus-und-grund-bayern.de
Internet: www.haus-und-grund-bayern.de/

Landesverband in Haus & Grund Deutschland
Potsdamer Straße 143
10783 Berlin
Tel.: 0 30/2 16 34 36
Fax: 0 30/2 16 98 23
E-Mail: HausundGrund@berlin.snafu.de

Landesverband der Haus- und Grundeigentümer-Vereine Brandenburg
Voltaireweg 12
14467 Potsdam
Tel.: 03 31/2 98 98-0
Fax: 03 31/2 98 98-19

Haus & Grund Landesverband Bremen e.V.
Am Dobben 3
28203 Bremen
Tel.: 04 21/3 68 04 10
Fax: 04 21/3 68 04 88

Grundeigentümer-Verband Hamburg von 1832 e.V.
Paulstraße10
20095 Hamburg
Tel.: 0 40/3 09 67 20
Fax: 0 40/32 12 97

Haus & Grund Landesverband Hessen
Niedenau 61-63
60325 Frankfurt
Tel.: 0 69/72 94 58
Fax: 0 69/17 26 35

Haus & Grund Mecklenburg-Vorpommern
Mecklenburgstraße 64
19053 Schwerin
Tel.: 03 85/5 77 74 10
Fax: 03 85/5 77 74 11

Haus & Grund Niedersachsen
Schützenstraße 24
30853 Langenhagen
Tel.: 05 11/97 32 97-0
Fax: 05 11/97 32 97-32
E-Mail über www.haus24grund.de/niedersachsen

Haus & Grund Nordrhein-Westfalen
Elisabethstraße 4
44139 Dortmund
Tel.: 02 31/9 58 30
Fax: 02 31/95 83 95
E-Mail: verlag@haus-und-grund.com

Haus & Grund Rheinland-Pfalz
Kaiserstraße 9
55116 Mainz
Tel.: 0 61 31/61 97 20
Fax: 0 61 31/61 98 68

Verband der Haus,- Wohnungs- und Grundeigentümer des Saarlandes e.V.
Bismarckstraße 52
66121 Saarbrücken
Tel.: 06 81/66 83 70
Fax: 06 81/6 80 35
E-Mail: saarland@haus-und-grund.net

Haus & Grund Sachsen
Landesverband sächsischer Haus-, Wohnungs- und Grundeigentümer e.V.
Rähnitzgasse 27
01097 Dresden
Tel.: 03 51/8 26 02 04
Fax: 03 51/8 26 02 02
Internet: www.haus-und-grund-sachsen.de

Landesverband Haus & Grund Sachsen-Anhalt e.V.
Steinigstraße 7
39108 Magdeburg
Tel.: 03 91/7 31 68 32
Fax: 03 91/7 31 68 33
E-Mail über www.hugsa.de

Verband Schleswig-Holsteinischer Haus-, Wohnungs- und
Grundeigentümer e.V.
Sophienblatt 3
24103 Kiel
Tel.: 04 31/66 36-110
Fax: 04 31/66 36-188
E-Mail: info@haus-und-grund-sh.de

Haus & Grund Thüringen
Anger 35
99084 Erfurt
Tel.: 03 61/2 11 06 12
Fax: 03 61/5 50 44 74
E-Mail: Vorstand@HuG-Thueringen.de

Sowohl für Mieter als auch für Vermieter sei noch die Stiftung Warentest empfohlen, die sich im Bereich des Wohn- und Mietrechts vor allem in ihren Zeitschriften „test" und FINANZtest" immer wieder zu aktuellen Fragen äußert:

STIFTUNG WARENTEST
Lützowplatz 11-13
10785 Berlin
Tel.: 0 30/26 31-0
Fax: 0 30/26 31-27 27
E-Mail: email@stiftung-warentest.de
Internet: www.warentest.de

Internetquellen

Nun folgen noch einige Internetadressen, unter denen Sie sich in Fragen des Miet- und Nachbarrechtes informieren können. Tipps dieser Art veralten naturgemäß schnell. Klicken Sie die angegeben Adressen daher einfach an und probieren Sie sie aus. Immer mehr Internetanbieter gehen inzwischen dazu über, nicht geringe Gebühren für Gesetzestexte, Musterbriefe etc. zu verlangen.

www.nachbarrechtsgesetze.de/
www.nachbarschaftsstreit.de
www.mietrechtsfragen.de
www.finanztip.de
www.formblitz.de
www.anwaltonline.com
www.bautec.de
www.bmg.ipn.de
www.haus.de
www.rechtbekommen.de
www.vermieter-ratgeber.de
www.wdr.de
www.vermieternetz.de
www.lsvd.de/recht/rechtshilfe.html

Musterbriefe

Wer schreibt schon gerne Briefe, noch dazu einen förmlichen Schriftsatz in einer Angelegenheit, die doch besser unter vier Augen zu regeln wäre? Doch oft ist es notwendig – sei es, weil Sie das Gefühl haben, der Nachbar nimmt die persönlich mitgeteilten Bedenken und Beschwerden nicht ganz ernst und hört nicht zu, sondern widerspricht Ihnen in einem Wortschwall, dem Sie nichts entgegensetzen können. Oder er verweigert sich vollständig einem vernünftigen Gespräch, weil er jeden Kontakt mit den Nachbarn meidet und es ihm gelingt, nie im Treppenhaus in Erscheinung zu treten. Es kann auch sein, dass Sie ihn erfolgreich ansprechen können, er etwas eingeschüchtert alle möglichen Zugeständnisse macht, doch diese eine Woche später einfach nicht mehr einhalten kann oder will.
Wie auch immer – mit einem Brief gewinnt die Angelegenheit an Förmlichkeit, Briefe können auch zu Beweismitteln im Sinne von Mahnungen vor Gericht gewertet werden und daher sollten Sie bei der Formulierung mit aller Vorsicht vorgehen. Ein Brief muss in jedem Fall die höfliche Form wahren und doch sehr deutlich werden können. Können Sie vor Wut über den Lärm aus der Wohnung über Ihnen nicht mehr schlafen? Dann warten Sie besser noch eine Weile, denn es könnte sein, dass Ihre Aggression in dem Brief zum Ausdruck kommt und Sie sich daher selbst disqualifizieren. Warten Sie aber nicht zu lange, sondern nutzen Sie die letzten Schmauchspuren der „verglühenden" Wut, um dem Brief durchaus noch das notwendige Feuer zu geben. Die Musterbriefe oder besser Anregungen sollen Ihnen ein grobes Gerüst geben, das Sie selbst mit den ärgerlichen Vorkommnissen füllen sollen.
Bitte machen Sie sich bei allen Arten von Briefen keine Gedanken über Zeilen- und Randabstände, ob man nun „Betreff" oder nicht schreibt etc. Schreiben Sie, wie Sie es gewohnt sind oder einfach, wie Sie meinen, dass es richtig ist! Formale Fragen führen meist zum völligen Verrauchen des Zorns und enden schließlich darin, dem Nachbarn „doch noch mal eine Chance zu geben."
Und noch ein kleiner Tipp: Auch wenn es nicht um Kündigungsschreiben geht, sparen Sie nicht die paar Euro für ein Einschreiben. Sie werden sehen: Das wirkt viel eindrucksvoller als eine ohne Briefmarke in den Hausbriefkasten geworfene „interne Mitteilung".

Zum Inhalt: Sie müssen direkt werden, auch wenn es leichter ist, allgemein-verbindlich von „bekannten Störungen“ zu sprechen. Formulieren Sie die Vorkommnisse und Ihren Ärger darüber unmissverständlich, seien Sie präzise (am besten mit Datumsnennung). Auch wenn Sie schon mit „gerichtlichen Schritten“ drohen, zeigen Sie sich immer gesprächsbereit und schlagen vielleicht sogar einen Kompromiss vor.
Haben Sie viel Entgegenkommen gezeigt und alles hat nichts genützt, nennen Sie Fristen für geforderte Zahlungen, Beseitigungen oder Unterlassungen. Zögern Sie nicht zu lange mit einer Fristsetzung und schonen Sie den Nachbar nicht zu lange mit einer Angelegenheit, die Ihnen wichtig ist – Sie könnten sonst durch Verjährung oder Unmöglichkeit Ansprüche verlieren und der Nachbar gewinnt doch.

Lärmbelästigung

Fritz Ruhenhäuser
An der Stillen Straße 3a
56125 Mürglisbach

Herr Rudolph Lauterbach
An der Stillen Straße 3b
56125 Mürglisbach

Einschreiben mit Rückschein
Ruhestörung

Mürglisbach, 03.03.2002

Sehr geehrter Herr Lauterbach,
trotz mehrfacher mündlicher Bitten um Einhaltung der gesetzlichen Ruhezeiten sind Sie meiner Aufforderung nicht nachgekommen. Allein im letzten Monat musste ich folgende Belästigungen erdulden, wie Sie einem Auszug des noch umfangreicheren Lärmprotokolls entnehmen mögen:

Datum	**Dauer der Störung**	**Art der Störung**
05.02.2002	21.30 – 23.30 Uhr	lautes, trunkenes Lachen
11.02.2002	22.00 – 3.30 Uhr	Party, ca. 15 Personen
15.02.2002	10.00 – 13.00 Uhr	laute Stereoanlage
22.02.2002	5.00 – 7.00 Uhr	lauter Streit
	20.00 – 23.00 Uhr	Partymusik
26.02.2002	ganztags	lautes Lokalradio

Ähnliche regelmäßige Störungen, insbesondere außerhalb der gesetzlichen Ruhezeiten (13.00 – 15.00 Uhr, 22.00 – 6.00 Uhr), werde ich nicht mehr konsequenzlos hinnehmen. Stellen Sie Ihre Störungen ein, da ansonsten Hausverwaltung, Vermieter und letztlich auch ein Rechtsanwalt eingeschaltet wird.
Mit freundlichen Grüßen

Fritz Ruhenhäuser

Mietminderung wegen Lärm

Elena Nürnbauer
Voglisweise 5
20035 Lambrichtsheim

Hausverwaltung Edgar Albrecht
Dieselstraße 153
20034 Hammersgrub

Einschreiben mit Rückschein
Mietminderung wegen Baustelle

Lambrichtsheim, 28.03.2002

Sehr geehrte Damen und Herren,
am 12.03.2002 habe ich Ihnen mitgeteilt, dass von einer in meiner unmittelbaren Nähe gelegenen Baustelle ein übermäßiger Lärm von Montag bis Samstag von 7.00 Uhr morgens bis weit nach 20.00 Uhr abends zu vernehmen ist. Der Lärm dauert seit Anfang März 2002 an. Ich konnte in dieser Zeit keinen einzigen ruhigen Werktag mehr genießen. Hinzu kommt eine erhebliche Staubbelästigung.
Nach der Rechtsprechung kann bei solch störendem Lärm auch durch eine Baustelle die Miete gemindert werden. Daher werde ich die Miete inklusive der Nebenkosten um 15 Prozent mindern.
Bis das Bauvorhaben fertig gestellt ist, werde ich ab April nur 340 Euro statt 400 Euro Miete überweisen. Für die zurückliegende Zeit seit dem Auftreten des Mangels rechne ich mit einem Rückerstattungsanspruch wegen zu viel bezahlter Miete für März von 60 Euro.
Mit freundlichen Grüßen

Elena Nürnbauer

Grenzabstand von Pflanzen

Reinhold Abschneider
Rottenrainstraße 13
79055 Baumersheim

Humbert Wachsmichzu
Rottenrainstraße 13
79055 Baumersheim

Einschreiben mit Rückschein
Zurückschneiden der Hecke

Baumersheim, 28.09.2002

Sehr geehrter Herr Wachsmichzu,
zu meinem großen Bedauern muss ich feststellen, dass Sie sich nicht an Ihr Versprechen gehalten haben, Ihre Hecke zurückzuschneiden. Ich mache Sie daher darauf aufmerksam, dass Sie nach § 12 des Baden-Württembergischen Nachbarrechts dazu verpflichtet sind:

„(1) Mit Hecken bis 1,80 m Höhe ist ein Abstand von 0,50 m, mit höheren Hecken ein entsprechend der Mehrhöhe größerer Abstand einzuhalten. (2) Die Hecke ist bis zur Hälfte des nach Absatz 1 vorgeschriebenen Abstands zurückzuschneiden. (...)“

Ihre Hecke ist mit 2, 5 Meter deutlich zu hoch. Bitte schneiden Sie die Hecke bis zum 15. November zurück. Ansonsten behalte ich mir vor, den Anspruch auch gerichtlich durchsetzen zu lassen.
Mit freundlichen Grüßen

Reinhold Abschneider

Abmahnung wegen vertragswidrigem Gebrauch

Erbengemeinschaft Gebrüder Willbricht
Grünwalder Allee 2
98005 Penunzach

Rambert Röhrricht
Ostfeld 13 A/III
98020 Liedersstadt

Einschreiben mit Rückschein
Wohnraummietvertrag

Penunzach, 05.11.2002

Sehr geehrter Herr Röhrricht,
wie wir erfahren haben, haben Sie sich als Mieter der von Ihnen angemieteten Wohnung in letzter Zeit vertragswidrig verhalten. Sie betreiben in der von Ihnen zu Wohnzwecken angemieteten Wohnung ein gewerbliches Fotostudio für Pass- und Hochzeitsfotos. Der dabei entstehende Publikumsverkehr von Hochzeitsgästen in Feierlaune widerspricht außerordentlich dem Wohncharakter dieses Hauses. Zudem stört das Fotolabor nicht nur durch die zwei von Ihnen angestellten Mitarbeiter, sondern auch durch austretende chemische Gase. Mit dieser Raumnutzung haben Sie den vertragsgemäßen Gebrauch der Wohnung bei weitem überschritten.
Wir fordern Sie dringend auf, dieses vertragswidrige Verhalten unverzüglich einzustellen. Können wir in zwei Wochen immer noch eine Mietvertragsverletzung feststellen, so würden wir dies zum Anlass einer fristlosen Kündigung nehmen.
Mit freundlichen Grüßen

Hans und Otto Willbricht

Widerspruch gegen eine Baumgenehmigung

Jürgen Wohlgemut
Grenzstraße 13
75001 Badunnach

Stadtverwaltung Badunnach
Bauordnungsamt
Verwaltungsweg 5
75001 Badunnach

Einschreiben mit Rückschein
Widerspruch gegen die Baugenehmigung für die Boarding GmbH, Nordstraße 5

Badunnach, 05.03.2002

Sehr geehrte Damen und Herren,
hiermit lege ich Widerspruch gegen die Baugenehmigung der Boarding GmbH ein. Das genehmigte Vorhaben widerspricht dem Bebauungsplan sowie dem Gebot der nachbarlichen Rücksichtnahme: Das Projekt der Boarding GmbH ist trotz der anders lautenden Bezeichnung ein überwiegender Büro- und Hotelbau, von dem erhebliche Lärm- und Schadstoffemmissionen zu erwarten sind – das nähere Studium der Planunterlagen bestätigte mir dies deutlich durch die große Anzahl der vorgesehenen Nebenräume (Konferenzsaal, Rezeption, Frühstücksraum, Einzelbüros). Als Eigentümer des Nachbargrundstückes sehe ich mich wesentlichen Beeinträchtigungen ausgesetzt, die auch durch den Bebauungsplan, der höchstens nicht wesentlich störende Gewerbebetriebe zuließe, nicht gedeckt sind.
Leider haben Sie mich als unmittelbaren Nachbarn vor der Erteilung der Baugenehmigung nicht gehört. Ich bitte Sie, die Genehmigung auf Grund meiner Einwände nochmals zu überprüfen.
Mit freundlichen Grüßen

Jürgen Wohlgemut

Der Nachbar grillt zu viel

Familie Tossner
Schalmeienstraße 67a
01253 Prünau

Familie Gartner
Schalmeienstraße 67b
01253 Prünau

Häufiges Grillen im Garten

Prünau, 20.07.2002

Sehr geehrte Familie Gartner,
wahrscheinlich ist es Ihnen gar nicht bewusst, dass Ihr Grillvergnügen – das wir Ihnen von Herzen gönnen – uns allmählich zur allabendlichen Last wird. Gerade bei vorherrschendem Südostwind bläst es uns nicht nur Rauch, sondern auch Asche auf unser Grundstück. Hält diese Beeinträchtigung schon fast stundenlang und auch mehrmals die Woche an, so ist uns dies nicht mehr zuzumuten.
Wir möchten Sie daher in aller nachbarlichen Freundschaft um mehr Rücksicht bitten und als Kompromiss vorschlagen, ab und zu auch einmal in der Küche zu kochen. Natürlich haben wir nichts dagegen, wenn Sie die Speise dann in Ihrem Garten verzehren.
Vielleicht ist auch ein anderer Standort für den Grill denkbar, auch Gas- oder Elektrogrills könnten in Erwägung gezogen werden.
Wir danken für Ihr Verständnis und verbleiben mit freundlichen Grüßen
Ihre

Familie Tossner

Rituale einer katholischen Studentenverbindung

[Absender/Empfänger/Datum]

Sehr geehrter Herr Hahnenkamm,

die Hausgemeinschaft Tiefer Weg 16 wendet sich erneut an Sie, da wir Sie für den für den Betrieb der katholischen Studentenverbindung Petronicia Verantwortlichen halten. Falls eine andere Person diese Befugnis innehat, möchten Sie diesen Brief bitte sofort weiterleiten.
Die Feier der Petronicia (nicht angekündigt) in der Nacht vom 7. auf den 8. Dezember hat unserer großen Geduld ein für alle Mal ein Ende bereitet. Nicht genug, dass der Ablauf der übliche war, gipfelte das Zusammentreffen gegen 3.00 Uhr morgens an einem Werktag in lauten Verbalinjurien diskriminierenden und bedrohlichen Inhalts.
Wie auch sonst üblich, fanden die Herren auf Grund ihres exzessiven Alkoholmissbrauchs nicht mehr in ihre Autos und nutzten die Zeit, um auf der Straße in bewährter Manier herumzupöbeln. Herr Rankel hat noch in der selben Nacht die Polizei verständigt. Das betrunkene Skandieren war noch nie etwas anderes als peinlich für die katholische Studentenverbindung, all Ihre Förderer und deren etwaige Werte – diesmal aber war es so „Parterre“, dass wir unser Recht ergreifen, folgende Dinge zu verlangen: keine „Feierlichkeiten“ mehr nach 22.00 Uhr – damit ist auch der Gesundheitszustand der künftigen „Elite“ gewahrt!
Wir verlangen, dass diese Feiern künftig im privaten Rahmen – außerhalb des Hauses – weiter geführt werden. Ab 22.00 Uhr ist jedweder Lärm zu unterlassen. Auch der Versuch, im Haus für Ruhe zu sorgen, ist nur ein Lippenbekenntnis, wenn die Nachtruhe der Anwohner beim Verlassen dieses Hauses mit voller Absicht so empfindlich gestört wird.
Wir werden diese unhaltbaren Zustände an die Presse weitergeben und uns vorbehalten, rechtliche Schritte einzuleiten. Es kann nicht angehen, dass Sie die Innenstadt von asozialen Subjekten freihalten wollen und andererseits Menschen, die sich noch weit schlimmer als diese verhalten, in der Unterstadt beständig Rückendeckung geben. Man muss sich wirklich fragen, weshalb man solche Entgleisungen nicht nur toleriert, sondern ganz offenbar als Teil eines „Mannbarkeitsrituals“ gutheißt. Ein solches Betragen ist asozial und sonst gar nichts. Wir verlangen eine schriftliche Stellungnahme bis zum 20.12.2001.

Mit freundlichen Grüßen

i. A. Dr. Agathe Peutz

Gesetzestexte

Nachfolgend können Sie sich selbst ein Bild machen, wie genau in den einzelnen Bundesländern Nachbarschaftfragen durch Gesetze geregelt werden. Soweit vorhanden, konzentriert sich der Abdruck auf die Bestimmungen der Pflanzenabstände von der Grenze (ohne Berücksichtigung von Weinbau und Wald), der Einfriedungspflicht, der Verjährungsfrist, dem Hammer- und Leiterrecht sowie dem Lichtrecht. Um eine Vorstellung von den Baumschutzbestimmung zu bekommen, lesen Sie bitte die Regelungen der Länder Berlin und Frankfurt am Main (unter Hessen).
Für die Bundesländer Bremen, Hamburg und Mecklenburg-Vorpommern existieren keine ausdrücklichen Nachbarschaftsgesetze. Doch selbst bei ziemlich genauen Angaben zu einzelnen Pflanzen innerhalb der Gesetze werden immer wieder Fragen offen bleiben, zum Beispiel, was genau heißt „großwüchsig" und „stark wachsend" bei einem eher mageren Boden?

Baden-Württemberg

Gesetz über das Nachbarrecht vom 14. Dezember 1959 in der Fassung vom 26. Juli 1995. Achtung: Für Pflanzungen vor Inkrafttreten des Gesetzes am 01.01.1996 gelten noch die alten Regeln.

Grenzabstand von Pflanzen

§ 12 Hecken

(1) Mit Hecken bis 1,80 m Höhe ist ein Abstand von 0,50 m, mit höheren Hecken ein entsprechend der Mehrhöhe größerer Abstand einzuhalten.

(2) Die Hecke ist bis zur Hälfte des nach Absatz 1 vorgeschriebenen Abstands zurückzuschneiden. Das gilt nicht für Hecken bis zu 1,80 m Höhe, wenn das Nachbargrundstück innerhalb der im Zusammenhang bebauten Ortsteile oder im Geltungsbereich eines Bebauungsplans liegt und nicht landwirtschaftlich genutzt wird (Innerortslage).

(3) Der Besitzer der Hecke ist zu ihrer Verkürzung und zum Zurückschneiden der Zweige verpflichtet, jedoch nicht in der Zeit vom 1. März bis zum 30. September.

§ 13 Spaliervorrichtungen

Für Spaliervorrichtungen, die eine flächenartige Ausdehnung des Wachstums der Pflanzen bezwecken, gilt § 12 mit der Maßgabe, dass gegenüber Grundstücken in Innerortslage mit Spalieren bis zu 1,80 m Höhe kein Abstand und mit höheren Spalieren ein Abstand entsprechend der Mehrhöhe einzuhalten ist.

§ 16 Sonstige Gehölze

(1) Bei der Anpflanzung von Bäumen, Sträuchern und anderen Gehölzen sind unbeschadet der §§ 12 bis 15 folgende Grenzabstände einzuhalten:

1.a) mit Beerenobststräuchern und -stämmen, Rosen, Ziersträuchern und sonstigen artgemäß kleinen Gehölzen sowie mit Rebstöcken außerhalb eines Weinberges 0,5 m,

b) mit Baumschul- und Weihnachtsbaumkulturen sowie mit Weidenpflanzungen, die jährlich genutzt werden 1 m; die Gehölze dürfen die Höhe

von 1,80 m nicht überschreiten, es sei denn, dass der Abstand nach Nummer 2 eingehalten wird;
2. mit Kernobst- und Steinobstbäumen auf schwach und mittelstark wachsenden Unterlagen und anderen Gehölzen artgemäß ähnlicher Ausdehnung, mit Baumschul- und Weihnachtsbaumkulturen, soweit nicht in Nummer 1 aufgeführt, mit Forstsamenplantagen sowie mit Weidenpflanzungen, die nicht jährlich genutzt werden 2 m; die Gehölze dürfen die Höhe von 4 m nicht überschreiten, es sei denn, dass der Abstand nach Nummer 3 eingehalten wird;
3. mit Obstbäumen, soweit sie nicht in Nummer 2 oder 4 genannt sind 3 m;
4. a) mit artgemäß mittelgroßen oder schmalen Bäumen wie Birken, Blaufichten, Ebereschen, Erlen, Robinien („Akazien"), Salweiden, Serbischen Fichten, Thujen, Weißbuchen, Weißdornen und deren Veredelungen, Zieräpfeln, Zierkirschen, Zierpflaumen und mit anderen Gehölzen artgemäß ähnlicher Ausdehnung sowie
b) nur Obstbäumen auf stark wachsenden Unterlagen und veredelten Walnussbäumen 4 m;
5. mit großwüchsigen Arten von Ahornen, Buchen, Eichen, Eschen, Kastanien, Linden, Nadelbäumen, Pappeln, Platanen, unveredelten Walnusssämlingsbäumen sowie mit anderen Bäumen artgemäß ähnlicher Ausdehnung 8 m
(2) Die Abstände nach Absatz 1 Nr. 2 bis 4 Buchst. a ermäßigen sich gegenüber Grundstücken in Innerortslage auf die Hälfte. Dies gilt nicht für Baumschul- und Weihnachtsbaumkulturen, Forstsamenplantagen sowie für geschlossene Bestände mit mehr als drei der in Absatz 1 Nummer 2 bis 4 Buchst. a angeführten Gehölze. Einzeln stehende großwüchsige Bäume, ausgenommen Nadelbäume, dürfen gegenüber Grundstücken in Innerortslage mit einem Abstand von 6 m gepflanzt werden.
(3) Der Besitzer eines Gehölzes, das die nach Absatz 1 Nr. 1 und 2 zulässige Höhe überschritten hat, ist zur Verkürzung verpflichtet, jedoch nicht in der Zeit vom 1. März bis 30. September.

§ 19 Verhältnis zu landwirtschaftlich nicht genutzten Grundstücken
(1) Die Vorschriften der §§ 11 bis 17 gelten nicht gegenüber Grundstücken im Außenbereich (§ 19 Abs. 1 Nr. 3 des Baugesetzbuches), die

Wald, Hutung, Heide oder Ödung sind oder die landwirtschaftlich oder gartenbaulich sonst nicht genutzt werden und nicht bebaut sind und auch nicht als Hofraum dienen. Mit Wald gegenüber Wald ist aber ein Abstand von 1 m einzuhalten.

(2) Die in den §§ 11 bis 18 vorgeschriebenen Abstände vermindern sich gegenüber Grundstücken im Außenbereich (§ 19 Abs. 1 Nr. 3 des Baugesetzbuches) um diejenige Entfernung, auf die diese Grundstücke, von der Grenze an gerechnet, landwirtschaftlich oder gartenbaulich nicht genutzt, nicht bebaut sind und auch nicht als Hofraum dienen.

§ 20 Pflanzungen hinter geschlossenen Einfriedigungen

Die §§ 12 bis 18 gelten nicht, wenn sich die Spaliervorrichtung oder die Pflanzung hinter einer geschlossenen Einfriedigung befindet, ohne diese zu überragen. Als geschlossen gelten auch Einfriedigungen, bei denen die Zaunteile breiter sind als die Zwischenräume.

§ 21 Verhältnis zu Wegen, Gewässern und Eisenbahnen; Ufer- und Böschungsschutz

(1) Die §§ 11 bis 18 gelten nicht für 1. das nachbarliche Verhältnis zwischen öffentlichen Straßen und Gewässern und den an sie grenzenden Grundstücken, 2. die auf Grund eines Flurbereinigungs- oder Zusammenlegungsplanes erfolgten Anpflanzungen, soweit sie sich im Flurbereinigungs- oder Zusammenlegungsgebiet auswirken. Bestehende Ausgleichs- oder Schadensersatzansprüche bleiben unberührt.

(2) Die Bestimmungen der §§ 11, 12 und 18 über tote Einfriedigungen und Hecken gelten nicht für das nachbarliche Verhältnis zwischen Grundstücken, die unmittelbar an den Schienenweg einer Eisenbahn grenzen einerseits und dem Schienenweg andererseits.

(3) Auf Einfriedigungen und Pflanzungen, die zum Uferschutz dienen oder die zum Schutz von Böschungen oder steilen Abhängen erforderlich sind, sind die §§ 11, 12, 16 und 18 nicht anzuwenden.

§ 22 Feststellung der Abstände

(1) Die Grenzabstände werden von der Mittelachse der der Grenze nächsten Stämme, Triebe oder Hopfenstangen bei deren Austritt aus dem Boden, bei Drahtanlagen von Hopfenpflanzungen aber von dem der Gren-

ze nächsten oberen Ende der Steigdrähte ab waagrecht gemessen.
(2) Im Verhältnis der durch öffentliche Wege oder durch Gewässer getrennten Grundstücke werden die Abstände von der Mitte des Weges oder Gewässers an gemessen. Dies gilt nicht gegenüber Grundstücken in Innerortslage.
(3) Ist die Einhaltung eines bestimmten Abstands von der Lage oder der Kulturart des Grundstücks oder des Nachbargrundstücks abhängig, so sind bei der Erneuerung einer Einfriedigung, Spaliervorrichtung oder Pflanzung für die Bemessung des Abstands die dann bestehenden Verhältnisse dieses Grundstücks maßgebend. Dasselbe gilt, wenn in einer der Erneuerung gleichkommenden Weise die Einfriedigung oder Spaliervorrichtung ausgebessert oder die Pflanzung ergänzt wird.

§ 23 Überragende Zweige
(1) Abweichend von § 910 Abs. 1 BGB kann der Besitzer eines Grundstücks die Beseitigung von herüberragenden Zweigen eines auf dem Nachbargrundstück stehenden Obstbaums nur bis zur Höhe von 3 m verlangen. Die Höhe wird vom Boden bis zu den unteren Zweigspitzen in unbelaubtem Zustand gemessen.
(2) Die Beseitigung der Zweige kann auf die volle Höhe des Baumes verlangt werden, wenn das benachbarte Grundstück erwerbsgartenbaulich genutzt wird oder ein Hofraum ist oder die Zweige auf ein auf dem benachbarten Grundstück stehendes Gebäude hereinragen oder den Bestand oder die Benutzung eines Gebäudes beeinträchtigen oder die Errichtung eines Gebäudes unmöglich machen oder erschweren.
(3) Der Besitzer des Baumes ist zur Beseitigung der Zweige in der Zeit vom 1. März bis 30. September nicht verpflichtet. Er hat die Beseitigung innerhalb einer dem Umfang der Arbeit entsprechenden Frist, jedenfalls aber innerhalb Jahresfrist vorzunehmen. Die sofortige Beseitigung kann verlangt werden, wenn ein dringendes Bedürfnis vorliegt. Wird die Beseitigung nicht innerhalb der in Satz 2 bestimmten Frist oder im Falle des Satzes 3 sofort bewirkt, so ist der Nachbar berechtigt, sie nach § 910 Abs. 1 Satz 2 BGB oder auf Kosten des Besitzers durchzuführen. Im letzteren Fall gehören die abgeschnittenen Zweige dem Besitzer des Baumes.

§ 24 Eingedrungene Wurzeln

(1) Abweichend von § 910 Abs. 1 BGB ist der Besitzer eines Obstbaumguts oder eines Grundstücks der in § 19 Abs. 1 Satz 1 genannten Art, in das aus einem angrenzenden Obstbaumgut Wurzeln eines Obstbaums eingedrungen sind, zu deren Beseitigung nur insoweit befugt, als dies zur Herstellung und Unterhaltung eines Weges, eines Grabens, einer baulichen Anlage, eines Dräns oder einer sonstigen Leitung erforderlich ist.

(2) Die Beseitigung von sonstigen eingedrungenen Baumwurzeln ist bei einem Grundstück in Innerortslage nur dann zulässig, wenn durch die Wurzeln die Nutzung des Grundstücks wesentlich beeinträchtigt wird, insbesondere Arbeiten der in Absatz 1 genannten Art die Beseitigung erfordern.

§ 25 Bäume an öffentlichen Wegen

(1) Abweichend von § 910 Abs. 1 BGB kann der Besitzer eines Grundstücks die Beseitigung herüberragender Zweige von Bäumen, die auf öffentlichen Wegen oder deren Zubehörden (Nebenwegen, Dämmen, Böschungen) oder nach polizeilicher Vorschrift in regelmäßiger Anordnung längs der Straße auf den angrenzenden Grundstücken gepflanzt sind, nur bis zur Höhe von 3 m verlangen. Die Bestimmungen des § 23 Abs. 1 Satz 2, Abs. 2 und 3 gelten auch hier.

(2) Zur Beseitigung der in sein Grundstück eingedrungenen Wurzeln dieser Bäume ist der Besitzer des Grundstücks nur entsprechend § 24 Abs. 2 und nur dann befugt, wenn er dem Eigentümer des Baumes eine angemessene Frist zur Beseitigung der Wurzeln gesetzt hat und die Beseitigung nicht innerhalb der Frist erfolgte.

§ 27 Vorrang von Festsetzungen im Bebauungsplan

Enthält ein Bebauungsplan oder eine sonstige Satzung nach dem Baugesetzbuch oder dem Maßnahmengesetz zum Baugesetzbuch Festsetzungen über Böschungen, Aufschüttungen, Einfriedigungen, Hecken oder Anpflanzungen, so müssen hierfür die nach diesem Gesetz vorgeschriebenen Abstände insoweit nicht eingehalten werden, als es die Verwirklichung der planerischen Festsetzungen erfordert. Dies gilt nicht gegenüber landwirtschaftlich genutzten Grundstücken.

§ 29 Erlass von Gemeindesatzungen

(1) Die Gemeinde hat den Entwurf einer Satzung nach § 28 öffentlich bekannt zu machen. Die Betroffenen können innerhalb eines Monats nach der Bekanntmachung Einwendungen erheben. Hierauf ist in der öffentlichen Bekanntmachung hinzuweisen.
(2) Über die Einwendungen ist gleichzeitig mit dem endgültigen Beschluss über die Satzung zu entscheiden.

Verjährung

§ 26 Verjährung

(1) Beseitigungsansprüche nach diesem Gesetz verjähren in fünf Jahren. Bei Pflanzungen beginnt der Lauf der Verjährungsfrist mit dem 1. Juli nach der Pflanzung. Bei an Ort und Stelle gezogenen Gehölzen beginnt sie am 1. Juli des zweiten Entwicklungsjahres. Bei späterer Veränderung der artgemäßen Ausdehnung des Gehölzes beginnt die Verjährung von neuem.
(2) Die Berufung auf Verjährung ist ausgeschlossen, wenn die Anlage erneuert oder in einer der Erneuerung gleichkommenden Weise ausgebessert wird. Dasselbe gilt, wenn eine Pflanzung erneuert oder ergänzt wird.
(3) Der Anspruch auf das Zurückschneiden der Hecken, auf Beseitigung herüberragender Zweige und eingedrungener Wurzeln sowie auf Verkürzung zu hoch gewachsener Gehölze ist der Verjährung nicht unterworfen.

Hammerschlags- und Leiterrecht

§ 7c Hammerschlags- und Leiterrecht

(1) Kann eine nach den baurechtlichen Vorschriften zulässige bauliche Anlage nicht oder nur mit erheblichen besonderen Aufwendungen errichtet, geändert, unterhalten oder abgebrochen werden, ohne dass das Nachbargrundstück betreten wird oder dort Gerüste oder Geräte aufgestellt werden oder auf das Nachbargrundstück übergreifen, so haben der Eigentümer und der Besitzer des Nachbargrundstücks die Benutzung insoweit zu dulden, als sie zu diesen Zwecken notwendig ist.
(2) Die Absicht, das Nachbargrundstück zu benutzen, muss dem Eigentü-

mer und dem Besitzer zwei Wochen vor Beginn der Benutzung angezeigt werden. Ist der im Grundbuch Eingetragene nicht Eigentümer, so genügt die Anzeige an den unmittelbaren Besitzer, es sei denn, dass der Anzeigende den wirklichen Eigentümer kennt. Die Anzeige an den unmittelbaren Besitzer genügt auch, wenn der Aufenthalt des Eigentümers kurzfristig nicht zu ermitteln ist.
(3) Der Eigentümer des begünstigten Grundstücks hat dem Eigentümer des Nachbargrundstücks den durch Maßnahmen nach Absatz 1 entstandenen Schaden zu ersetzen. Auf Verlangen des Berechtigten ist vor Beginn der Benutzung eine Sicherheit in Höhe des voraussichtlich entstehenden Schadens zu leisten.

Bayern

Gesetz zur Ausführung des BGB und anderer Gesetze (AGBGB)
Freistaat Bayern vom 18.09.1982 geändert durch Gesetz vom 11.07.1998 (GVBl. S. 414)

Grenzabstand von Pflanzen

Art. 47 Grenzabstand von Pflanzen

(1) Der Eigentümer eines Grundstücks kann verlangen, dass auf einem Nachbargrundstück nicht Bäume, Sträucher oder Hecken, Weinstöcke oder Hopfenstöcke in einer geringeren Entfernung als 0,50 m oder, falls sie über 2 m hoch sind, in einer geringeren Entfernung als 2 m von der Grenze seines Grundstücks gehalten werden.

(2) Zu Gunsten eines Waldgrundstücks kann nur die Einhaltung eines Abstands von 0,50 m verlangt werden. Das Gleiche gilt, wenn Wein oder Hopfen auf einem Grundstück angebaut wird, in dessen Lage dieser Anbau nach den örtlichen Verhältnissen üblich ist.

Art. 48 Grenzabstand bei landwirtschaftlichen Grundstücken

(1) Gegenüber einem landwirtschaftlich genutzten Grundstück, dessen wirtschaftliche Bestimmung durch Schmälerung des Sonnenlichts erheblich beeinträchtigt würde, ist mit Bäumen von mehr als 2 m Höhe ein Abstand von 4 m einzuhalten.

(2) Die Einhaltung des in Absatz 1 bestimmten Abstandes kann nur verlangt werden, wenn das Grundstück die bezeichnete wirtschaftliche Bestimmung schon zu der Zeit gehabt hat, zu der die Bäume die Höhe von 2 m überschritten haben.

Art. 49 Messung des Grenzabstands

Der Abstand nach Art. 47 und 48 wird von der Mitte des Stammes an der Stelle, an der dieser aus dem Boden hervortritt, bei Sträuchern und Hecken von der Mitte der zunächst an der Grenze befindlichen Triebe, bei Hopfenstöcken von der Hopfenstange oder dem Steigdraht ab gemessen.

Art. 50 Ausnahmen vom Grenzabstand

(1) Art. 47 und 48 sind nicht auf Gewächse anzuwenden, die sich hinter einer Mauer oder einer sonstigen dichten Einfriedung befinden und diese nicht oder nicht erheblich überragen. Sie gelten ferner nicht für Bepflanzungen, die längs einer öffentlichen Straße oder auf einem öffentlichen Platz gehalten werden, sowie für Bepflanzungen, die zum Uferschutz, zum Schutz von Abhängen oder Böschungen oder zum Schutz einer Eisenbahn dienen.

(2) Art. 48 Abs. 1 gilt auch nicht für Stein- und Kernobstbäume sowie Bäume, die sich in einem Hofraum oder einem Hausgarten befinden.

(3) Im Fall einer Aufforstung kann die Einhaltung des in Art. 48 Abs. 1 bestimmten Abstandes nicht verlangt werden, wenn die Aufforstung nach der Lage des aufzuforstenden Grundstücks der wirtschaftlichen Zweckmäßigkeit entspricht. Im Übrigen bleiben die besonderen Vorschriften über den Grenzabstand bei der Erstaufforstung unberührt.

Art. 51 Ältere Gewächse und Waldungen

(1) Für die bereits zur Zeit des Inkrafttretens des Bürgerlichen Gesetzbuchs vorhandenen Bäume, Sträucher und Hecken sind die vor diesem Zeitpunkt geltenden Vorschriften weiterhin anzuwenden, soweit sie das Halten der Gewächse in einer geringeren als der nach Art. 47 bis 50 einzuhaltenden Entfernung von der Grenze des Nachbargrundstücks gestatten.

(2) Bei einem Grundstück, das bereits zur Zeit des Inkrafttretens des Bürgerlichen Gesetzbuchs mit Wald bestanden war, gilt bis zur ersten Verjüngung des Waldes nach Inkrafttreten des Bürgerlichen Gesetzbuchs das Gleiche auch für neue Bäume und Sträucher. Auch nach der Verjüngung ist Art. 48 nicht anzuwenden.

(3) Der Eigentümer eines Waldgrundstücks ist verpflichtet, die Wurzeln eines Baumes oder Strauches, die von einem Nachbargrundstück eingedrungen sind, das bereits zur Zeit des Inkrafttretens des Bürgerlichen Gesetzbuchs mit Wald bestanden war, sowie die von einem solchen Grundstück herüberragenden Zweige bis zur ersten Verjüngung des Waldes auf dem Nachbargrundstück nach Inkrafttreten des Bürgerlichen Gesetzbuchs zu dulden.

(4) Dem Eigentümer eines anderen Grundstücks obliegt die Duldungspflicht nach Absatz 3 nur gegenüber den herüberragenden Zweigen,

soweit diese mindestens 5 m vom Boden entfernt sind; die Entfernung wird bis zu den unteren Spitzen der Zweige gemessen. Herüberragende Zweige, die weniger als 5 m vom Boden entfernt sind, müssen auf der westlichen, nordwestlichen, südwestlichen und südlichen Seite des mit Wald bestandenen Grundstücks geduldet werden, wenn durch ihre Beseitigung der Fortbestand eines zum Schutz des Waldes erforderlichen Baumes oder Strauches gefährdet oder die Ertragsfähigkeit des Waldbodens infolge des Eindringens von Wind und Sonne beeinträchtigt würde.

Verjährung

Art. 52 Verjährung der nachbarrechtlichen Ansprüche

(1) Die sich aus Art. 43 bis 45 und Art. 46 Abs. 1 ergebenden Ansprüche unterliegen nicht der Verjährung. Der Anspruch auf Beseitigung eines die Art. 47 bis 50 und Art. 51 Abs. 1 und 2 verletzenden Zustandes verjährt in fünf Jahren. Die Verjährung beginnt mit dem Ablauf des Kalenderjahres, in dem die Verletzung erkennbar wird.

(2) Sind Ansprüche nach Absatz 1 Sätze 2 und 3 verjährt und werden die Gewächse durch neue ersetzt, so kann hinsichtlich der neuen Gewächse die Einhaltung des in Art. 47 bis 50 und 51 Abs. 1 und 2 vorgeschriebenen Abstandes verlangt werden.

Lichtrecht

Art. 43 Fensterrecht

(1) Sind Fenster weniger als 0,60 m von der Grenze eines Nachbargrundstücks entfernt, auf dem Gebäude errichtet sind oder das als Hofraum oder Hausgarten dient, so müssen sie auf Verlangen des Eigentümers dieses Grundstücks so eingerichtet werden, dass bis zur Höhe von 1,80 m über dem hinter ihnen befindlichen Boden weder das Öffnen noch das Durchblicken möglich ist. Die Entfernung wird von dem Fuß der Wand, in der sich das Fenster befindet, unterhalb der zunächst an der Grenze befindlichen Außenkante der Fensteröffnung ab gemessen.

(2) Den Fenstern stehen Lichtöffnungen jeder Art gleich.

Art. 44 Balkone und ähnliche Anlagen

Balkone, Erker, Galerien und ähnliche Anlagen, die weniger als 0,60 m von der Grenze eines Nachbargrundstücks abstehen, auf dem Gebäude errichtet sind oder das als Hofraum oder Hausgarten dient, müssen auf der dem Nachbargrundstück zugekehrten Seite auf Verlangen des Nachbarn mit einem der Vorschrift des Art. 43 entsprechenden Abschluss versehen werden. Der Abstand wird bei vorspringenden Anlagen von dem zunächst an der Grenze befindlichen Vorsprung ab, bei anderen Anlagen nach Art. 43 Abs. 1 Satz 2 gemessen.

Art. 45 Besondere Vorschriften für Fenster, Balkone und ähnliche Anlagen

(1) Art. 43 und 44 gelten auch zu Gunsten von Grundstücken, die einer öffentlichen Eisenbahnanlage dienen. Die Fenster und andere Lichtöffnungen sowie der Abschluss der in Art. 44 bezeichneten Anlagen dürfen jedoch so eingerichtet werden, dass sie das Durchblicken gestatten.

(2) Für die zur Zeit des Inkrafttretens dieses Gesetzes bestehenden, begonnenen oder baurechtlich genehmigten Anlagen der in Art. 43 und 44 bezeichneten Art sind die vor diesem Zeitpunkt geltenden Vorschriften weiterhin anzuwenden, soweit sie eine geringere Beschränkung festgelegt haben als die Art. 43 und 44 sowie Absatz 1.

Berlin

Berliner Nachbarrechtsgesetz vom 28. September 1973 (GVBL. S. 1654)

Grenzabstand von Pflanzen

§ 27 Grenzabstände für Bäume und Sträucher

Der Eigentümer und der Nutzungsberechtigte eines Grundstücks haben mit Bäumen und Sträuchern folgende Mindestabstände von den Nachbargrundstücken einzuhalten:
1. mit Bäumen, und zwar
a) mit stark wachsenden Bäumen, insbesondere der Rotbuche, der Linde, der Platane, der Rosskastanie, der Stieleiche, der Pappel, der Weißbirke, der Douglasfichte und dem Walnussbaum 3,00 m,
b) mit Bäumen, die nicht unter Buchstabe a oder c fallen 1,50 m,
c) mit nicht hochstämmigen Obstbäumen 1,00 m,
2. mit Sträuchern 0,50 m.

§ 28 Grenzabstände für Hecken

(1) Der Eigentümer und der Nutzungsberechtigte eines Grundstücks haben mit Hecken von den Nachbargrundstücken folgende Mindestabstände einzuhalten: 1. mit Hecken über 2 m Höhe 1,00 m, 2. mit Hecken bis zu 2 m Höhe 0,50 m.
(2) Absatz 1 gilt nicht für Hecken, die nach § 24 Satz 2 auf der Grenze gepflanzt werden.

§ 29 Ausnahmen von den Abstandsvorschriften

Die §§ 27 und 28 gelten nicht für Anpflanzungen an den Grenzen zu Flächen für die Land- und Forstwirtschaft, zu öffentlichen Verkehrsflächen, zu öffentlichen Grünflächen und zu Gewässern, Anpflanzungen auf öffentlichen Verkehrsflächen, Anpflanzungen, die hinter einer geschlossenen Einfriedung vorgenommen werden und diese nicht überragen; als geschlossen gilt auch eine Einfriedung, deren Bauteile breiter sind als die Zwischenräume, Wald.

§ 30 Berechnung des Abstandes
Der Abstand wird von der Mitte des Baumstammes, des Strauches oder der Hecke bis zur Grenzlinie gemessen, und zwar an der Stelle, an der die Pflanze aus dem Boden tritt. Bei Hecken, die aus mehreren Pflanzreihen bestehen, wird der Abstand von der Mitte der Reihe gemessen, die der Grenze am nächsten steht.

§ 31 Beseitigungsanspruch
Wird der vorgeschriebene Mindestabstand nicht eingehalten, so kann der Nachbar die Beseitigung der Anpflanzung verlangen. Der Eigentümer und der Nutzungsberechtigte des Grundstücks sind befugt, stattdessen die Anpflanzung auf ihrem Grundstück zurückzuschneiden, sofern auch auf diese Weise ein den Vorschriften dieses Gesetzes entsprechender Zustand hergestellt werden kann.

§ 32 Ausschluss des Beseitigungsanspruchs
Der Anspruch nach diesem Gesetz auf Beseitigung von Anpflanzungen, die die vorgeschriebenen Mindestabstände nicht einhalten, ist ausgeschlossen, wenn der Nachbar nicht bis zum Ablauf des fünften auf das Anpflanzen folgenden Kalenderjahres Klage auf Beseitigung erhoben hat. Für Hecken, die beim Anpflanzen den vorgeschriebenen Abstand einhalten, beginnt die Frist, wenn sie über die nach diesem Gesetz zulässige Höhe hinausgewachsen sind.

§ 33 Ersatzanpflanzungen
Werden für Anpflanzungen, bei denen der Beseitigungsanspruch nach § 32 ausgeschlossen ist, Ersatzanpflanzungen vorgenommen, so gelten für die Ersatzanpflanzungen die §§ 27 bis 32. Dies gilt nicht für die Ersetzung einzelner abgestorbener Heckenpflanzen einer geschlossenen Hecke.

§ 34 Nachträgliche Grenzänderungen
Die Rechtmäßigkeit des Abstandes einer Anpflanzung wird durch nachträgliche Grenzänderungen nicht berührt; § 33 gilt entsprechend.

§ 35 Wild wachsende Pflanzen
Die Vorschriften dieses Abschnitts gelten für wild wachsende Pflanzen ent-

sprechend. Als Anpflanzen im Sinne des § 32 Satz 1 gilt die Erklärung des Grundstückseigentümers gegenüber dem Nachbarn, dass er die wild wachsende Pflanze nicht beseitigen wolle.

Einfriedung

§ 21 Einfriedungspflicht

Jeder Grundstückseigentümer kann von dem Nachbarn die Einfriedung nach folgenden Regeln verlangen:

1. Wenn Grundstücke unmittelbar nebeneinander an derselben Straße liegen, so hat jeder Grundstückseigentümer an der Grenze zum rechten Nachbargrundstück einzufrieden.

2.a) Rechtes Nachbargrundstück ist dasjenige, das von der Straße aus betrachtet rechts liegt.

b) Liegt ein Grundstück zwischen zwei Straßen, so ist dasjenige Grundstück rechtes Nachbargrundstück, welches von derjenigen Straße aus betrachtet rechts liegt, an der sich der Haupteingang des Grundstücks befindet.

Ist ein Haupteingang nicht feststellbar, so hat der Grundstückseigentümer auf Verlangen des Nachbarn zu bestimmen, welche Straße als diejenige Straße gelten soll, an der sich der Haupteingang befindet; § 264 Abs. 2 des Bürgerlichen Gesetzbuches gilt entsprechend. Durch Verlegung des Haupteinganges wird die Einfriedungspflicht ohne Zustimmung des Eigentümers des angrenzenden Grundstücks nicht verändert.

c) Für Eckgrundstücke gilt Buchstabe a ohne Rücksicht auf die Lage des Haupteinganges.

3. Als Straßen gelten auch Wege, wenn solche an Stelle von Straßen für die Lage von Grundstücken maßgeblich sind.

4. Wenn an einer Grenze beide Nachbarn einzufrieden haben, so haben sie gemeinsam einzufrieden. An Grenzen, für die durch Nummer 1 keine Einfriedungspflicht begründet wird, insbesondere an beiderseits rückwärtigen Grenzen, ist gemeinsam einzufrieden.

§ 22 Ausnahmen von der Einfriedungspflicht

(1) Eine Einfriedungspflicht besteht nicht, wenn und soweit die Grenze mit

Gebäuden besetzt ist oder Einfriedungen nicht ortsüblich sind.
(2) Eine Einfriedungspflicht besteht ferner nicht für Grenzen zwischen Grundstücken und den an sie angrenzenden Flächen für die Land- und Forstwirtschaft, öffentlichen Verkehrsflächen, öffentlichen Grünflächen und Gewässern.

§ 23 Beschaffenheit

(1) Es kann nur die Errichtung einer ortsüblichen Einfriedung oder, wenn keine Ortsüblichkeit feststellbar ist, eines etwa 1,25 m hohen Zaunes aus Maschendraht verlangt werden. Können Nachbarn, die gemeinsam einzufrieden haben, sich nicht auf eine unter mehreren ortsüblichen Einfriedungen einigen, so ist ein Zaun der in Satz 1 bezeichneten Art zu errichten.
(2) Schreiben öffentlich-rechtliche Vorschriften eine andere Art der Einfriedung vor, so tritt diese an die Stelle der in Absatz 1 genannten Einfriedungsart.
(3) Bietet die Einfriedung gemäß Absatz 1 keinen angemessenen Schutz vor unzumutbaren Beeinträchtigungen, so hat auf Verlangen des Nachbarn derjenige, von dessen Grundstück die Beeinträchtigungen ausgehen, die Einfriedung im erforderlichen Umfang zu verstärken oder höher auszuführen.

§ 24 Standort

Wer zur Einfriedung allein verpflichtet ist, hat die Einfriedung auf seinem Grundstück zu errichten. Haben Nachbarn gemeinsam einzufrieden, so ist die Einfriedung auf der gemeinsamen Grenze zu errichten.

§ 25 Kosten der Errichtung

(1) Wer zur Einfriedung allein verpflichtet ist, hat die Kosten der Einfriedung zu tragen.
(2) Haben Nachbarn gemeinsam einzufrieden, so tragen sie die Kosten der Errichtung der Einfriedung je zur Hälfte. Ist bei gemeinsamer Einfriedung nur für eines der beiden Grundstücke eine Einfriedung nach § 23 Abs. 2 vorgeschrieben, so sind die Errichtungskosten einer Einfriedung nach § 23 Abs. 1 maßgebend; die Mehrkosten trägt der gemäß § 23 Abs. 2 verpflichtete Grundstückseigentümer. Die bei einer Einfriedung nach § 23 Abs. 3 gegenüber einer Einfriedung nach § 23 Abs. 1 oder 2 entstehenden

Mehrkosten der Errichtung trägt der Nachbar, von dessen Grundstück die Beeinträchtigungen ausgehen.

§ 26 Benutzung und Kosten der Unterhaltung

(1) Wer zur Einfriedung allein verpflichtet ist, ist zur ausschließlichen Benutzung der Einfriedung berechtigt und hat die Kosten der Unterhaltung der Einfriedung zu tragen.

(2) Haben Nachbarn gemeinsam einzufrieden, so gilt für die gemeinsame Benutzung und Unterhaltung der Einfriedung auch dann die Regelung des § 922 des Bürgerlichen Gesetzbuches, wenn die Einfriedung ganz auf einem der Grundstücke errichtet ist.

Verjährung

§ 3 Verjährung

(1) Ansprüche auf Schadensersatz nach diesem Gesetz verjähren in drei Jahren von dem Zeitpunkt an, in welchem der Verletzte von dem Schaden und der Person des Ersatzpflichtigen Kenntnis erlangt, ohne Rücksicht auf diese Kenntnis in dreißig Jahren von der Vornahme der Handlung an.

(2) Andere auf Zahlung von Geld gerichtete Ansprüche nach diesem Gesetz verjähren in drei Jahren. Die Verjährung beginnt mit dem Schluss des Jahres, in welchem der Anspruch fällig wird.

Hammerschlags- und Leiterrecht

§ 17 Inhalt und Umfang

(1) Der Eigentümer und der Nutzungsberechtigte eines Grundstücks müssen dulden, dass ihr Grundstück einschließlich der Bauwerke von dem Nachbarn zur Vorbereitung und Durchführung von Bau-, Instandsetzungs- und Unterhaltungsarbeiten auf dem Nachbargrundstück vorübergehend betreten und benutzt wird, wenn und soweit

1. die Arbeiten anders nicht oder nur mit unverhältnismäßig hohen Kosten durchgeführt werden können,

2. die mit der Duldung verbundenen Nachteile oder Belästigungen nicht

außer Verhältnis zu dem von dem Berechtigten erstrebten Vorteil stehen,
3. das Vorhaben öffentlich-rechtlich zulässig ist.
(2) Das Recht zur Benutzung umfasst die Befugnis, auf oder über dem Grundstück Gerüste und Geräte aufzustellen sowie die zu den Arbeiten erforderlichen Baustoffe über das Grundstück zu bringen.
(3) Das Recht ist so zügig und schonend wie möglich auszuüben. Es darf nicht zur Unzeit geltend gemacht werden.
(4) Die Absicht, die Rechte nach den Absätzen 1 und 2 auszuüben, ist anzuzeigen; § 7 gilt entsprechend. Für die Verpflichtung zum Schadensersatz gilt § 13 entsprechend.
(5) Absatz 1 findet auf die Eigentümer öffentlicher Verkehrsflächen keine Anwendung.

§ 18 Nutzungsentschädigung
(1) Wer ein Grundstück gemäß § 17 benutzt, hat für die Zeit der Benutzung eine Nutzungsentschädigung in Höhe der ortsüblichen Miete für die benutzten Bauwerksteile oder für einen dem benutzten unbebauten Grundstücksteil vergleichbaren Lagerplatz zu zahlen. Eine Benutzung unbebauter Grundstücksteile bis zur Dauer von zwei Wochen bleibt außer Betracht. Die Nutzungsentschädigung ist jeweils zum Ende eines Kalendermonats fällig.
(2) Nutzungsentschädigung kann nicht verlangt werden, soweit nach § 17 Abs. 4 Ersatz für entgangene anderweitige Nutzung gefordert wird.

Baumschutzsatzung Berlin

Verordnung zum Schutze des Baumbestandes in Berlin (Baumschutzverordnung – BaumSchVO) vom 11.Januar 1982 (GVB1. S. 250; geänd. durch VO v. 25. 1. 1996, GVB1. S. 76).

§ 1 Anwendungsbereich
(1) Wegen der Bedeutung für die Sicherstellung der Leistungsfähigkeit des Naturhaushalts, zur Belebung, Gliederung und Pflege des Orts- und Landschaftsbildes und zur Abwehr schädlicher Einwirkungen wird der Baumbestand in Berlin als geschützter Landschaftsbestandteil nach Maßgabe die-

ser Verordnung geschützt, soweit nicht besondere Schutzvorschriften bestehen. Vom Anwendungsbereich nicht erfasst werden Bäume, die zu einem Gartendenkmal im Sinne des § 2 Abs. 4 des Denkmalschutzgesetzes Berlin vom 24. April 1995 (GVB1. S. 274) in der jeweils geltenden Fassung gehören.

(2) Geschützt sind: 1. Baumbestände, 2. Einzelbäume, deren Stammumfang in einer Höhe von 130 cm über dem Erdboden mindestens 60 cm beträgt. Satz 1 gilt für Einzelbäume der Arten Eibe, Kugelahorn, Kugelrobinie, Rotdorn, Weißdorn und Stechpalme bei einem Mindestumfang von 30 cm. Mehrstämmige Einzelbäume sind geschützt, wenn mindestens einer der Stämme einen Mindestumfang von 30 cm aufweist. Nicht geschützt sind Obstbäume mit Ausnahme von Walnussbäumen.

(3) Geschützt sind auch solche Einzelbäume, die das Maß des Absatzes 2 noch nicht erreicht haben, jedoch Ersatzpflanzungen im Sinne der §§ 5 und 7 sind oder auf Grund eines Landschaftsplanes oder eines Bebauungsplanes zu erhalten sind. Die in Satz 1 genannten Bäume werden von der zuständigen Behörde in eine Liste eingetragen.

§ 2 Erhaltungspflicht

(1) Jeder Eigentümer oder jeder sonstige Nutzungsberechtigte von Grundflächen ist verpflichtet, die auf dem Grundstück befindlichen geschützten Bäume zu erhalten und zu pflegen; hierzu gehören insbesondere die Beseitigung von Schäden und Schutzmaßnahmen gegen Schadeinwirkungen. Als Schutzmaßnahmen gelten insbesondere

1. Einzäunungen und Bohlenummantelungen als Schutz des Stamms gegen mechanische Schäden bei der Durchführung von Bauarbeiten,

2. Abdeckung des Wurzelbereichs mit wasserdurchlässigem Material als Schutz gegen Verfestigungen durch Befahren oder durch Materiallagerungen,

3. Bewässerung von Bäumen im unmittelbaren Bereich von Grund- und Schichtwasserabsenkungen soweit erforderlich,

4. Verwendung geeigneter Böden bei nicht zu vermeidenden Bodenüberdeckungen im Wurzelbereich von Bäumen zur Sicherung des Luftaustauschs und des Wasserhaushalts,

5. Verwendung von nährstoffreichem Oberboden bei der Verfüllung von Aufgrabungen im Wurzelbereich von Bäumen zur Sicherung des Nährstoffhaushalts.

(2) Die zuständige Behörde kann gegenüber dem Eigentümer oder sonstigen Nutzungsberechtigten bestimmte, zur Erhaltung von Bäumen erforderliche Pflege- oder Schutzmaßnahmen auf dessen Kosten anfordern.
(3) Unterhaltung und Pflege der geschützten Bäume auf öffentlichen Straßen obliegen den für die Straßenbepflanzung zuständigen Stellen. Der Schutz der Bäume vor Beschädigungen ist durch geeignete Maßnahmen sicherzustellen.

§ 3 Verbotene Maßnahmen
(1) Es ist verboten, geschützte Bäume oder Teile von ihnen ohne die nach § 4 erforderliche Genehmigung zu beseitigen, zu zerstören, zu beschädigen, abzuschneiden oder auf sonstige Weise in ihrem Weiterbestand zu beeinträchtigen.
(2) Als Beschädigungen oder Beeinträchtigungen im Sinne des Absatzes 1 gelten auch Störungen des Wurzelbereichs unter der Baumkrone geschützter Bäume insbesondere durch
1. Befestigen der Bodenoberfläche mit einer wasserundurchlässigen Decke,
2. Waschen von Kraftfahrzeugen und Maschinen,
3. Verfestigen der Bodenoberflächen oder Verschmutzen des Bodens mit Öl durch das Abstellen von Kraftfahrzeugen und anderen Maschinen,
4. Lagern und Ausbringen wachstumsbeeinträchtigender Stoffe und Materialien. Nummer 1 gilt nicht für Bäume auf öffentlichen Straßen, wenn auf andere Weise Vorsorge gegen eine Beschädigung der Bäume getroffen wird; Nummern 2 und 3 gelten für Bäume auf befestigten Flächen öffentlicher Straßen nur für den Bereich der Baumscheiben.
(3) Ordnungsgemäße und fachgerechte Pflege- und Erhaltungsmaßnahmen fallen nicht unter das Verbot des Absatzes 1. Mussten geschützte Bäume oder Teile von solchen zur Abwendung einer unmittelbar drohenden Gefahr beseitigt werden, so ist dies der zuständigen Behörde unverzüglich anzuzeigen.
(4) Von den Ge- und Verboten der Absätze 1 – 3 bleiben unberührt:
1. die ordnungsgemäße Bewirtschaftung der Forste,
2. die ordnungsgemäße Gestaltung und Unterhaltung des Botanischen Gartens,
3. Maßnahmen der Gartenbauämter innerhalb der Grün- und Erholungs-

anlagen, auf öffentlichen Straßen sowie auf sonstigen öffentlichen Flächen. Im Rahmen der Bewirtschaftung der Gärtnereien und Baumschulen bleiben von den Ge- und Verboten der Absätze 1 – 3 Maßnahmen an solchen Bäumen unberührt, die der Erreichung des Betriebszwecks dienen.

§ 4 Ausnahmen

(1) Von den Verboten des § 3 Abs. 1 können auf Antrag eines Grundstückseigentümers oder sonstigen Nutzungsberechtigten unter Beachtung der Zielsetzungen des § 1 Ausnahmen genehmigt werden, wenn

1. der Baum krank ist und seine ökologischen Funktionen weitgehend verloren hat und seine Erhaltung dem Eigentümer mit zumutbarem Aufwand nicht mehr möglich ist,

2. eine sonst zulässige Nutzung des Grundstücks nicht oder nur unter wesentlichen Beschränkungen verwirklicht werden kann oder eine solche Nutzung unzumutbar beeinträchtigt wird,

3. die Durchführung von Maßnahmen zur denkmalgerechten Erhaltung und Unterhaltung im Sinne des Denkmalschutzgesetzes Berlin vom 22. Dezember 1977 (GVB1. S. 2540) die Veränderung oder Beseitigung eines Baumes erfordert.

(2) Dem Antrag auf Genehmigung einer Ausnahme ist eine ausreichende Darstellung über alle auf dem Grundstück befindlichen geschützten Bäume sowie die Darstellung von Standort, Art, Höhe und Stammumfang der zu entfernenden oder zu verändernden Bäume beizufügen. Im Einzelfall können weitere Unterlagen, z. B. Pläne, Gutachten, gefordert werden.

(3) Die Genehmigung verliert ihre Gültigkeit, wenn die darin gestatteten Maßnahmen nicht innerhalb eines Jahres durchgeführt worden sind. Auf Antrag kann die Genehmigung um ein Jahr verlängert werden.

§ 5 Ersatzpflanzungen

(1) Wird die Beseitigung eines geschützten Baumes genehmigt, so ist der Antragsteller zu standortgerechten Ersatzpflanzungen für den zu beseitigenden Baum verpflichtet, soweit dies angemessen und zumutbar ist; dies gilt auch im Falle einer Befreiung nach § 50 des Berliner Naturschutzgesetzes. Die Verpflichtung wird im Einzelfall von der zuständigen Behörde festgelegt.

(2) Die Verpflichtung zur Ersatzpflanzung eines Baumes gilt erst dann als

erfüllt, wenn der Baum nach Ablauf von 2 Jahren zu Beginn der folgenden Vegetationsperiode angewachsen ist. Ist dies nicht der Fall und hat der Antragsteller dies zu vertreten, so ist er zur nochmaligen Ersatzpflanzung verpflichtet; dies gilt für Vorhaben des Bundes, des Landes Berlin sowie der sonstigen öffentlichen Planungsträger insoweit, als sonstige gesetzliche Vorschriften nicht entgegenstehen.
(3) Als Ersatzpflanzung kann auf Antrag auch die Umpflanzung vorgenommen werden. Die in Absatz 2 festgelegte Frist beträgt in diesem Fall 3 Jahre; im Übrigen gilt Absatz 2 entsprechend.

§ 6 Ausgleichsabgabe
(1) Soweit Ersatzpflanzungen nach § 5 nicht möglich oder untunlich sind, ist eine Ausgleichsabgabe zu entrichten. Dies gilt nicht für Vorhaben des Bundes, des Landes Berlin sowie der sonstigen öffentlichen Planungsträger. Die Höhe der Ausgleichsabgabe ist nach Umfang, Art und Schwere der Bestandsminderung unter Berücksichtigung der Kosten einer vergleichbaren Ersatzpflanzung zu bemessen.
(2) Die aus der Ausgleichsabgabe aufkommenden Mittel werden für Maßnahmen verwendet, die insbesondere den Schutz, die Pflege und Entwicklung von Natur und Landschaft fördern sollen.

§ 7 Haftung der Rechtsnachfolger
Für die Erfüllung der Verpflichtungen nach den §§ 5 und 6 haftet auch der Rechtsnachfolger des Grundstückseigentümers oder Nutzungsberechtigten.

§ 8 Nachträgliche Anordnungen
Wer als Grundstückseigentümer oder als sonstiger Nutzungsberechtigter zu vertreten hat, dass geschützte Bäume beseitigt, zerstört, beschädigt oder in anderer Weise so in ihrem Weiterbestand beeinträchtigt worden sind, dass sie beseitigt werden müssen, ist nach Maßgabe der §§ 5 und 6 zur Durchführung von Ersatzpflanzungen oder zur Entrichtung einer Ausgleichsabgabe verpflichtet.
Die Verpflichtung wird im Einzelfall von der zuständigen Behörde festgelegt.

§ 9 Ordnungswidrigkeiten

Ordnungswidrig im Sinne des § 49 Abs. 1 Nr. 18 des Berliner Naturschutzgesetzes handelt, wer vorsätzlich oder fahrlässig

1. entgegen § 3 Abs. 1 geschützte Bäume oder Teile von ihnen beseitigt, zerstört, beschädigt, abschneidet oder auf sonstige Weise in ihrem Weiterbestand beeinträchtigt, ohne im Besitz einer nach § 4 erforderlichen Ausnahmegenehmigung zu sein,

2. entgegen § 3 Abs. 2 den Wurzelbereich geschützter Bäume schädigt oder beeinträchtigt,

3. entgegen § 3 Abs. 3 die unverzügliche Anzeige über die Beseitigung geschützter Bäume oder Teile von ihnen unterlässt.

Brandenburg

Brandenburgisches Nachbarrechtsgesetz (BbgNRG) vom 28. Juni 1996 (GVBl.I/96 S.226)

Grenzabstand von Pflanzen

§ 37 Grenzabstände für Bäume, Sträucher und Hecken

(1) Mit Bäumen außerhalb des Waldes, Sträuchern und Hecken (Anpflanzungen) von über 2 m regelmäßiger Wuchshöhe ist ein solcher Abstand zum Nachbargrundstück einzuhalten, dass 1. bei Obstbäumen ein Abstand von 2 m, 2. bei sonstigen Bäumen ein Abstand von 4 m und 3. im Übrigen für jeden Teil der Anpflanzung der Abstand mindestens ein Drittel seiner Höhe über dem Erdboden beträgt. Der Abstand wird waagerecht und rechtwinklig zur Grenze gemessen.
(2) Der doppelte Abstand ist gegenüber Grundstücken einzuhalten, die landwirtschaftlich oder erwerbsgärtnerisch genutzt oder zu diesem Zweck vorübergehend nicht genutzt werden.

§ 38 Ausnahmen von den Abstandsvorschriften

§ 37 gilt nicht für
1. Anpflanzungen, die hinter einer geschlossenen Einfriedung vorgenommen werden und diese nicht überragen; als geschlossen gilt auch eine Einfriedung, deren Bauteile breiter sind als die Zwischenräume;
2. Anpflanzungen auf öffentlichen Verkehrsflächen;
3. Anpflanzungen an den Grenzen zu öffentlichen Verkehrsflächen, zu öffentlichen Grünflächen und zu oberirdischen Gewässern von jeweils mehr als 4 m Breite;
4. Hecken, die nach § 33 auf der Grenze angepflanzt werden oder die das öffentliche Recht als Einfriedung vorschreibt. § 37 gilt ferner nicht, wenn das öffentliche Recht andere Grenzabstände vorschreibt.

§ 39 Beseitigungsanspruch

Wird der vorgeschriebene Mindestabstand nicht eingehalten, so kann der Nachbar die Beseitigung der Anpflanzung verlangen. Der Eigentümer und der Nutzungsberechtigte des Grundstücks sind befugt, stattdessen die Anpflanzung auf ihrem Grundstück zurückzuschneiden, sofern auch auf diese Weise ein den Vorschriften dieses Gesetzes entsprechender Zustand hergestellt werden kann. Eine Beseitigung oder Zurückschneidung kann nur verlangt werden, soweit Pflanzen schützende Vorschriften nicht berührt werden.

§ 40 Ausschluss des Beseitigungsanspruchs

Der Anspruch nach diesem Gesetz auf Beseitigung von Anpflanzungen, die die vorgeschriebenen Mindestabstände nicht einhalten, ist ausgeschlossen, wenn der Nachbar nicht bis zum Ablauf des zweiten auf das Anpflanzen folgenden Kalenderjahres Klage auf Beseitigung erhoben hat. Für Anpflanzungen, die zunächst die vorgeschriebenen Abstände einhalten, beginnt die Frist, wenn sie über die nach diesem Gesetz zulässige Höhe hinausgewachsen sind.

§ 41 Ersatzanpflanzungen

Werden für Anpflanzungen, bei denen der Anspruch auf Beseitigung nach § 40 ausgeschlossen ist, Ersatzanpflanzungen oder Nachpflanzungen vorgenommen, so sind die nach diesem Gesetz vorgeschriebenen Abstände einzuhalten. Dies gilt nicht für die Ersetzung einzelner abgestorbener Heckenpflanzen einer geschlossenen Hecke.

§ 42 Nachträgliche Grenzänderungen

Die Rechtmäßigkeit des Abstandes wird durch nachträgliche Grenzänderungen nicht berührt; § 41 gilt entsprechend.

§ 43 Wild wachsende Pflanzen

Die Vorschriften dieses Abschnitts gelten für wild wachsende Pflanzen entsprechend. Als Anpflanzen im Sinne des § 40 Satz 1 gilt die Erklärung des Grundstückseigentümers gegenüber dem Nachbarn, dass er die wild wachsende Pflanze nicht beseitigen wolle.

Verjährung

§ 4 Verjährung

(1) Ansprüche auf Schadensersatz nach diesem Gesetz verjähren in drei Jahren von dem Zeitpunkt an, in welchem der Verletzte von dem Schaden und der Person des Ersatzpflichtigen Kenntnis erlangt oder hätte erlangen können, im Übrigen ohne Rücksicht auf diese Kenntnis in 30 Jahren von der Vornahme der Handlung an.
(2) Andere auf Zahlung von Geld gerichtete Ansprüche nach diesem Gesetz verjähren in drei Jahren. Die Verjährung beginnt mit dem Schluss des Jahres, in welchem der Anspruch fällig wird.

Hammerschlags- und Leiterrecht

§ 23 Inhalt und Umfang

(1) Der Eigentümer und der Nutzungsberechtigte eines Grundstücks müssen dulden, dass ihr Grundstück einschließlich der Bauwerke von dem Nachbarn oder von ihm Beauftragten zur Vorbereitung und Durchführung von Bau-, Instandsetzungs- und Unterhaltungsarbeiten auf dem Nachbargrundstück vorübergehend betreten und benutzt wird, wenn und soweit 1. die Arbeiten anders nicht oder nur mit unverhältnismäßig hohen Kosten durchgeführt werden können, 2. die mit der Duldung verbundenen Nachteile oder Belästigungen nicht außer Verhältnis zu dem von dem Berechtigten erstrebten Vorteil stehen und 3. das Vorhaben öffentlich-rechtlich zulässig oder zugelassen worden ist.
(2) Das Recht zur Benutzung umfasst die Befugnis, auf oder über dem Grundstück Gerüste und Geräte aufzustellen sowie die zu den Arbeiten erforderlichen Baustoffe über das Grundstück zu bringen.
(3) Das Recht ist so zügig und schonend wie möglich auszuüben. Es darf nicht zur Unzeit geltend gemacht werden.
(4) Die Absicht, die Rechte nach den Absätzen 1 und 2 auszuüben, ist anzuzeigen; § 8 gilt entsprechend. Für die Verpflichtung zum Schadensersatz gilt § 15 entsprechend.
(5) Die Absätze 1 bis 4 finden auf die Eigentümer öffentlicher Verkehrsflächen keine Anwendung.

§ 24 Nutzungsentschädigung

(1) Wer ein Grundstück gemäß § 23 benutzt, hat für die Zeit der Benutzung eine Nutzungsentschädigung in Höhe der ortsüblichen Miete für die benutzten Bauwerksteile oder für einen dem benutzten unbebauten Grundstücksteil vergleichbaren Lagerplatz zu zahlen. Eine Benutzung unbebauter Grundstücksteile bis zur Dauer von zwei Wochen bleibt außer Betracht. Die Nutzungsentschädigung ist jeweils zum Ende eines Kalendermonats fällig.

(2) Nutzungsentschädigung kann nicht verlangt werden, soweit nach § 23 Abs. 4 Ersatz für entgangene anderweitige Nutzung gefordert wird.

Bremen und Hamburg

Die beiden Stadtstaaten Bremen und Hamburg haben keine eigenen Nachbarrechtsgesetze. Bei Streitigkeiten mit dem Nachbarn gilt daher: Klären Sie sie im Rahmen der gegenseitigen nachbarlichen Rücksichtnahme. Vorschriften für den Grenzabstand von Pflanzen gibt es nicht, dasselbe gilt für Hammerschlags- und Leiterrecht sowie Fenster- und Lichtrecht.

Hessen

Hessisches Nachbargesetz vom 24.09.1962 (GVBl. I S. 417)

Grenzabstand von Pflanzen

§ 38 Grenzabstände für Bäume, Sträucher und einzelne Rebstöcke

Der Eigentümer und die Nutzungsberechtigten eines Grundstücks haben bei dem Anpflanzen von Bäumen, Sträuchern und einzelnen Rebstöcken von den Nachbargrundstücken – vorbehaltlich des § 40 – folgende Abstände einzuhalten:

1. mit Allee- und Parkbäumen, und zwar

a) sehr stark wachsenden Allee- und Parkbäumen, insbesondere dem Eschenahorn (Acer negundo), sämtlichen Lindenarten (Tilia), der Platane (Platanus acerifolia), der Rosskastanie (Aesculus hippocastanum), der Rotbuche (Fagus sylvatica), der Stieleiche (Quercus robur), ferner der Atlas- und Libanon-Zeder (Cedrus atlantica u. libani), der Douglasfichte (Pseudotsuga taxifolia), der Eibe (Taxus baccata), der Österreichischen Schwarzkiefer (Pinus nigra austriaca) 4 m,

b) stark wachsenden Allee- und Parkbäumen, insbesondere der Mehlbeere (Sorbus intermedia), der Weißbirke (Betula pendula), der Weißerle (Alnus incana), ferner der Fichte oder Rottanne (Picea abies), der gemeinen Kiefer oder Föhre (Pinus sylvestris), dem Abendländischen Lebensbaum (Thuja occidentalis) 2 m,

c) allen übrigen Allee- und Parkbäumen 1,5 m,

2. mit Obstbäumen, und zwar

a) Walnusssämlingsbäumen 4 m,

b) Kernobstbäumen, soweit sie auf stark wachsender Unterlage veredelt sind, sowie Süßkirschenbäumen und veredelten Walnussbäumen 2 m,

c) Kernobstbäumen, soweit sie auf schwach wachsender Unterlage veredelt sind, sowie Steinobstbäumen, ausgenommen die Süßkirschenbäume 1,5 m,

3. mit Ziersträuchern, und zwar a) stark wachsenden Ziersträuchern, insbesondere der Alpenrose (Rhododendron-Hybriden), dem Feldahorn (Acer campestre), dem Feuerdorn (Pyracantha coccinea), dem Flieder (Syringa

vulgaris), dem Goldglöckchen (Forsythia intermedia), der rotblättrigen Haselnuss (Corylus avellana v. fuscorubra), den stark wachsenden Pfeifensträuchern – falscher Jasmin – (Philadelphus coronarius, satsumanus, zeyheri u.a.), ferner dem Wacholder (Juniperus communis) 1 m, b) allen übrigen Ziersträuchern 0,5 m,
4. mit Beerenobststräuchern, und zwar
a) Brombeersträuchern 1 m,
b) allen übrigen Beerenobststräuchern 0,5 m,
5. mit einzelnen Rebstöcken 0,5 m.

§ 39 Grenzabstände für lebende Hecken
(1) Der Eigentümer und die Nutzungsberechtigten eines Grundstücks haben bei dem Anpflanzen lebender Hecken von den Nachbargrundstücken – vorbehaltlich des § 40 – folgende Abstände einzubehalten:
1. mit Hecken über 2 m Höhe 0,75 m, 2. mit Hecken bis zu 2 m Höhe 0,50 m, 3. mit Hecken bis zu 1,2 m Höhe 0,25 m.
(2) Abs. 1 gilt nicht für Hecken, die das öffentliche Recht als Einfriedung vorschreibt.

§ 40 Ausnahmen
(1) Die doppelten Abstände nach den §§ 38 und 39 sind einzuhalten gegenüber Grundstücken, die 1. dem Weinbau dienen, 2. landwirtschaftlich nutzbar sind oder dem Erwerbsgartenbau oder dem Kleingartenbau dienen und im Außenbereich (§ 19 Abs. 1 Nr. 3, § 35 Baugesetzbuch) liegen oder 3. durch Bebauungsplan der landwirtschaftlichen, erwerbsgärtnerischen oder kleingärtnerischen Nutzung vorbehalten sind.
(2) Die §§ 38 und 39 gelten nicht für 1. Anpflanzungen, die hinter einer Wand oder Mauer vorgenommen werden und diese nicht überragen, 2. Anpflanzungen an den Grenzen zu öffentlichen Straßen, zu öffentlichen Grünflächen und zu Gewässern, 3. Anpflanzungen auf öffentlichen Straßen.
(3) § 16 Abs. 4 und 5 des Hessischen Forstgesetzes in der Fassung vom 4. Juli 1978 (GVBl. I S. 424, 584), zuletzt geändert durch Gesetz vom 29. März 1988 (GVBl. I S. 130), bleibt unberührt.

§ 41 Berechnung des Abstandes

Der Abstand wird von der Mitte des Baumstammes, des Strauches oder des Rebstocks bis zur Grenzlinie gemessen, und zwar an der Stelle, an der der Baum, der Strauch oder der Rebstock aus dem Boden austritt.

§ 43 Ausschluss des Beseitigungsanspruchs und Ersatzanpflanzungen

(1) Der Anspruch auf Beseitigung von Anpflanzungen, die geringere als die in den §§ 38 bis 42 vorgeschriebenen Abstände einhalten, ist ausgeschlossen, 1. wenn die Anpflanzungen bei Inkrafttreten dieses Gesetzes vorhanden sind und ihre Abstände dem bisherigen Recht entsprechen oder 2. wenn der Nachbar nicht binnen fünf Jahren nach dem Anpflanzen Klage auf Beseitigung erhoben hat; diese Frist beginnt frühestens mit dem Inkrafttreten dieses Gesetzes.
(2) Werden für die in Abs. 1 genannten Anpflanzungen Ersatzanpflanzungen vorgenommen, so gelten die §§ 38 bis 42. Werden aber in geschlossenen Obstanlagen einzelne Obstbäume nachgepflanzt, so bleibt der Abstand der anderen Obstbäume maßgebend.

§ 44 Nachträgliche Grenzänderungen

Die Rechtmäßigkeit des Abstandes einer Anpflanzung wird durch nachträgliche Grenzänderungen nicht berührt; jedoch gilt § 43 Abs. 2 entsprechend.

Einfriedung

§ 14 Errichtung

(1) Der Eigentümer eines bebauten oder gewerblich genutzten Grundstücks ist auf Verlangen des Eigentümers des Nachbargrundstücks verpflichtet, sein Grundstück einzufrieden, soweit die Grenze zum Nachbargrundstück nicht mit Gebäuden besetzt ist. Sind beide Grundstücke bebaut oder gewerblich genutzt, so sind die Eigentümer der beiden Grundstücke gegenseitig verpflichtet, bei der Errichtung der Einfriedung mitzuwirken. Stellt das Verlangen nach Satz 1 der Eigentümer eines Grundstücks, das weder bebaut noch gewerblich genutzt ist, aber inner-

halb eines im Zusammenhang bebauten Ortsteils gelegen oder in einem Bebauungsplan als Bauland ausgewiesen ist, so ist er berechtigt, bei der Errichtung der Einfriedung mitzuwirken.
(2) Die Einfriedung ist im Falle des Abs. 1 Satz 1 vorbehaltlich des § 16 Abs. 1 entlang der Grenze, in den übrigen Fällen auf der Grenze zu errichten.
(3) Als gewerblich genutzt im Sinne des Abs. 1 Satz 1 gilt nicht ein Grundstück, das dem Erwerbsgartenbau dient.

§ 15 Beschaffenheit

Die Einfriedung besteht aus einem ortsüblichen Zaun; lässt sich eine ortsübliche Einfriedung nicht feststellen, so besteht sie aus einem 1,2 m hohen Zaun aus verzinktem Maschendraht. Schreiben öffentlich-rechtliche Vorschriften eine andere Art der Einfriedung vor, so tritt diese an die Stelle der in Satz 1 genannten Einfriedungsart.

§ 16 Abstand von der Grenze

(1) Die Einfriedung muss von der Grenze eines Grundstücks, das außerhalb eines im Zusammenhang bebauten Ortsteils liegt und nicht in einem Bebauungsplan als Bauland ausgewiesen ist, 0,5 m zurückbleiben, auch wenn ein Verlangen nach § 14 Abs. 1 nicht gestellt worden ist. Dies gilt nicht gegenüber Grundstücken, für die nach Lage, Beschaffenheit oder Größe eine Bearbeitung mit Gespann oder Schlepper nicht in Betracht kommt.
(2) Der Anspruch auf Beseitigung einer Einfriedung, die einen geringeren als den nach Abs. 1 vorgeschriebenen Abstand einhält, ist ausgeschlossen,
1. wenn die Einfriedung bei Inkrafttreten dieses Gesetzes vorhanden ist und ihr Abstand dem bisherigen Recht entspricht oder
2. wenn der Nachbar nicht binnen zwei Jahren nach der Errichtung Klage auf Beseitigung erhoben hat; diese Frist beginnt frühestens mit dem Inkrafttreten dieses Gesetzes.
(3) Wird eine Einfriedung, die einen geringeren als den nach Abs. 1 vorgeschriebenen Abstand einhält, durch eine andere ersetzt, so gilt Abs. 1.

§ 17 Kosten der Errichtung

(1) In den Fällen des § 14 Abs. 1 Satz 2 und 3 tragen die beteiligten

Grundstückseigentümer die Kosten der Errichtung der Einfriedung zu gleichen Teilen.
(2) Wird das an ein eingefriedetes Grundstück angrenzende Grundstück bebaut oder gewerblich genutzt, so ist der Eigentümer des angrenzenden Grundstücks, sofern eine Verpflichtung zur Übernahme anteiliger Errichtungskosten für ihn noch nicht entstanden ist, zur Zahlung einer Vergütung in Höhe der Hälfte der Kosten der Errichtung der Einfriedung unter angemessener Berücksichtigung der bisherigen Abnutzung verpflichtet; das Gleiche gilt, wenn das angrenzende Grundstück in den im Zusammenhang bebauten Ortsteil einbezogen oder in einem Bebauungsplan als Bauland ausgewiesen wird, sofern der Eigentümer dieses Grundstücks oder sein Rechtsvorgänger die Errichtung der Einfriedung verlangt hatte.
(3) Der Berechnung sind die Errichtungskosten einer Einfriedung im Sinne des § 15, höchstens die tatsächlichen Aufwendungen, einschließlich der Eigenleistungen, zu Grunde zu legen. Ist nur für eines der beiden Grundstücke eine Einfriedungsart nach § 15 Satz 2 vorgeschrieben, so sind der Berechnung die Errichtungskosten einer Einfriedung nach § 15 Satz 1, höchstens die tatsächlichen Aufwendungen, einschließlich der Eigenleistungen, zu Grunde zu legen.

§ 18 Kosten der Unterhaltung
(1) Die Kosten der Unterhaltung der Einfriedung tragen die beteiligten Grundstückseigentümer je zur Hälfte, wenn für sie oder ihre Rechtsvorgänger die Verpflichtung zur Tragung von Errichtungskosten begründet worden ist. (2) § 17 Abs. 3 gilt entsprechend.

§ 19 Ausnahmen
Die §§ 14 bis 18 gelten nicht für Einfriedungen zwischen Grundstücken und den an sie angrenzenden öffentlichen Straßen, öffentlichen Grünflächen und Gewässern.

Verjährung

§ 54 Übergangsvorschriften
(1) Der Anspruch auf Beseitigung von Einrichtungen im Sinne des § 34,

von Einfriedungen und von Pflanzen, die bei Inkrafttreten des Gesetzes vorhanden sind und deren Grenzabstände den Vorschriften dieses Gesetzes nicht entsprechen, ist ausgeschlossen, wenn sie dem bisherigen Recht entsprechen oder wenn der Nachbar nicht innerhalb von zwei Jahren nach Inkrafttreten dieses Gesetzes Klage auf Beseitigung erhoben hat.
(2) Der Umfang von Rechten, die bei Inkrafttreten dieses Gesetzes auf Grund des bisherigen Rechts bestehen, richtet sich nach den Vorschriften dieses Gesetzes.
(3) Ansprüche auf Zahlung von Geld auf Grund der Vorschriften dieses Gesetzes bestehen nur, wenn das den Anspruch begründende Ereignis nach Inkrafttreten dieses Gesetzes eingetreten ist; andernfalls behält es bei dem bisherigen Recht sein Bewenden.

Hammerschlags- und Leiterrecht

§ 28 Inhalt und Umfang

(1) Der Eigentümer und die Nutzungsberechtigten eines Grundstücks müssen dulden, dass ihr Grundstück von dem Eigentümer und den Nutzungsberechtigten des Nachbargrundstücks zwecks Errichtung, Veränderung, Unterhaltung oder Beseitigung einer baulichen Anlage betreten wird und dass auf oder über ihm Gerüste aufgestellt sowie die zu den Bauarbeiten erforderlichen Gegenstände über das Grundstück gebracht oder dort niedergelegt werden, wenn und soweit 1. das Vorhaben anders nicht zweckmäßig oder nur mit unverhältnismäßig hohen Kosten durchgeführt werden kann, 2. die mit der Duldung verbundenen Nachteile oder Belästigungen nicht außer Verhältnis zu dem von dem Berechtigten erstrebten Vorteil stehen und 3. das Vorhaben den baurechtlichen Vorschriften entspricht.
(2) Das Recht ist mit tunlichster Schonung auszuüben. Wird das betroffene Grundstück landwirtschaftlich oder gewerbsmäßig gärtnerisch genutzt, so darf das Recht nicht zur Unzeit geltend gemacht werden, wenn sich die Arbeiten unschwer auf einen späteren Zeitpunkt verlegen lassen.
(3) Abs. 1 findet auf die Eigentümer öffentlicher Straßen keine Anwendung.

§ 29 Schadensersatz und Anzeigepflicht

Für die Verpflichtung zum Schadensersatz und zur Anzeige gelten die §§ 23 bis 25 entsprechend.

Fenster- und Lichtrecht

§ 11 Umfang und Inhalt

(1) In oder an der Außenwand eines Gebäudes, die parallel oder in einem Winkel bis zu 60 Grad zur Grenze des Nachbargrundstücks verläuft, dürfen Fenster oder Türen oder zum Betreten bestimmte Bauteile nur mit der Einwilligung des Eigentümers des Nachbargrundstücks angebracht werden, wenn die Fenster, die Türen oder die Bauteile von der Grenze einen geringeren Abstand als 2,5 m einhalten sollen.

(2) Die Einwilligung muss erteilt werden, wenn keine oder nur geringfügige Beeinträchtigungen zu erwarten sind.

§ 12 Ausnahmen

§ 11 Abs. 1 gilt nicht,

1. soweit nach öffentlich-rechtlichen Vorschriften Fenster, Türen oder zum Betreten bestimmte Bauteile anzubringen sind;

2. für lichtdurchlässige, jedoch undurchsichtige und gegen Feuereinwirkung widerstandsfähige Wandbauteile;

3. für Außenwände gegenüber Grenzen zu öffentlichen Straßen, zu öffentlichen Grünflächen und zu Gewässern.

§ 13 Ausschluss des Beseitigungsanspruchs

Der Anspruch auf Beseitigung einer Einrichtung nach § 11 Abs. 1, die einen geringeren als den in § 11 Abs. 1 vorgeschriebenen Abstand einhält, ist ausgeschlossen, 1. wenn die Einrichtung bei Inkrafttreten dieses Gesetzes vorhanden ist und ihr Abstand dem bisherigen Recht entspricht oder 2. wenn der Nachbar nicht binnen einem Jahr nach dem Anbringen der Einrichtung Klage auf Beseitigung erhoben hat; diese Frist beginnt frühestens mit dem Inkrafttreten dieses Gesetzes.

Baumschutzsatzung der Stadt Frankfurt am Main

Satzung zum Schutz des Baumbestandes innerhalb der im Zusammenhang bebauten Ortsteile und innerhalb des Geltungsbereiches der Bebauungspläne im Gebiet der Stadt Frankfurt am Main (Baumschutzsatzung) vom 07.05.1998

Auf Grund der §§ 5 und 51 Nr. 6 der Hessischen Gemeindeordnung in der Fassung vom 1. April 1993 (GVBl. I S. 534) zuletzt geändert durch Gesetz vom 21.12.1994 (GVBl. I S. 816) und durch Gesetz vom 12.09.1995 (GVBl. I S. 462, ber. 1996 S. 46) i.V.m. § 26 des Hess. Gesetzes über Naturschutz und Landschaftspflege (Hessisches Naturschutzgesetz – HENatG) in der Fassung vom 16.04.1996 (GVBl. I S. 145) zuletzt geändert durch Gesetz vom 04. März 1996 (GVBl. I S. 102) hat die Stadtverordnetenversammlung der Stadt Frankfurt am Main in ihrer Sitzung vom 07.05.1998 die nachstehende Satzung beschlossen.

§ 1 Geltungsbereich und Schutzgegenstand

(1) Innerhalb der im Zusammenhang bebauten Ortsteile und innerhalb des Geltungsbereiches der Bebauungspläne im Gebiet der Stadt Frankfurt am Main wird der Baumbestand, insbesondere zur Sicherung, Erhaltung und Fortentwicklung des Naturhaushaltes, der Lebensbedingungen von Tieren und Pflanzen, des Orts- und Landschaftsbildes, des Erholungswertes und des örtlichen Klimas, nach Maßgabe dieser Satzung geschützt.

(2) Dem Schutz dieser Satzung unterstehen Bäume, die einen Stammumfang von mehr als 60 cm haben oder Teil einer Baumgruppe mit überwiegend größerem Stammumfang sind. Maßgebend ist der Umfang in 1 m Höhe gemessen. Liegt der Kronenansatz niedriger als 1 m, so ist der Stammumfang unmittelbar unter dem Kronenansatz ausschlaggebend. Bei mehrstämmigen Bäumen entscheidet die Summe der Einzelstammumfänge.

(3) Diese Satzung findet keine Anwendung auf a) Bäume im Wald b) Bäume in öffentlichen Grünanlagen, in Friedhöfen und in öffentlichen gewidmeten Straßen c) Bäume in Gärtnereien und Baumschulen, die dem Erwerbszweck dienen d) Obstbäume, mit Ausnahme von Walnussbäumen (Juglans regia) und Esskastanien (Castanea sativa) e) Bäume im Bereich von Dauerkleingärten, die sich im Geltungsbereich von Bebauungsplänen befinden.

§ 2 Verbotene Handlungen

(1) Im Geltungsbereich dieser Satzung ist es verboten, geschützte Bäume ohne Genehmigung (§ 3) zu beseitigen.

(2) Eine Beseitigung liegt auch vor, wenn Rinde, Stamm, Wurzeln oder die Krone so beschädigt oder verändert werden, dass die dadurch verursachten Schäden zu einem vorzeitigen Absterben des Baumes oder zum Verlust seines charakteristischen Erscheinungsbildes führen können.

(3) Eine Beseitigung ist auch anzunehmen, wenn im Wurzelbereich unter der Baumkrone a) die Bodenfläche so wasserdicht versiegelt wird b) Abgrabungen, Ausschachtungen, Aufschüttungen oder Verdichtungen so durchgeführt werden oder c) giftige oder schädliche Substanzen so zugeführt oder ausgebracht werden, dass dies zum vorzeitigen Absterben des Baumes oder zum Verlust seines charakteristischen Erscheinungsbildes führen kann.

§ 3 Genehmigung

(1) Die Genehmigung zur Beseitigung eines geschützten Baumes ist zu erteilen, wenn

a) von dem Zustand des Baumes Gefahren für Personen oder Sachen ausgehen und die Gefahren nicht mit zumutbarem Aufwand abzuwenden sind,

b) der Baum krank ist und die Erhaltung nicht mit zumutbarem Aufwand sichergestellt werden kann,

c) durch den Baum vor Fenstern der Zufluss von Licht und Sonne in unzumutbarer Weise beeinträchtigt wird,

d) ein nach öffentlich-rechtlichen Vorschriften zulässiges Vorhaben nicht verwirklicht werden kann und Alternativplanung oder Baumverpflanzung nicht zumutbar sind,

e) die Beseitigung des Baumes aus überwiegenden öffentlichen Interessen erforderlich ist,

f) einzelne Bäume eines größeren Baumbestandes im Interesse der Erhaltung des übrigen Baumbestandes entfernt werden müssen (Pflegehieb). Im Übrigen ist die Genehmigung zu versagen, sofern nicht die Versagung zu einer unzumutbaren Härte führen würde und die Erteilung mit den öffentlichen Interessen vereinbart ist.

(2) Der Antrag auf Beseitigung ist beim Magistrat der Stadt Frankfurt am

Main – Untere Naturschutzbehörde – schriftlich einzureichen. Dem Antrag ist ein Lageplan in zweifacher Ausfertigung beizufügen, in dem der zu beseitigende Baum mit Benennung sowie der Baumbestand des Grundstücks, Stammumfang und Höhe wiederzugeben ist. Der Antrag ist zu begründen. Liegt kein amtlicher Lageplan des betreffenden Grundstücks vor, genügt eine Skizze.
(3) Die Genehmigung ergeht unbeschadet der Rechte Dritter. Bei Beseitigung von Bäumen auf fremden Grundstücken kann die Zustimmung der Eigentumsberechtigten oder der Nachweis des Beseitigungsrechts verlangt werden.
(4) Wird nach Eingang der vollständigen Antragsunterlagen dem Antragsteller nicht binnen zwei Monaten ein endgültiger Bescheid zugestellt, so gilt der Antrag als genehmigt. Die genehmigende Behörde ist verpflichtet, dem Antragsteller unverzüglich schriftlich den Eingang der vollständigen Antragsunterlagen mitzuteilen.

§ 4 Nebenbestimmungen
(1) Die Genehmigung kann mit Nebenbestimmungen versehen werden, insbesondere soll dem Antragsteller bei einer Fällgenehmigung auferlegt werden, auf seine Kosten mindestens einen Ersatzbaum mit einem Mindeststammumfang von 16 cm, gemessen in 1 m Höhe über dem Erdboden, zu pflanzen, zu erhalten und zu pflegen.
(2) Kann ein Ersatzbaum aus rechtlichen oder tatsächlichen Gründen nicht gepflanzt werden, ist eine Ausgleichszahlung zu leisten. Die Ausgleichszahlung bemisst sich nach dem Wert des Ersatzbaumes. Die Ausgleichszahlung ist zur Neupflanzung von Bäumen im Stadtgebiet zu verwenden.

§ 5 Folgenbeseitigung
Wird ein geschützter Baum entgegen den Verboten des § 2 und ohne dass die Voraussetzungen für eine Genehmigung nach § 3 vorliegen, beseitigt oder beschädigt, so ist der Verursacher zu einer Ersatzpflanzung nach Maßgabe des § 4 Abs. 1 verpflichtet. Hat der Grundstückseigentümer oder Nutzungsberechtigte die Ersatzpflanzung nicht selbst vorzunehmen, ist er zur Duldung dieser Maßnahme durch den Verursacher oder durch die Stadt Frankfurt am Main verpflichtet.

§ 6 Ordnungswidrigkeiten

(1) Ordnungswidrig im Sinne des § 43 Abs. 3 Nr. 10 HENatG handelt, wer vorsätzlich oder fahrlässig a) geschützte Bäume ohne Genehmigung nach § 3 beseitigt, b) Nebenbestimmungen einer Genehmigung nach § 4 nicht oder nicht fristgerecht erfüllt.

(2) Ordnungswidrigkeiten können gem. § 43 HENatG mit einer Geldbuße bis zu 200 000,- DM geahndet werden.

(3) Verwaltungsbehörde ist nach § 43 Abs. 5 HENatG die obere Naturschutzbehörde.

§ 7 Inkrafttreten

(1) Diese Satzung tritt am Tage nach Bekanntmachung im Amtsblatt der Stadt Frankfurt am Main in Kraft

(2) Gleichzeitig tritt die Ortssatzung zum Schutz des Baumbestandes der Stadt Frankfurt am Main, vom 24.02.1977 (Mitteilungen der Stadtverwaltung 1977, S. 145) außer Kraft.

Mecklenburg-Vorpommern

In Mecklenburg-Vorpommern gibt es kein Nachbarrecht, das den Grenzabstand von Pflanzen regelt. Dasselbe gilt für Hammerschlags- und Leiterrecht sowie Fenster- und Lichtrecht.

Niedersachsen

Niedersächsisches Nachbarrechtgesetz vom 31. März 1967 in der Fassung vom 19. September 1989 (Nieders. GVBl. S. 91)

Grenzabstand von Pflanzen

§ 50 Grenzabstände für Bäume und Sträucher

(1) Mit Bäumen und Sträuchern sind je nach ihrer Höhe mindestens folgende Abstände von den Nachbargrundstücken einzuhalten:
a) bis zu 1,2 m Höhe 0,25 m b) bis zu 2 m Höhe 0,50 m
c) bis zu 3 m Höhe 0,75 m d) bis zu 5 m Höhe 1,25 m
e) bis zu 15 m Höhe 3,00 m f) über 15 m Höhe 8,00 m.
(2) Die in Absatz 1 bestimmten Abstände gelten auch für lebende Hecken, falls die Hecke nicht gemäß § 30 auf die Grenze gepflanzt wird. Sie gelten auch für ohne menschliches Zutun gewachsene Pflanzen.
(3) Im Falle des § 31 ist der Abstand so zu bemessen, dass vor den Pflanzen ein Streifen von 0,6 m frei bleibt.
(4) Die Absätze 1 bis 3 gelten auch für die Nutzungsberechtigten von Teilflächen eines Grundstücks in ihrem Verhältnis zueinander .

§ 51 Bestimmung des Abstandes

Der Abstand wird am Erdboden von der Mitte des Baumes oder des Strauches bis zu Grenze gemessen.

§ 52 Ausnahmen

(1) § 50 gilt nicht für 1. Anpflanzungen hinter einer Wand oder einer undurchsichtigen Einfriedung, wenn sie diese nicht überragen,
2. Anpflanzungen an den Grenzen zu öffentlichen Straßen und zu Gewässern, 3. Anpflanzungen auf öffentlichen Straßen und auf Uferböschungen.
(2) Im Außenbereich (§ 35 Abs. 1 des Baugesetzbuchs) genügt ein Grenzabstand von 1,25 m für alle Anpflanzungen über 3 m Höhe.

§ 53 Anspruch auf Beseitigen oder Zurückschneiden

(1) Bäume, Sträucher oder Hecken mit weniger als 0,25 m Grenzabstand

sind auf Verlangen des Nachbarn zu beseitigen. Der Nachbar kann dem Eigentümer die Wahl lassen, die Anpflanzungen zu beseitigen oder durch Zurückschneiden auf einer Höhe bis zu 1,2 m zu halten.
(2) Bäume, Sträucher oder Hecken, welche über die im § 50 oder § 52 zugelassenen Höhe hinauswachsen, sind auf Verlangen des Nachbarn auf die zulässige Höhe zurückzuschneiden, wenn der Eigentümer sie nicht beseitigen will.
(3) Der Eigentümer braucht die Verpflichtung zur Beseitigung oder zum Zurückschneiden von Pflanzen nur in der Zeit vom 1. Oktober bis zum 15. März zu erfüllen.

§ 54 Ausschluss des Anspruches auf Beseitigen oder Zurückschneiden
(1) Der Anspruch auf Beseitigung von Anpflanzungen mit weniger als 0,25 m Grenzabstand (§ 53 Abs. 1 Satz 1) ist ausgeschlossen, wenn der Nachbar nicht spätestens im fünften auf die Anpflanzung folgenden Kalenderjahr Klage auf Beseitigung erhebt. Diese Anpflanzungen müssen jedoch, wenn sie über 1,2 m Höhe hinauswachsen, auf Verlangen des Nachbarn zurückgeschnitten werden.
(2) Der Anspruch auf Zurückschneiden von Anpflanzungen (Absatz 1 Satz 2 und § 53 Abs. 2) ist ausgeschlossen, wenn die Anpflanzungen über die nach diesem Gesetz zulässige Höhe hinauswachsen und der Nachbar nicht spätestens im fünften darauf folgenden Kalenderjahr Klage auf Zurückschneiden erhebt.

§ 55 Bei Inkrafttreten des Gesetzes vorhandene Pflanzen – Außenbereich
(1) Für Anpflanzungen, die bei Inkrafttreten dieses Gesetzes vorhanden sind und deren Grenzabstand dem bisherigen Recht entspricht, gelten folgende besondere Regeln 1. Der Anspruch auf Beseitigung (§ 53 Abs. 1 Satz 1) ist ausgeschlossen. 2. Der Anspruch auf Zurückschneiden (§ 53 Abs. 2) ist ausgeschlossen, wenn die Anpflanzung bei Inkrafttreten des Gesetzes über 3 m hoch ist. 3. Anpflanzungen, die bei Inkrafttreten des Gesetzes nicht über 3 m hoch sind, jedoch über die nach § 50 Abs. 1 Buchst. a und b zulässigen Höhen von 1,2 m oder 2 m hinausgewachsen waren, sind auf Verlangen des Nachbarn durch Zurückschneiden auf derje-

nigen Höhe zu halten, die sie bei Inkrafttreten des Gesetzes hatten; der weiter gehende Anspruch auf Zurückschneiden ist ausgeschlossen. § 54 Abs. 2 ist entsprechend anzuwenden.
(2) Absatz 1 gilt entsprechend für Anpflanzungen, deren Standort infolge Veränderung des Außenbereichs (§ 35 Abs. 1 des Baugesetzbuchs) aufhört, zum Außenbereich zu gehören.
(3) Entspricht der Grenzabstand von Anpflanzungen, die bei Inkrafttreten des Gesetzes vorhanden sind, nicht dem bisherigen Recht, so enden die in § 54 bestimmten Fristen frühestens zwei Jahre nach Inkrafttreten dieses Gesetzes.

§ 56 Ersatzanpflanzungen
Bei Ersatzanpflanzungen sind die in den §§ 50 und 52 Abs. 2 vorgeschriebenen Abstände einzuhalten; jedoch dürfen in geschlossenen Anlagen einzelne Bäume oder Sträucher nachgepflanzt werden und zur Höhe der übrigen heranwachsen.

§ 57 Nachträgliche Grenzänderungen
Die Rechtmäßigkeit des Abstandes und der Höhe einer Anpflanzung wird durch nachträgliche Grenzänderungen nicht berührt; jedoch gilt § 56 entsprechend.

Einfriedung

§ 27 Einfriedungspflicht
(1) Grenzen bebaute oder gewerblich genutzte Grundstücke aneinander, so kann jeder Eigentümer eines solchen Grundstücks, sofern durch Einzelvereinbarung nichts anderes bestimmt ist, von den Nachbarn die Einfriedung nach folgenden Regeln verlangen:
1. Wenn Grundstücke unmittelbar nebeneinander an derselben Straße oder an demselben Wege liegen, so hat jeder Eigentümer an der Grenze zum rechten Nachbargrundstück einzufrieden. Rechtes Nachbargrundstück ist dasjenige, das von der Straße (dem Wege) aus betrachtet rechts liegt. Dies gilt auch für Eckgrundstücke, auch für solche, die an drei Straßen oder Wege grenzen.

2. Liegt ein Grundstück zwischen zwei Straßen oder Wegen, so ist dasjenige Grundstück rechtes Nachbargrundstück im Sinne von Nr. 1 Satz 2, welches an derjenigen Straße (demjenigen Wege) rechts liegt, an der (dem) sich der Haupteingang des Grundstückes befindet. Durch Verlegung des Haupteingangs wird die Einfriedungspflicht ohne Zustimmung des Nachbarn nicht verändert. Für Eckgrundstücke gilt Nr. 1 ohne Rücksicht auf die Lage des Haupteingangs.
3. Wenn an einer Grenze gemäß Nr. 2 in Verbindung mit Nr. 1 beide Nachbarn einzufrieden haben, so haben sie gemeinsam einzufrieden.
4. An Grenzen, auf die weder Nr. 1 noch Nr. 2 dieses Absatzes anwendbar ist, insbesondere an beiderseits rückwärtigen Grenzen, ist gemeinsam einzufrieden.
5. Soweit die Grenzen mit Gebäuden besetzt sind, besteht keine Einfriedungspflicht.
(2) Soweit in einem Teil eines Ortes Einfriedungen nicht üblich sind, besteht keine Einfriedungspflicht. § 29 Abs. 2 bleibt unberührt.

§ 28 Beschaffenheit der Einfriedung
Art und Beschaffenheit der Einfriedung richten sich nach Vereinbarung oder Ortsübung. Wenn sich für einen Teil eines Ortes keine andere Ortsübung feststellen lässt, sollen Einfriedungen in der Regel 1,2 m hoch sein. Die Einfriedung ist – vorbehaltlich des § 30 – auf dem eigenen Grundstück zu errichten. Seitliche Zaunpfosten sollen dem eigenen Grundstück zugekehrt sein.

§ 29 Einfriedungspflicht des Störers
(1) Reicht eine den §§ 27 und 28 entsprechende ortsübliche Einfriedung nicht aus, um angemessenen Schutz vor unzumutbaren Beeinträchtigungen zu bieten, so hat derjenige, von dessen Grundstück die Beeinträchtigungen ausgehen, auf Verlangen des Nachbarn die Einfriedung zu verbessern, wenn dadurch die Beeinträchtigungen verhindert oder gemindert werden können.
(2) Gehen von einem bebauten oder gewerblich genutzten Grundstück unzumutbare Beeinträchtigungen aus und ergibt sich aus § 27 keine Einfriedungspflicht, so hat der Eigentümer auf Verlangen des Nachbarn eine Einfriedung zu errichten, die dem Nachbargrundstück angemessenen

Schutz gewährt. Für unbebaute Grundstücke in Baulücken gilt das Gleiche.

§ 30 Gemeinsame Einfriedung auf der Grenze

Haben zwei Nachbarn gemeinsam einzufrieden und will keiner von ihnen die Einfriedung ganz auf seinem Grundstück errichten, so ist jeder von ihnen berechtigt, eine ortsübliche Einfriedung auf die Grenze zu setzen; der andere Nachbar ist berechtigt, bei der Errichtung der Einfriedung mitzuwirken. Seitliche Zaunpfosten dürfen auf der Hälfte der Strecke dem Nachbargrundstück zugekehrt auf dieses gesetzt werden.

§ 31 Abstand von der Grenze

(1) Die Einfriedung eines Grundstücks muss von der Grenze eines landwirtschaftlich genutzten Nachbargrundstücks auf Verlangen des Nachbarn 0,6 m zurückbleiben, wenn beide Grundstücke außerhalb eines im Zusammenhang bebauten Ortsteiles liegen und nicht in einem Bebauungsplan als Bauland ausgewiesen sind. Der Geländestreifen vor der Einfriedung kann bei der Bewirtschaftung des landwirtschaftlich genutzten Grundstücks betreten und befahren werden.

(2) Die Verpflichtung nach Absatz 1 erlischt, wenn eines der beiden Grundstücke Teil eines im Zusammenhang bebauten Ortsteiles wird oder in einem Bebauungsplan als Bauland ausgewiesen wird.

§ 33 Ausschluss von Beseitigungsansprüchen

(1) Der Anspruch auf Beseitigung einer Einfriedung, die einen geringeren als den in § 31 vorgeschriebenen Grenzabstand hat, ist ausgeschlossen,

1. wenn die Einfriedung bei Inkrafttreten dieses Gesetzes vorhanden ist und ihr Grenzabstand dem bisherigen Recht entspricht, oder

2. wenn der Nachbar nicht spätestens im zweiten Kalenderjahr nach Errichtung der Einfriedung Klage auf Beseitigung erhoben hat. Der Ausschluss gilt nicht, wenn die Einfriedung durch eine andere ersetzt wird.

(2) Absatz 1 ist entsprechend anzuwenden, wenn eine Einfriedung die Grenze überschreitet, ohne dass dies nach § 30 statthaft ist.

§ 34 Kosten

Wer zur Einfriedung allein verpflichtet ist, hat die Kosten der Errichtung und der Unterhaltung der Einfriedung zu tragen. Dies gilt auch, wenn die Einfriedung teilweise oder ganz auf dem Nachbargrundstück steht.

§ 35 Errichtungskosten in besonderen Fällen

(1) Haben zwei Nachbarn gemeinsam einzufrieden, so tragen sie – vorbehaltlich des Absatzes 4 – die Kosten je zur Hälfte.

(2) Entsteht die beiderseitige Einfriedungspflicht erst nach Errichtung der Einfriedung, so ist ein Beitrag zu den Errichtungskosten in Höhe des halben Zeitwertes der Einfriedung zu zahlen.

(3) Wird im Falle des § 27 Abs. 1 Nr. 1 oder Nr. 2 das linke Nachbargrundstück erst später bebaut oder gewerblich genutzt, so hat der linke Nachbar eine vom Erstbauenden an der gemeinsamen Grenze errichtete Einfriedung zum Zeitwert zu übernehmen.

(4) Der Berechnung sind die tatsächlichen Aufwendungen einschließlich der Eigenleistungen zu Grunde zu legen, in der Regel jedoch nur die Kosten einer ortsüblichen Einfriedung. Höhere Kosten sind nur zu berücksichtigen, wenn eine aufwändigere Einfriedungsart erforderlich war; war die besondere Einfriedungsart nur für eines der beiden Grundstücke erforderlich, so treffen die Mehrkosten den Eigentümer dieses Grundstücks.

(5) Diese Vorschriften gelten auch, wenn die Einfriedung ganz auf einem der beiden Grundstücke errichtet ist.

§ 36 Benutzung und Unterhaltung der gemeinschaftlichen Einfriedung

(1) Haben die Nachbarn die Errichtungskosten einer Einfriedung gemeinsam zu tragen oder hat ein Nachbar dem anderen später einen Beitrag zu den Errichtungskosten zu zahlen, so sind beide Nachbarn zur Benutzung der Einfriedung gemeinschaftlich berechtigt. Für die gemeinschaftliche Benutzung und Unterhaltung gilt § 922 BGB.

(2) Dies gilt auch, wenn die Einfriedung ganz auf einem der beiden Grundstücke errichtet ist.

§ 37 Anzeigepflicht

(1) Die Absicht, eine Einfriedung auf oder an der Grenze oder in weniger als 0,6 m Abstand von der Grenze zu errichten, zu beseitigen, durch eine andere zu ersetzen oder wesentlich zu verändern, ist dem Nachbarn einen

Monat vorher anzuzeigen. Bei einer Einfriedung von mehr als ortsüblicher Höhe ist die Anzeige bei einem Grenzabstand bis zu 1,5 m erforderlich.
(2) Die Anzeigepflicht besteht auch dann, wenn der Nachbar weder die Einfriedung verlangen kann noch zu den Kosten beizutragen braucht.
(3) Im Übrigen ist § 8 entsprechend anzuwenden.

Verjährung

§ 2 Verjährung

(1) Für die Verjährung der Ansprüche auf Schadensersatz nach diesem Gesetz gilt § 852 des Bürgerlichen Gesetzbuchs (BGB) entsprechend.
(2) Andere, auf Zahlung von Geld gerichtete Ansprüche nach diesem Gesetz verjähren in vier Jahren. Die §§ 198 bis 225 BGB sind anzuwenden. Die Verjährung beginnt mit dem Schluss des Jahres, in welchem der Anspruch entsteht.

Hammerschlags- und Leiterrecht

§ 47 Inhalt und Umfang

(1) Der Eigentümer eines Grundstücks und die Nutzungsberechtigten müssen dulden, dass das Grundstück zur Vorbereitung und Durchführung von Bau- oder Instandsetzungsarbeiten auf dem Nachbargrundstück vorübergehend betreten und benutzt wird, wenn die Arbeiten anders nicht zweckmäßig oder nur mit unverhältnismäßig hohen Kosten ausgeführt werden können. Diese Pflicht besteht gegenüber jedem, der nach eigenem Ermessen, insbesondere als Bauherr auf dem Nachbargrundstück solche Arbeiten ausführen lässt oder selbst ausführt. Die Pflicht besteht nicht, wenn dem Verpflichteten unverhältnismäßig große Nachteile entstehen würden.
(2) Das Recht ist so schonend wie möglich auszuüben; es darf nicht zur Unzeit geltend gemacht werden, wenn sich die Arbeiten unschwer auf später verlegen lassen.
(3) Auf die Eigentümer öffentlicher Straßen sind die Absätze 1 und 2 nicht anzuwenden; für sie gilt das öffentliche Straßenrecht.

(4) Für Anzeigepflicht und Schadensersatz gelten die §§ 14, 42 und 44 entsprechend.

§ 48 Nutzungsentschädigung

(1) Wer ein Grundstück länger als zehn Tage gemäß § 47 benutzt, hat für die ganze Zeit der Benutzung eine Nutzungsentschädigung zu zahlen; diese ist so hoch wie die ortsübliche Miete für einen dem benutzten Grundstücksteil vergleichbaren gewerblichen Lagerplatz.

(2) Nutzungsentschädigung kann nicht verlangt werden, soweit nach § 47 Abs. 4 in Verbindung mit § 14 Ersatz für entgangene anderweitige Nutzung geleistet wird.

Fenster- und Lichtrecht

§ 23 Umfang und Inhalt

(1) In oder an der Außenwand eines Gebäudes, die parallel oder in einem Winkel bis zu 75 Grad zur Grenze des Nachbargrundstücks verläuft, dürfen Fenster oder Türen, die von der Grenze einen geringeren Abstand als 2,5 m haben sollen, nur mit Einwilligung des Nachbarn angebracht werden. Das Gleiche gilt für Balkone und Terrassen.

(2) Von einem Fenster, dem der Nachbar zugestimmt hat, müssen er und seine Rechtsnachfolger mit später errichteten Gebäuden mindestens 2,5 m Abstand einhalten.

§ 24 Ausnahmen

Eine Einwilligung nach § 23 Abs. 1 ist nicht erforderlich 1. für lichtdurchlässige Bauteile, wenn sie undurchsichtig und Schall dämmend sind, 2. für Außenwände an oder neben öffentlichen Straßen, öffentlichen Wegen und öffentlichen Plätzen (öffentlichen Straßen) sowie an oder neben Gewässern von mehr als 2,5 m Breite.

§ 25 Ausschluss des Beseitigungsanspruches

(1) Der Anspruch auf Beseitigung einer Einrichtung nach § 23 Abs. 1, die einen geringeren als den dort vorgeschriebenen Grenzabstand hat, ist ausgeschlossen, 1. wenn die Einrichtung bei Inkrafttreten dieses Gesetzes vor-

handen ist und ihr Grenzabstand sowie ihre sonstige Beschaffenheit dem bisherigen Recht entspricht oder 2. wenn der Nachbar nicht spätestens im zweiten Kalenderjahr nach dem Anbringen der Einrichtung Klage auf Beseitigung erhoben hat; die Frist endet frühestens zwei Jahre nach Inkrafttreten dieses Gesetzes.

(2) Wird das Gebäude, an dem sich die Einrichtungen befanden, durch ein neues Gebäude ersetzt, so gelten die §§ 23 und 24.

Nordrhein-Westfalen

Nachbarrechtsgesetz vom 15. April 1969
Zuletzt geändert § 2 durch Gesetz vom 07.03.1995 (GV NW S. 193)

Grenzabstand von Pflanzen

§ 41 Grenzabstände für bestimmte Bäume, Sträucher und Rebstöcke

(1) Mit Bäumen außerhalb des Waldes, Sträuchern und Rebstöcken sind von den Nachbargrundstücken – vorbehaltlich des § 43 – folgende Abstände einzuhalten:
1. mit Bäumen außer den Obstgehölzen, und zwar
a) stark wachsenden Bäumen, insbesondere der Rotbuche (Fagus silvatica) und sämtliche Arten der Linde (Tilia), der Platane (Platanus), der Rosskastanie (Aesculus), der Eiche (Quercus) und der Pappel (Populus) 4,00 m,
b) allen übrigen Bäumen 2,00 m,
2. mit Ziersträuchern, und zwar
a) stark wachsenden Ziersträuchern, insbesondere dem Feldahorn (Acer campestre), dem Flieder (Syringa vulgaris), dem Goldglöckchen (Forsythia intermedia), der Haselnuss (Corylus avellana), den Pfeifensträuchern – falscher Jasmin – (Philadelphus coronarius) 1,00 m, b) allen übrigen Ziersträuchern 0,50 m,
3. mit Obstgehölzen, und zwar
a) Kernobstbäumen, soweit sie auf stark wachsender Unterlage veredelt sind, sowie Süßkirschenbäumen, Walnussbäumen und Esskastanienbäumen 2,00 m, b) Kernobstbäumen, soweit sie auf mittelstark wachsender Unterlage veredelt sind, sowie Steinobstbäumen, ausgenommen die Süßkirschbäume 1,50 m, c) Kernobstbäumen, soweit sie auf schwach wachsender Unterlage veredelt sind 1,00 m, d) Brombeersträuchern 1,00 m, e) allen übrigen Beerenobststräuchern 0,50 m,
4. mit Rebstöcken, und zwar
a) in geschlossenen Rebanlagen, deren Gesamthöhe 1,80 m übersteigt (Weitraumanlagen) 1,50 m, b) in allen übrigen geschlossenen Rebanlagen 0,75 m, c) einzelnen Rebstöcken 0,50 m.

(2) Ziersträucher und Beerenobststräucher dürfen in ihrer Höhe das Dreifache ihres Abstandes zum Nachbargrundstück nicht überschreiten, Strauchtriebe, die in einem geringeren als der Hälfte des vorgeschriebenen Abstandes aus dem Boden austreten, sind zu entfernen.

§ 42 Grenzabstände für Hecken

Es sind mit Hecken – vorbehaltlich des § 43 – a) über 2 m Höhe 1,00 m und b) bis zu 2 m Höhe 0,50 m Abstand von der Grenze einzuhalten. Das gilt nicht, wenn das öffentliche Recht andere Grenzabstände vorschreibt.

§ 43 Verdoppelung der Abstände

Die doppelten Abstände nach den §§ 41 und 42, höchstens jedoch 6 m, sind einzuhalten gegenüber Grundstücken, die a) landwirtschaftlich, gärtnerisch oder durch Weinbau genutzt oder zu diesen Zwecken vorübergehend nicht genutzt sind und im Außenbereich (§ 19 Abs. 2 des Bundesbaugesetzes) liegen oder b) durch Bebauungsplan der landwirtschaftlichen, gärtnerischen oder weinbaulichen Nutzung vorbehalten sind.

§ 44 Baumschulen

Es sind mit Baumschulbeständen a) über 2 m Höhe 2,00 m b) bis zu 2 m Höhe 1,00 m und c) bis zu 1 m Höhe 0,50 m Abstand von der Grenze einzuhalten.

§ 45 Ausnahmen

(1) Die §§ 40 bis 44 gelten nicht für

a) Anpflanzungen an den Grenzen zu öffentlichen Verkehrsflächen, zu öffentlichen Grünflächen und zu oberirdischen Gewässern von mehr als 4 m Breite (Mittelwasserstand),

b) Anpflanzungen auf öffentlichen Verkehrsflächen,

c) Anpflanzungen, die hinter einer geschlossenen Einfriedigung vorgenommen werden und diese nicht überragen; als geschlossen im Sinne dieser Vorschrift gilt auch eine Einfriedigung, deren Bauteile breiter sind als die Zwischenräume,

d) Windschutzstreifen und ähnliche, dem gleichen Zweck dienende Hecken und Baumbestände außerhalb von Waldungen,

e) Anpflanzungen, die bei Inkrafttreten dieses Gesetzes vorhanden sind

und deren Abstand dem bisherigen Recht entspricht,
f) die in einem auf Grund des Landschaftsgesetzes erlassenen rechtsverbindlichen Landschaftsplan vorgesehenen Anpflanzungen von Flurgehölzen, Hecken, Schutzpflanzungen, Alleen, Baumgruppen und Einzelbäumen.
(2) § 40 Abs. 1 Buchstabe a) Nr. 1 und 2 gilt nicht, soweit gemäß dem Forstrecht nach gemeinsamen Betriebsplänen unabhängig von den Eigentumsgrenzen gewirtschaftet wird.
(3) Wird für die in Absatz 1 Buchstabe e) genannten Anpflanzungen eine Ersatzanpflanzung vorgenommen, so gelten die §§ 40 bis 44 und 46.
(4) Absätze 1 und 2 gelten auch für Bewuchs, der durch Aussamung oder Auswuchs entstanden ist.

§ 46 Berechnung des Abstandes
Der Abstand wird von der Mitte des Baumstammes, des Strauches oder des Rebstockes waagerecht und rechtwinklig zur Grenze gemessen, und zwar an der Stelle, an der der Baum, der Strauch oder der Rebstock aus dem Boden austritt. Bei Hecken ist von der Seitenfläche aus zu messen.

§ 47 Ausschluss des Beseitigungsanspruchs
(1) Der Anspruch auf Beseitigung einer Anpflanzung, mit der ein geringerer als der in den §§ 40 bis 44 und 46 vorgeschriebene Abstand eingehalten wird, ist ausgeschlossen, wenn der Nachbar nicht binnen sechs Jahren nach dem Anpflanzen Klage auf Beseitigung erhoben hat; diese Frist beginnt frühestens mit dem Inkrafttreten dieses Gesetzes. Ist die Anpflanzung in diesem Zeitpunkt seit mindestens fünf Jahren vorhanden und entspricht deren Abstand auch nicht dem bisherigen Recht, so kann die Klage auf Beseitigung nur noch innerhalb eines Jahres nach dem Inkrafttreten dieses Gesetzes erhoben werden.
(2) § 45 Abs. 3 und 4 gilt entsprechend.

§ 48 Nachträgliche Grenzänderungen
Die Rechtmäßigkeit des Abstandes wird durch nachträgliche Grenzänderungen nicht berührt; jedoch gilt § 45 Abs. 3 und 4 entsprechend.

Einfriedung

§ 32 Einfriedigungspflicht

(1) Innerhalb eines im Zusammenhang bebauten Ortsteils ist der Eigentümer eines bebauten oder gewerblich genutzten Grundstücks auf Verlangen des Eigentümers des Nachbargrundstücks verpflichtet, sein Grundstück an der gemeinsamen Grenze einzufriedigen. Sind beide Grundstücke bebaut oder gewerblich genutzt, so sind deren Eigentümer verpflichtet, die Einfriedigung gemeinsam zu errichten, wenn auch nur einer von ihnen die Einfriedigung verlangt. Wirkt der Nachbar nicht binnen zwei Monaten nach schriftlicher Aufforderung bei der Errichtung mit, so kann der Eigentümer die Einfriedigung allein errichten; die in § 37 Abs. 1 geregelte Verpflichtung zur Tragung der Errichtungskosten wird dadurch nicht berührt.

(2) Stellt das Verlangen nach Absatz 1 Satz 1 der Eigentümer eines Grundstücks, das a) weder bebaut noch gewerblich genutzt ist, aber innerhalb des im Zusammenhang bebauten Ortsteils liegt oder b) in einem Bebauungsplan als Bauland festgesetzt ist, so ist er berechtigt, bei der Errichtung der Einfriedigung mitzuwirken.

(3) Als gewerblich genutzt im Sinne der Absätze 1 und 2 gilt nicht ein Grundstück, das erwerbsgärtnerisch genutzt wird.

§ 33 Einfriedigungspflicht des Störers

Gehen unzumutbare Beeinträchtigungen von einem bebauten oder gewerblich genutzten Grundstück aus, so hat der Eigentümer dieses auf Verlangen des Eigentümers des Nachbargrundstücks insoweit einzufriedigen, als dadurch die Beeinträchtigungen verhindert oder, falls dies nicht möglich oder zumutbar ist, gemildert werden können.

§ 34 Ausnahmen

Eine Einfriedigungspflicht besteht nicht, wenn und soweit a) die Grenze mit Gebäuden besetzt ist, b) Einfriedigungen nicht zulässig sind oder c) im Falle des § 32 in dem im Zusammenhang bebauten Ortsteil Einfriedigungen nicht üblich sind.

§ 35 Beschaffenheit

(1) Die Einfriedigung muss ortsüblich sein. Lässt sich eine ortsübliche Einfriedigung nicht feststellen, so ist eine etwa 1,20 m hohe Einfriedigung zu errichten. Schreiben öffentlich-rechtliche Vorschriften eine andere Art der Einfriedigung vor, so tritt diese an die Stelle der in Satz 1 und 2 genannten Einfriedigungsart.

(2) Bietet die Einfriedigung gemäß Absatz 1 Satz 1 oder 2 keinen angemessenen Schutz vor Beeinträchtigungen, so hat auf Verlangen des Nachbarn derjenige, von dessen Grundstück die Beeinträchtigungen ausgehen, die Einfriedigung im erforderlichen Umfang auf seine Kosten stärker oder höher auszuführen.

§ 36 Standort der Einfriedigung

(1) Die Einfriedigung ist auf der Grenze zu errichten, wenn sie a) zwischen bebauten oder gewerblich genutzten Grundstücken oder b) zwischen einem bebauten oder gewerblich genutzten und einem Grundstück der in § 32 Abs. 2 genannten Art liegt. In allen übrigen Fällen ist sie entlang der Grenze zu errichten.

(2) Die Einfriedigung muss von der Grenze eines Grundstücks, das außerhalb eines im Zusammenhang bebauten Ortsteils liegt und nicht in einem Bebauungsplan als Bauland festgesetzt ist, 0,50 m zurückbleiben, auch wenn ein Verlangen nach § 32 Abs. 1 Satz 1 oder § 33 nicht gestellt worden ist. Dies gilt nicht gegenüber Grundstücken,

a) die in gleicher Weise wie das einzufriedigende bewirtschaftet werden oder

b) für die nach Lage, Beschaffenheit oder Größe eine Bearbeitung mit landwirtschaftlichem Gerät nicht in Betracht kommt.

(3) Absatz 2 Satz 1 gilt nicht, wenn die Einfriedigung bei Inkrafttreten dieses Gesetzes vorhanden ist und ihr Abstand dem bisherigen Recht entspricht.

(4) Der Anspruch auf Beseitigung einer Einfriedigung, die einen geringeren als den nach Absatz 2 vorgeschriebenen Abstand einhält, ist ausgeschlossen, wenn der Nachbar nicht binnen drei Jahren nach der Errichtung Klage auf Beseitigung erhoben hat; diese Frist beginnt frühestens mit dem Inkrafttreten dieses Gesetzes.

(5) Wird eine Einfriedigung, mit der ein geringerer als der nach Absatz 2

vorgeschriebene Abstand eingehalten wird, durch eine andere ersetzt, so gilt Absatz 2.
(6) Ist die nicht auf der Grenze zu errichtende Einfriedigung eine Hecke, so sind die für Hecken geltenden Vorschriften des XI. Abschnitts anzuwenden.

§ 37 Kosten der Errichtung

(1) Die Kosten der Errichtung der Einfriedigung tragen die beteiligten Grundstückseigentümer in den Fällen des § 32 Abs. 1 Satz 2 und Abs. 2 zu gleichen Teilen.
(2) Der Eigentümer eines Grundstücks, für den eine Verpflichtung gemäß Absatz 1 nicht entsteht, hat eine Vergütung in Höhe des halben Wertes der Einfriedigung zu zahlen, wenn
a) das Grundstück bebaut oder gewerblich genutzt wird und es in dem im Zusammenhang bebauten Ortsteil liegt oder
b) das Grundstück in den im Zusammenhang bebauten Ortsteil hineingewachsen ist oder in einem Bebauungsplan als Bauland festgesetzt wird und der Eigentümer oder sein Rechtsvorgänger die Errichtung der Einfriedigung verlangt hatte.
(3) Bei der Berechnung der Vergütung ist von den im Zeitpunkt der Fälligkeit üblichen Errichtungskosten einer Einfriedigung gemäß § 35 Abs. 1 auszugehen. Ist gemäß § 35 Abs. 1 Satz 2 eine etwa 1,20 m hohe Einfriedigung zu errichten, so sind die Errichtungskosten für einen 1,20 m hohen Zaun aus wetterbeständigem Maschendraht maßgebend. Ist nur für eines der beiden Grundstücke eine Einfriedigung nach § 35 Abs. 1 Satz 3 vorgeschrieben, so sind der Berechnung die Errichtungskosten einer Einfriedigung nach § 35 Abs. 1 Satz 1 oder Satz 2 zu Grunde zu legen. Sind die tatsächlichen Aufwendungen einschließlich der Eigenleistungen niedriger, so ist davon auszugehen. Das Alter und der Zustand der Einfriedigung sind zu berücksichtigen.
(4) Der Eigentümer des anderen Grundstücks darf, wenn die Voraussetzungen des Absatzes 2 vorliegen, die Einfriedigung auf die Grenze versetzen oder dort neu errichten. Der Eigentümer des angrenzenden Grundstücks hat auch in diesem Falle nur eine Vergütung gemäß Absätzen 2 und 3 zu zahlen.
(5) Gehen von einem Grundstück unzumutbare Beeinträchtigungen des

Nachbargrundstücks aus, die durch eine Einfriedigung verhindert oder gemildert werden können, und wird die Errichtung der Einfriedigung ausdrücklich nur aus diesen Gründen von dem Eigentümer des Nachbargrundstücks verlangt, so ist er nicht verpflichtet, sich an den Kosten der Errichtung zu beteiligen.

§ 38 Kosten der Unterhaltung

(1) Die Kosten der Unterhaltung einer Einfriedigung tragen die beteiligten Grundstückseigentümer je zur Hälfte, wenn und sobald für sie oder ihre Rechtsvorgänger die Verpflichtung zur Tragung von Errichtungskosten begründet worden ist.
(2) § 37 Abs. 3 gilt entsprechend.

§ 39 Ausnahmen

Die §§ 32 bis 38 gelten nicht für Einfriedigungen zwischen Grundstücken und den an sie angrenzenden öffentlichen Verkehrsflächen, öffentlichen Grünflächen und oberirdischen Gewässern.

Verjährung

§ 51 Verjährung

(1) Ansprüche auf Schadensersatz nach diesem Gesetz verjähren in drei Jahren von dem Zeitpunkt an, in welchem der Verletzte von dem Schaden und der Person des Ersatzpflichtigen Kenntnis erlangt, ohne Rücksicht auf diese Kenntnis in dreißig Jahren von der Vornahme der Handlung an.
(2) Andere, auf Zahlung von Geld gerichtete Ansprüche nach diesem Gesetz verjähren in zehn Jahren, beginnend mit dem Schluss des Jahres, in welchem der Anspruch entsteht.

Hammerschlags- und Leiterrecht

§ 24 Inhalt und Umfang

(1) Der Eigentümer und die Nutzungsberechtigten müssen dulden, dass ihr

Grundstück einschließlich der baulichen Anlagen zum Zwecke von Bau- oder Instandsetzungsarbeiten auf dem Nachbargrundstück vorübergehend betreten und benutzt wird, wenn und soweit 1. die Arbeiten anders nicht zweckmäßig oder nur mit unverhältnismäßig hohen Kosten durchgeführt werden können, 2. die mit der Duldung verbundenen Nachteile oder Belästigungen nicht außer Verhältnis zu dem von dem Berechtigten erstrebten Vorteil stehen, 3. ausreichende Vorkehrungen zur Minderung der Nachteile und Belästigungen getroffen werden und 4. das Vorhaben öffentlich-rechtlichen Vorschriften nicht widerspricht.
(2) Das Recht ist so schonend wie möglich auszuüben. Es darf nicht zur Unzeit geltend gemacht werden.
(3) Für die Anzeige und die Verpflichtung zum Schadensersatz gelten die §§ 16 und 17 entsprechend.
(4) Absatz 1 findet auf die Eigentümer öffentlicher Verkehrsflächen keine Anwendung.

§ 25 Nutzungsentschädigung
(1) Wer ein Grundstück länger als einen Monat gemäß § 24 benutzt, hat für die darüber hinausgehende Zeit der Benutzung eine Entschädigung in Höhe der ortsüblichen Miete für einen dem benutzten Grundstücksteil vergleichbaren Lagerplatz zu zahlen. Die Entschädigung ist nach Ablauf je eines Monats fällig.
(2) Die Entschädigung kann nicht verlangt werden, soweit Ersatz für entgangene anderweitige Nutzung gefordert wird.

Fenster- und Lichtrecht

§ 4 Umfang und Inhalt
(1) In oder an der Außenwand eines Gebäudes, die parallel oder in einem Winkel bis zu 60 Grad zur Grenze des Nachbargrundstücks verläuft, dürfen Fenster, Türen oder zum Betreten bestimmte Bauteile wie Balkone und Terrassen nur angebracht werden, wenn damit ein Mindestabstand von 2 m von der Grenze eingehalten wird. Das gilt entsprechend für Dachfenster, die bis zu 45 Grad geneigt sind.
(2) Von einem Fenster, das

a) mit Einwilligung des Eigentümers des Nachbargrundstücks,
b) vor mehr als 3 Jahren im Rohbau oder
c) gemäß dem bisherigen Recht angebracht worden ist, muss mit später errichteten Gebäuden ein Mindestabstand von 2 m eingehalten werden. Dies gilt nicht, wenn das später errichtete Gebäude den Lichteinfall in das Fenster nicht oder nur geringfügig beeinträchtigt.
(3) Die Abstände sind waagerecht vom grenznächsten Punkt der Einrichtung oder des Gebäudes aus rechtwinklig zur Grenze zu messen.
(4) Die Abstände dürfen nur mit schriftlicher Einwilligung des Eigentümers des Nachbargrundstücks unterschritten werden. Die Einwilligung darf nicht versagt werden, wenn keine oder nur geringfügige Beeinträchtigungen zu erwarten sind.
(5) Lichtdurchlässige, jedoch undurchsichtige und gegen Feuer ausreichend widerstandsfähige Bauteile von Wänden, die weder auf noch unmittelbar an der Grenze errichtet sind, gelten nicht als Fenster.

§ 5 Ausnahmen
§ 4 Abs. 1 und 2 gilt nicht
a) soweit nach öffentlich-rechtlichen Vorschriften anders gebaut werden muss;
b) gegenüber Grenzen zu öffentlichen Verkehrsflächen, zu öffentlichen Grünflächen und zu oberirdischen Gewässern von mehr als 3 m Breite (Mittelwasserstand);
c) für Stützmauern, Hauseingangstreppen, Kellerlichtschächte, Kellerrampen und Kellertreppen;
d) wenn die Einrichtung oder das Gebäude bei Inkrafttreten dieses Gesetzes öffentlich-rechtlich genehmigt ist und die Abstände dem bisherigen Recht entsprechen oder wenn an deren Stelle eine andere Einrichtung oder ein anderes Gebäude tritt, mit denen der Mindestgrenzabstand von 2 m nur in dem bisherigen Umfang unterschritten wird.

§ 6 Ausschluss des Beseitigungsanspruchs
Für den Ausschluss des Anspruchs auf Beseitigung einer der in § 4 Abs. 1 genannten Einrichtungen oder eines Gebäudes, mit denen ein geringerer als der vorgeschriebene Abstand (§ 4 Abs.1, 2) eingehalten wird, gilt § 3 entsprechend.

Rheinland-Pfalz

Nachbarrechtsgesetz für Rheinland-Pfalz vom 15. Juni 1970

Grenzabstand von Pflanzen

§ 44 Grenzabstände für Bäume, Sträucher und einzelne Rebstöcke

Eigentümer und Nutzungsberechtigte eines Grundstücks haben mit Bäumen, Sträuchern und einzelnen Rebstöcken von den Nachbargrundstücken – vorbehaltlich des § 46 – folgende Abstände einzuhalten:

1. mit Bäumen (ausgenommen Obstbäume), und zwar

a) sehr stark wachsenden Bäumen mit artgemäß ähnlicher Ausdehnung wie Bergahorn (Acer pseudoplatanus), Sommerlinde (Tilia platyphyllos), Pappelarten (Populus), Platane (Platanus acerifolia), Rosskastanie (Aesculus hippocastanum), Stieleiche (Quercus robur), ferner Douglasfichte (Pseudotsuga taxifolia), Fichte (Picea abies), Österreichische Schwarzkiefer (Pinus nigra) 4 m

b) stark wachsenden Bäumen mit artgemäß ähnlicher Ausdehnung wie Hainbuche (Carpinus betulus), Vogelbeere (Sorbus aucuparia), Weißbirke (Betula pendula), Zierkirsche (Prunus serrulata), Kiefer (Pinus sylvestris), Lebensbaum (Thuja occidentalis) 2 m

c) allen übrigen Bäumen 1,5 m

2. mit Obstbäumen und zwar

a) Walnusssämlingen 4 m

b) Kernobstbäumen, auf stark wachsenden Unterlagen veredelt, sowie Süßkirschenbäumen und veredelten Walnussbäumen 2 m

c) Kernobstbäumen, auf schwach wachsenden Unterlagen veredelt, sowie Steinobstbäumen, ausgenommen Süßkirschenbäume 1,5 m

3. mit Sträuchern (ausgenommen Beerenobststräuchern) und zwar

a) stark wachsenden Sträuchern mit artgemäßer Ausdehnung wie Alpenrose (Rhododendron-Hybriden), Haselnuss (Coryplus avellana), Felsenmispel (Cotoneaster bullata), Flieder (Syringa vulgaris), Goldglöckchen (Forsythia intermedia), Wacholder (Juniperus communis) 1 m

b) allen übrigen Sträuchern 0,5 m

4. mit Beerenobststräuchern, und zwar

a) Brombeersträuchern 1,0 m
b) allen übrigen Beerenobststräuchern 0,5 m
5. mit einzelnen Rebstöcken 0,5 m
6. mit Baumschulbeständen, wobei die Gehölze mit Ausnahme der Baumschulbestände von Sträuchern und Beerenobststräuchern die Höhe von 2 m nicht überschreiten dürfen, es sei denn, dass die Abstände nach Nummern 1 oder 2 eingehalten werden, 1,0 m
7. mit Weihnachtsbaumpflanzungen, wobei die Gehölze die Höhe von 2 m nicht überschreiten dürfen, es sei denn, dass die Abstände nach Nummer 1 eingehalten werden, 1,0 m

§ 45 Grenzabstände für Hecken

(1) Der Eigentümer und der Nutzungsberechtigte eines Grundstücks haben mit Hecken gegenüber den Nachbargrundstücken - vorbehaltlich des § 46- folgende Abstände einzuhalten: 1. Mit Hecken über 1,5 m Höhe 0,75 m, 2. mit Hecken bis zu 1,5 m Höhe 0,50 m, 3. mit Hecken bis zu 1,0 m Höhe 0,25 m
(2) Hecken im Sinne des Absatzes 1 sind Schnitt- und Formhecken, und zwar auch dann, wenn sie im Einzelfall nicht geschnitten werden.

§ 46 Ausnahmen

(1) Die doppelten Abstände nach den §§ 44 und 45, in den Fällen des § 44 Nr. 1 a und Nr. 2 a jedoch die 1,5fachen Abstände mit Ausnahme der Abstände für die Pappelarten (Populus), sind einzuhalten gegenüber Grundstücken, die 1. dem Weinbau dienen, 2. landwirtschaftlich, erwerbsgärtnerisch oder kleingärtnerisch genutzt werden, sofern nicht durch Bebauungsplan eine andere Nutzung festgelegt ist, oder durch Bebauungsplan dieser Nutzung vorbehalten sind.
(2) Die §§ 44 und 45 gelten nicht für 1. Anpflanzungen, die hinter einer undurchsichtigen Einfriedung vorgenommen werden und diese nicht überragen, 2. Anpflanzungen an den Grenzen zu öffentlichen Grünflächen und zu Gewässern, 3. Anpflanzungen zum Schutze von erosions- oder rutschgefährdeten Böschungen oder steilen Hängen, 4. Anpflanzungen gegenüber Grundstücken außerhalb des geschlossenen Baugebietes, die geringwertiges Weideland (Hutung) oder Heide sind oder die landwirtschaftlich oder gartenbaulich nicht genutzt werden, nicht bebaut sind und auch nicht als Hofraum dienen.

§ 47 Berechnung des Abstandes

Der Abstand wird von der Mitte des Baumstammes, des Strauches, der Hecke oder des Rebstocks bis zur Grenzlinie gemessen, und zwar an der Stelle, an der die Pflanze aus dem Boden austritt.

§ 50 Abstände von Spaliervorrichtungen und Pergolen

(1) Mit Spaliervorrichtungen und Pergolen, die eine flächenmäßige Ausdehnung der Pflanzen bezwecken, und die nicht höher als 2 m sind, ist ein Abstand von 0,50 m, und wenn sie höher als 2 m sind, ein um das Maß der Mehrhöhe größerer Abstand von der Grenze einzuhalten.
(2) Absatz 1 gilt nicht in den in § 46 Abs. 2 genannten Fällen.

§ 51 Ausschluss des Beseitigungsanspruchs

(1) Der Anspruch auf Beseitigung von Anpflanzungen, die geringere als die in den §§ 44 bis 50 vorgeschriebenen Abstände einhalten, ist ausgeschlossen, wenn der Nachbar nicht innerhalb von fünf Jahren nach der Anpflanzung Klage auf Beseitigung erhoben hat. Dies gilt nicht für Anpflanzungen an der Grenze eines Wirtschaftsweges.
(2) Werden für die in Absatz 1 genannten Anpflanzungen Ersatzpflanzungen vorgenommen, so gelten die §§ 44 – 50.

§ 52 Nachträgliche Grenzänderungen

Die Rechtmäßigkeit des Abstands einer Anpflanzung wird durch nachträgliche Grenzänderungen nicht berührt; § 51 Abs. 2 ist entsprechend anzuwenden.

Einfriedung

§ 39 Einfriedungspflicht

(1) Innerhalb eines im Zusammenhang bebauten Ortsteiles ist der Eigentümer eines Grundstücks auf Verlangen des Nachbarn verpflichtet, sein Grundstück einzufrieden, wenn dies zum Schutz des Nachbargrundstücks vor wesentlichen Beeinträchtigungen erforderlich ist, die von dem einzufriedenden Grundstück ausgehen.
(2) Soweit baurechtlich nicht anderes vorgeschrieben ist oder gefordert

wird, richtet sich die Art der Einfriedung nach der Ortsübung. Lässt sich eine ortsübliche Einfriedung nicht feststellen, so gilt ein 1,2 m hoher Zaun aus festem Maschendraht als ortsüblich. Reicht die nach Satz 1 oder 2 vorgeschriebene Art der Einfriedung nicht aus, um dem Nachbargrundstück angemessenen Schutz vor Beeinträchtigungen zu bieten, so hat der zur Einfriedung Verpflichtete die Einfriedung in dem erforderlichen Maße zu verstärken oder zu erhöhen.

§ 40 Kosten der Einfriedung

(1) Wer zur Einfriedung seines Grundstücks verpflichtet ist, hat die hierzu erforderlichen Einrichtungen auf seinem eigenen Grundstück anzubringen und zu unterhalten.

(2) Sind zwei Nachbarn an einem Grenzabschnitt nach § 39 gegenseitig zur Einfriedung verpflichtet, so kann jeder von ihnen verlangen, dass eine gemeinsame Einfriedung auf die Grenze gesetzt wird. Die Nachbarn haben die Kosten der Einfriedung und der Unterhaltung der Einfriedung je zur Hälfte zu tragen. Als Kosten sind die tatsächlichen Aufwendungen einschließlich der Eigenleistungen zu berechnen, in der Regel jedoch nicht mehr als die Kosten einer ortsüblichen Einfriedung (§ 39 Abs. 2 Satz 1). Höhere Kosten sind nur zu berücksichtigen, wenn eine aufwändige Art der Einfriedung erforderlich oder vorgeschrieben war: War die besondere Einfriedungsart nur für eines der Grundstücke erforderlich oder vorgeschrieben, so hat der Eigentümer dieses Grundstücks die Mehrkosten allein zu tragen.

§ 41 Anzeigepflicht

(1) Die Absicht, eine Einfriedung zu errichten, zu beseitigen, durch eine andere zu ersetzen oder wesentlich zu verändern, ist dem Nachbarn mindestens zwei Wochen vor Beginn der Arbeiten anzuzeigen.

(2) Die Anzeigepflicht besteht auch dann, wenn der Nachbar weder die Einfriedung verlangen kann noch zu den Kosten beizutragen hat.

(3) Ist der Nachbar für denjenigen, der eine Einfriedung errichten will, nicht alsbald erreichbar, so genügt eine Anzeige an den unmittelbaren Besitzer des Nachbargrundstückes.

§ 42 Grenzabstand von Einfriedungen

(1) Einfriedungen müssen von der Grenze eines landwirtschaftlich genutzten Grundstücks, das außerhalb eines im Zusammenhang bebauten Ortsteils liegt und nicht in einem Bebauungsplan als Bauland ausgewiesen ist, auf Verlangen des Nachbarn 0,5 m zurückbleiben. Dies gilt nicht gegenüber Grundstücken, für die nach Lage, Beschaffenheit oder Größe eine Bearbeitung mit Gespann oder Schlepper nicht in Betracht kommt. Von der Grenze eines Wirtschaftsweges (§ 2 Abs. 5 des Landesstraßengesetzes) müssen Einfriedungen 0,5 m zurückbleiben.

(2) Der Anspruch auf Beseitigung einer Einfriedung, die einen geringeren Abstand als 0,5 m einhält, ist ausgeschlossen, wenn der Nachbar nicht innerhalb von zwei Jahren nach dem Anbringen Klage auf Beseitigung erhoben hat. Dies gilt nicht im Falle des Absatzes 1 Satz 3.

(3) Wird eine Einfriedung, die einen geringeren Anstand als 0,5 m einhält, durch eine andere ersetzt, so ist Absatz 1 anzuwenden. Dies gilt auch, wenn die Einfriedung in einer der Erneuerung gleichkommenden Weise ausgebessert wird.

Verjährung

§ 53 Verjährung

(1) Ansprüche auf Schadensersatz nach diesem Gesetz verjähren in drei Jahren von dem Zeitpunkt an, in welchem der Verletzte von dem Schaden und der Person des Ersatzpflichtigen Kenntnis erlangt, ohne Rücksicht auf diese Kenntnis in dreißig Jahren von der Vornahme der Handlung an.

(2) Andere, auf Zahlung von Geld gerichtete Ansprüche nach diesem Gesetz verjähren in vier Jahren. Die §§ 198 bis 225 des Bürgerlichen Gesetzbuches sind anzuwenden. Die Verjährung beginnt mit dem Schluss des Jahres, in welchem der Anspruch entsteht.

(3) Im Übrigen unterliegen die Ansprüche nach diesem Gesetz nicht der Verjährung.

§ 21 Inhalt und Umfang

(1) Der Eigentümer und der Nutzungsberechtigte müssen dulden, dass ihr Grundstück zwecks Errichtung, Veränderung, Reinigung, Unterhaltung oder Beseitigung einer baulichen Anlage auf dem Nachbargrundstück vorübergehend betreten wird und dass auf oder über dem Grundstück Leitern oder Gerüste aufgestellt sowie die zu den Bauarbeiten erforderlichen Gegenstände über das Grundstück gebracht werden, wenn und soweit

1. das Vorhaben anders nicht zweckmäßig oder nur mit unverhältnismäßig hohen Kosten durchgeführt werden kann und

2. die mit der Duldung verbundenen Nachteile und Belästigungen nicht außer Verhältnis zu dem von dem Berechtigten erstrebten Vorteil stehen.

(2) Das Recht ist mit möglichster Schonung des Nachbargrundstücks auszuüben; es darf nicht zur Unzeit geltend gemacht werden.

§ 22 Anzeigepflicht

Die Absicht, das Nachbargrundstück zu benutzen, ist mindestens zwei Wochen vor Beginn der Benutzung dem Eigentümer und dem Nutzungsberechtigten dieses Grundstücks anzuzeigen. § 6 Abs. 3 findet entsprechende Anordnung.

§ 23 Schadensersatz

Der bei der Ausübung des Rechts auf dem Nachbargrundstück entstehende Schaden ist ohne Rücksicht auf Verschulden zu ersetzen. Auf Verlangen ist Sicherheit in Höhe des voraussichtlichen Schadensbetrages zu leisten; in einem solchen Falle darf das Recht erst nach Leistung der Sicherheit ausgeübt werden. Die Sicherheit kann in einer Bankbürgschaft bestehen.

§ 24 Gefahr im Verzuge

Ist die Ausübung des Rechts nach § 21 zur Abwendung einer gegenwärtigen erheblichen Gefahr erforderlich, so entfällt die Verpflichtung zur Anzeige nach § 22 und zur Sicherheitsleistung nach § 23 Satz 2.

§ 25 Entschädigung

(1) Wer ein Grundstück länger als zwei Wochen gemäß § 21 benutzt hat,

hat für die ganze Zeit der Benutzung eine angemessene Entschädigung zu zahlen; diese ist in der Regel so hoch wie die ortsübliche Miete für einen dem benutzten Grundstücksteil vergleichbaren gewerblichen Lagerplatz.
(2) Auf die nach Absatz 1 zu zahlende Entschädigung sind Schadensersatzleistungen nach § 23 für entgangene anderweitige Nutzung anzurechnen.

Fenster- und Lichtrecht

§ 34 Inhalt und Umfang

(1) In oder an der Außenwand eines Gebäudes, die parallel oder in einem Winkel bis zu 60 Grad (alte Teilung) zur Grenze des Nachbargrundstücks verläuft, dürfen Fenster oder Türen, die von der Grenze keinen größeren Abstand als 2,50 m haben sollen, nur angebracht werden, wenn der Nachbar seine Einwilligung erteilt hat.
(2) Hat der Nachbar die nach Absatz 1 erforderliche Einwilligung zum Anbringen eines Fensters erteilt, so muss er mit später zu errichtenden baulichen Anlagen einen Abstand von 2 m von diesem Fenster einhalten. Dies gilt nicht, wenn die später errichtete bauliche Anlage den Lichteinfall in das Fenster nicht oder nur geringfügig beeinträchtigt oder wenn die Einhaltung eines geringeren Abstandes baurechtlich geboten ist.
(3) Absatz 2 Satz 1 gilt nur, wenn die Einwilligung schriftlich erteilt ist. Die Unterzeichnung der Bauunterlagen genügt nicht.
(4) Absatz 1 gilt entsprechend für Balkone, Terrassen und ähnliche Bauteile, die einen Ausblick zum Nachbargrundstück gewähren. Der Abstand wird vom grenznächsten Punkt des Bauteils gemessen.

§ 35 Ausnahmen

Eine Einwilligung nach § 34 ist nicht erforderlich
1. soweit die Anbringung der Fenster, Türen oder Bauteile (§ 34 Abs. 4) baurechtlich geboten ist,
2. für Lichtöffnungen, die nicht geöffnet werden können und entweder mit ihrer Unterkante mindestens 1,80 m über dem Fußboden des zu erhellenden Raumes liegen oder undurchsichtig sind,
3. für Lichtschächte und Öffnungen, die unterhalb der angrenzenden Erdoberfläche liegen,

4. für Fenster und andere Öffnungen zur Belichtung oder Belüftung von Ställen in Dorfgebieten (§ 22 Abs. 5 der Landesbauordnung),

5. für Außenwände gegenüber Grenzen zu öffentlichen Verkehrsflächen, Grünflächen und Gewässern, wenn die Flächen oder Gewässer mindestens 3 m breit sind.

§ 36 Ausschluss des Beseitigungsanspruchs

Der Anspruch auf Beseitigung einer Einrichtung im Sinne des § 34, die einen geringeren als den dort vorgeschriebenen Abstand einhält, ist ausgeschlossen, wenn der Nachbar nicht innerhalb von zwei Jahren nach dem Anbringen Klage auf Beseitigung erhoben hat.

Saarland

Saarländisches Nachbarrechtsgesetz vom 28. Februar 1973 (Amtsbl. S. 210), zuletzt geändert durch Gesetz Nr. 1397

Grenzabstand von Pflanzen

§ 48 Grenzabstände für Bäume, Sträucher und einzelne Rebstöcke

Eigentümer und Nutzungsberechtigte eines Grundstücks haben mit Bäumen, Sträuchern und einzelnen Rebstöcken von den Nachbargrundstücken – vorbehaltlich des § 50 – folgende Abstände einzuhalten:

1. mit Bäumen (ausgenommen Obstbäume), und zwar

a) sehr stark wachsenden Bäumen mit artgemäß ähnlicher Ausdehnung wie Bergahorn (Acer pseudoplatanus), Sommerlinde (Tilia platyphyllos), Pappelarten (Populus), Platane (Platanus acerifolia), Rosskastanie (Aesculus hippocastanum), Stieleiche (Quercus robur), ferner Douglasfichte (Pseudotsuga taxifolia), Fichte (Picea abies), Österreichische Schwarzkiefer (Pinus nigra austriaca), Atlaszeder (Cedrus atlantica) 4 m,

b) stark wachsenden Bäumen mit artgemäß ähnlicher Ausdehnung wie Hainbuche (Carpinus betulus), Vogelbeere (Sorbus aucuparia), Weißbirke (Betula pendula), Zierkirsche (Prunus serrulata), Kiefer (Pinus sylvestris), Lebensbaum (Thuja occidentalis) 2 m,

c) allen übrigen Bäumen 1,5 m;

2. mit Obstbäumen, und zwar

a) Walnusssämlingen 4 m,

b) Kernobstbäumen, auf stark wachsenden Unterlagen veredelt, sowie Süßkirschenbäumen und veredelten Walnussbäumen 2 m

c) Kernobstbäumen, auf schwach wachsenden Unterlagen veredelt, sowie Steinobstbäumen, ausgenommen Süßkirschenbäume 1,5 m;

3. mit Sträuchern (ausgenommen Beerenobststräuchern), und zwar

a) stark wachsenden Sträuchern mit artgemäß ähnlicher Ausdehnung wie Alpenrose (Rhododendron-Hybriden), Haselnuss (Coryplus avellana), Felsenmispel (Cotoneaster bullata), Flieder (Syringa vulgaris), Goldglöckchen (Forsythia intermedia), Wacholder (Juniperus communis) 1 m,

b) allen übrigen Sträuchern 0,5 m;

4. mit Beerenobststräuchern, und zwar
a) Brombeersträuchern 1,0 m,
b) allen übrigen Beerenobststräuchern 0,5 m;
5. mit einzelnen Rebstöcken 0,5 m;
6. mit Baumschulbeständen 1,0 m, wobei die Gehölze mit Ausnahme der Baumschulbestände von Sträuchern und Beerenobststräuchern die Höhe von 2 m nicht überschreiten dürfen, es sei denn, dass die Abstände nach Nummern 1 und 2 eingehalten werden;
7. mit Weihnachtsbaumpflanzungen 1,0 m, wobei die Gehölze die Höhe von 2 m nicht überschreiten dürfen, es sei denn, dass die Abstände nach Nummer 1 eingehalten werden.

§ 49 Grenzabstände für Hecken

(1) Der Eigentümer und der Nutzungsberechtigte eines Grundstücks haben mit Hecken gegenüber den Nachbargrundstücken – vorbehaltlich des § 50 – folgende Abstände einzuhalten:
1. mit Hecken über 1,5 m Höhe 0,75 m,
2. mit Hecken bis zu 1,5 m Höhe 0,50 m,
3. mit Hecken bis zu 1,0 m Höhe 0,25 m.
(2) Hecken im Sinne des Absatzes 1 sind Schnitt- und Formhecken, und zwar auch dann, wenn sie im Einzelfall nicht geschnitten werden.

§ 50 Ausnahmen

(1) Die doppelten Abstände nach den §§ 48 und 49, in den Fällen des § 48 Nr. 1 a und Nr. 2 a jedoch die eineinhalbfachen Abstände mit Ausnahme der Abstände für die Pappelarten (Populus), sind einzuhalten gegenüber Grundstücken, die 1. dem Weinbau dienen, 2. landwirtschaftlich, erwerbsgärtnerisch oder kleingärtnerisch genutzt werden, sofern nicht durch Bebauungsplan eine andere Nutzung festgelegt ist, oder durch Bebauungsplan dieser Nutzung vorbehalten sind.
(2) Die §§ 48 und 49 gelten nicht für
1. Anpflanzungen, die hinter einer undurchsichtigen Einfriedung vorgenommen werden und diese nicht überragen, 2. Anpflanzungen an den Grenzen zu öffentlichen Verkehrsflächen, zu öffentlichen Grünflächen und zu Gewässern, 3. Anpflanzungen zum Schutze von erosions- oder rutschgefährdeten Böschungen oder steilen Hängen,

4. Anpflanzungen gegenüber Grundstücken, die außerhalb eines im Zusammenhang bebauten Ortsteils liegen und nicht in einem Bebauungsplan als Bauland ausgewiesen sind, die geringwertiges Weideland (Hutung) oder Heide sind oder die landwirtschaftlich oder gartenbaulich nicht genutzt werden, nicht bebaut sind und auch nicht als Hofraum dienen.

§ 51 Berechnung des Abstandes
Der Abstand wird von der Mitte des Baumstammes, des Strauches, der Hecke oder des Rebstocks bis zur Grenzlinie gemessen, und zwar an der Stelle, an der die Pflanze aus dem Boden austritt.

Einfriedung

§ 43 Einfriedungspflicht
(1) Innerhalb eines im Zusammenhang bebauten Ortsteils ist der Eigentümer eines Grundstücks auf Verlangen des Nachbarn verpflichtet, sein Grundstück einzufrieden, wenn dies zum Schutze des Nachbargrundstücks vor wesentlichen Beeinträchtigungen erforderlich ist, die von dem einzufriedenden Grundstück ausgehen.
(2) Soweit baurechtlich nichts anderes vorgeschrieben ist oder gefordert wird, richtet sich die Art der Einfriedung nach der Ortsübung. Lässt sich eine ortsübliche Einfriedung nicht feststellen, so gilt ein 1,2 m hoher Zaun aus festem Maschendraht als ortsüblich. Reicht die nach Satz 1 oder 2 vorgeschriebene Art der Einfriedung nicht aus, um dem Nachbargrundstück angemessenen Schutz vor Beeinträchtigungen zu bieten, so hat der zur Einfriedung Verpflichtete die Einfriedung im erforderlichen Maße zu verstärken oder zu erhöhen.

§ 44 Kosten der Einfriedung
(1) Wer zur Einfriedung seines Grundstücks verpflichtet ist, hat die hierzu erforderlichen Einrichtungen auf seinem eigenen Grundstück anzubringen und zu unterhalten.
(2) Sind zwei Nachbarn an einem Grenzabschnitt nach § 43 gegenseitig zur Einfriedung verpflichtet, so kann jeder von ihnen verlangen, dass eine

gemeinsame Einfriedung auf die Grenze gesetzt wird. Die Nachbarn haben die Kosten der Errichtung und Unterhaltung der Einfriedung je zur Hälfte zu tragen. Als Kosten sind die tatsächlichen Aufwendungen einschließlich der Eigenleistung zu berechnen, in der Regel jedoch nicht mehr als die Kosten einer ortsüblichen Einfriedung (§ 43 Abs. 2 Satz 1). Höhere Kosten sind nur zu berücksichtigen, wenn eine aufwändigere Art der Einfriedung erforderlich oder vorgeschrieben war; war die besondere Einfriedungsart nur für eines der Grundstücke erforderlich oder vorgeschrieben, so hat der Eigentümer dieses Grundstücks die Mehrkosten zu tragen.
(3) Entsteht nachträglich auch für den Eigentümer des nicht eingefriedeten Grundstücks die Einfriedungspflicht gemäß § 43 Abs. 1, so ist er verpflichtet, an den Eigentümer des eingefriedeten Grundstücks die Hälfte der Kosten der Errichtung der Einfriedung unter angemessener Berücksichtigung der bisherigen Abnutzung sowie der künftigen Unterhaltung zu zahlen. Absatz 2 Satz 3 und 4 gilt entsprechend.

§ 45 Anzeigepflicht
(1) Die Absicht, eine Einfriedung zu errichten, zu beseitigen, durch eine andere zu ersetzen oder wesentlich zu verändern, ist dem Nachbarn mindestens zwei Wochen vor Beginn der Arbeiten anzuzeigen.
(2) Die Anzeigepflicht besteht auch dann, wenn der Nachbar weder die Einfriedung verlangen kann noch zu den Kosten beizutragen hat.
(3) Im Übrigen ist § 7 entsprechend anzuwenden.

§ 46 Grenzabstand zu Einfriedungen
(1) Einfriedungen müssen von der Grenze eines landwirtschaftlich genutzten Grundstücks, das außerhalb eines im Zusammenhang bebauten Ortsteils liegt und nicht in einem Bebauungsplan als Bauland ausgewiesen ist, auf Verlangen des Nachbarn 0,5 m zurückbleiben. Dies gilt nicht gegenüber Grundstücken, für die nach Lage, Beschaffenheit oder Größe eine Bearbeitung mit Gespann oder Schlepper nicht in Betracht kommt, oder in gleicher Weise wie das einzufriedende Grundstück bewirtschaftet werden. Von der Grenze eines Wirtschaftsweges müssen Einfriedungen 0,5 m zurückbleiben.
(2) Der Anspruch auf Beseitigung einer Einfriedung, die einen geringeren Abstand als 0,5 m einhält, ist ausgeschlossen, wenn der Nachbar nicht

innerhalb von zwei Jahren nach dem Anbringen Klage auf Beseitigung erhoben hat. Dies gilt nicht im Falle des Absatzes 1 Satz 3.
(3) Wird eine Einfriedung, die einen geringeren Abstand als 0,5 m einhält, durch eine andere ersetzt, so ist Absatz 1 anzuwenden. Dies gilt auch, wenn die Einfriedung in einer der Erneuerung gleichkommenden Weise ausgebessert wird.

Verjährung

§ 57 Verjährung

(1) Ansprüche auf Schadensersatz nach diesem Gesetz verjähren in drei Jahren von dem Zeitpunkt an, in welchem der Verletzte von dem Schaden und der Person des Ersatzpflichtigen Kenntnis erlangt, ohne Rücksicht auf diese Kenntnis in dreißig Jahren von der Vornahme der Handlung an.
(2) Andere, auf Zahlung von Geld gerichtete Ansprüche nach diesem Gesetz verjähren in vier Jahren. Die §§ 198 bis 225 des Bürgerlichen Gesetzbuches sind anzuwenden. Die Verjährung beginnt mit dem Schluss des Jahres, in welchem der Anspruch entsteht.
(3) Im Übrigen unterliegen die Ansprüche nach diesem Gesetz nicht der Verjährung.

Hammerschlags- und Leiterrecht

§ 24 Inhalt und Umfang

(1) Der Eigentümer und der Nutzungsberechtigte eines Grundstücks müssen dulden, dass ihr Grundstück einschließlich der Bauwerke von dem Eigentümer oder dem Nutzungsberechtigten des Nachbargrundstücks zur Vorbereitung und Durchführung von Bau-, Instandsetzungs- und Unterhaltungsarbeiten auf dem Nachbargrundstück vorübergehend betreten und benutzt wird, wenn und soweit 1. die Arbeiten anders nicht zweckmäßig oder nur mit unverhältnismäßig hohen Kosten durchgeführt werden können, 2. die mit der Duldung verbundenen Nachteile oder Belästigungen nicht außer Verhältnis zu dem von dem Berechtigten erstrebten Vorteil stehen, 3. das Vorhaben öffentlich-rechtlichen Vorschriften nicht widerspricht.

(2) Das Recht zur Benutzung umfasst die Befugnis, auf oder über dem Grundstück Gerüste aufzustellen sowie die zu den Arbeiten erforderlichen Geräte und Baustoffe über das Grundstück zu bringen und dort niederzulegen.
(3) Das Recht ist so schonend wie möglich auszuüben. Es darf nicht zur Unzeit geltend gemacht werden.
(4) Absatz 1 findet auf den Eigentümer öffentlicher Verkehrsflächen keine Anwendung.

§ 25 Anzeigepflicht und Schadensersatz

(1) Die Absicht, das Nachbargrundstück zu benutzen, ist mindestens zwei Wochen vor Beginn der Benutzung dem Eigentümer und dem Nutzungsberechtigten dieses Grundstückes anzuzeigen. § 7 Abs. 3 findet entsprechende Anwendung.
(2) Für die Verpflichtung zum Schadensersatz gilt § 14 entsprechend.
(3) Ist die Ausübung des Rechtes nach § 24 zur Abwendung einer gegenwärtigen erheblichen Gefahr erforderlich, so entfällt die Verpflichtung zur Anzeige gemäß Absatz 1 und zur Sicherheitsleistung nach § 14 Abs. 2.

§ 26 Nutzungsentschädigung

(1) Wer ein Grundstück länger als zwei Wochen gemäß § 24 benutzt, hat für die ganze Zeit der Benutzung eine Nutzungsentschädigung zu zahlen. Diese ist so hoch wie die ortsübliche Miete für einen dem benutzten Grundstücksteil vergleichbaren gewerblichen Lagerplatz. Die Entschädigung ist nach dem Ablauf von je zwei Wochen fällig.
(2) Nutzungsentschädigung kann nicht verlangt werden, soweit nach § 25 Abs. 2 Ersatz für entgangene anderweitige Nutzung gefordert wird.

Fenster- und Lichtrecht

§ 35 Inhalt und Umfang

(1) In oder an der Außenwand eines Gebäudes, die parallel oder in einem Winkel bis zu 75 Grad zur Grenze des Nachbargrundstücks verläuft, dürfen Fenster, Türen oder zum Betreten bestimmte Bauteile wie Balkone, Terrassen nur mit schriftlicher Zustimmung des Eigentümers des Nachbar-

grundstücks angebracht werden, wenn ein geringerer Abstand als 2,5 m von dem grenznächsten Punkt der Einrichtung bis zur Grenze eingehalten werden soll.
(2) Die Zustimmung muss erteilt werden, wenn keine oder nur geringfügige Beeinträchtigungen zu erwarten sind.
(3) Von einem Fenster oder einem zum Betreten bestimmten Bauteil, dem der Eigentümer des Nachbargrundstücks schriftlich zugestimmt hat, müssen er und seine Rechtsnachfolger mit einem später errichteten Bauwerk mindestens 2,5 m Abstand einhalten. Dies gilt nicht, wenn das später errichtete Bauwerk den Lichteinfall nicht oder nur geringfügig beeinträchtigt.

§ 36 Ausnahmen
Eine Zustimmung nach § 35 ist nicht erforderlich
1. soweit die Anbringung der Fenster, Türen oder Bauteile (§ 35 Abs. 1) baurechtlich geboten ist,
2. für Lichtöffnungen, die nicht geöffnet werden können und entweder mit ihrer Unterkante mindestens 1,80 m über dem Fußboden des zu erhellenden Raumes liegen oder undurchsichtig sind,
3. für Lichtschächte und Öffnungen, die unterhalb der angrenzenden Erdoberfläche liegen,
4. für Außenwände gegenüber Grenzen zu öffentlichen Verkehrsflächen, Grünflächen und Gewässern, wenn die Flächen oder Gewässer mindestens 3 m breit sind.

§ 37 Ausschluss des Beseitigungsanspruchs
Der Anspruch auf Beseitigung einer Einrichtung im Sinne des § 35, die einen geringeren als den dort vorgeschriebenen Abstand einhält, ist ausgeschlossen, wenn der Nachbar nicht innerhalb von zwei Jahren nach dem Anbringen Klage auf Beseitigung erhoben hat.

Sachsen

Sächsisches Nachbarrechtsgesetz vom 11. November 1997

Grenzabstand von Pflanzen

§ 9 Grenzabstände für Bäume und Sträucher

(1) Der Nachbar kann vom Eigentümer verlangen, dass Bäume, Sträucher oder Hecken innerhalb eines im Zusammenhang bebauten Ortsteils mindestens 0,5 m oder, falls sie über 2 m hoch sind, mindestens 2 m von der Grundstücksgrenze des Nachbarn entfernt sind.
(2) Außerhalb eines im Zusammenhang bebauten Ortsteils genügt ein Grenzabstand von 1 m für alle Anpflanzungen.
(3) § 25 des Waldgesetzes für den Freistaat Sachsen (SächsWaldG) vom 10. April 1992 (SächsGVBl. S. 137) bleibt unberührt.

§ 10 Grenzabstand zu landwirtschaftlichen Grundstücken

Ist das Grundstück des Nachbarn landwirtschaftlich genutzt, ist zu diesem mindestens ein Abstand von 0,75 m oder, falls die Bäume, Sträucher oder Hecken über 2 m hoch sind, ein Abstand von mindestens 3 m einzuhalten, wenn der Schattenwurf die wirtschaftliche Bestimmung des Grundstücks erheblich beeinträchtigen würde.

§ 12 Ausnahmen

Die §§ 9 bis 10 gelten nicht für 1. Anpflanzungen an den Grenzen zu dem Gemeingebrauch dienenden Flächen, 2. Anpflanzungen im öffentlichen Straßenraum und an Uferböschungen, 3. Anpflanzungen hinter einer Wand oder einer undurchsichtigen Einfriedung, wenn sie diese nicht überragen.

§ 13 Bestimmung des Abstandes

Abstand nach diesem Abschnitt ist die kürzeste waagerechte Entfernung zwischen der Grenze und der Mitte des Baumstammes, des Strauches oder der Hecke an der Stelle, an der die Pflanze aus dem Boden austritt.

§ 14 Anspruch auf Beseitigung

(1) Der Nachbar kann verlangen, dass Bäume, Sträucher oder Hecken, die über die in §§ 9 oder 10 genannten Höhen hinauswachsen, nach Wahl des Eigentümers zurückgeschnitten oder beseitigt werden.

(2) Der Eigentümer braucht das Zurückschneiden und die Beseitigung von Pflanzen nicht in der Zeit vom 1. März bis zum 30. September vorzunehmen.

§ 15 Ausschluss des Anspruchs auf Beseitigung

Der Anspruch aus § 14 Abs. 1 ist ausgeschlossen, wenn die Anpflanzungen über die in §§ 9 oder 10 genannte Höhe hinauswachsen und der Nachbar seinen Anspruch nicht spätestens im fünften darauf folgenden Kalenderjahr gerichtlich geltend macht.

§ 16 Bestandsschutz

Die Rechtmäßigkeit des Grenzabstandes einer Anpflanzung wird durch nachträgliche Grundstücksteilungen, rechtmäßige Änderungen der Grundstücksgrenze oder Grenzfeststellungen nicht berührt. Sie richtet sich bei nachträglichen Grenzfeststellungen nach dem bisher angenommenen Grenzverlauf.

Einfriedung

§ 4 Einfriedungsrecht

Jeder Nachbar darf sein Grundstück einfrieden. Ortsübliche Einfriedungen dürfen auch auf der Grenze errichtet werden. Eine Einfriedung darf bei Grundstücksgrenzen zu dem Gemeingebrauch dienenden Flächen nicht auf der Grenze vorgenommen werden. Die Vorschriften des dritten Abschnittes bleiben unberührt.

§ 5 Kosten

(1) Wer eine Einfriedung errichtet, trägt die Herstellungs- und Unterhaltungskosten.

(2) Die Kosten für die Unterhaltung einer Einfriedung auf der Grenze tragen der Eigentümer und der Nachbar zu gleichen Teilen. Die Kosten der

Unterhaltung vorhandener Einfriedungen zu dem Gemeingebrauch dienenden Flächen trägt jeder Nachbar selbst. Die Eigentümer von landwirtschaftlich (§ 201 Baugesetzbuch) genutzten Grundstücken und Waldflächen sind nicht zur Tragung von Kosten der Unterhaltung von Einfriedungen verpflichtet.

§ 6 Kostentragungspflicht des Störers

Reicht eine ortsübliche Einfriedung nicht aus, um angemessenen Schutz vor unzumutbaren Beeinträchtigungen durch eine nicht ortsübliche Benutzung des anderen Grundstücks zu bieten, so kann der Nachbar von dem Eigentümer die Erstattung der Mehrkosten der Einfriedung verlangen, die für die Verhinderung oder Verminderung der Beeinträchtigungen erforderlich sind.

§ 7 Abstand von der Grenze

(1) Eine Einfriedung muss von der Grenze eines landwirtschaftlich genutzten Grundstücks des Nachbarn 0,6 m zurückbleiben, wenn beide Grundstücke außerhalb eines im Zusammenhang bebauten Ortsteils liegen und nicht in einem Bebauungsplan als Baugebiet ausgewiesen sind. Der Geländestreifen vor der Einfriedung darf bei der Bewirtschaftung des Grundstücks des Nachbarn betreten und befahren werden.

(2) Die Verpflichtung nach Absatz 1 erlischt, wenn eines der beiden Grundstücke Teil eines im Zusammenhang bebauten Ortsteils oder in einem Bebauungsplan als Bauland ausgewiesen wird.

§ 8 Ausschluss des Beseitigungsanspruches

Der Anspruch auf Beseitigung einer Einfriedung, die einen geringeren als den in § 7 Abs. 1 vorgeschriebenen Grenzabstand hat, ist ausgeschlossen, wenn der Nachbar nicht spätestens im zweiten Kalenderjahr nach Errichtung der Einfriedung Klage auf Beseitigung erhoben hat. Dies gilt nicht, wenn die Einfriedung durch eine andere ersetzt wird.

Verjährung

§ 31 Verjährung

(1) Für die Verjährung der Ansprüche auf Schadensersatz nach diesem Gesetz gilt § 852 BGB entsprechend.
(2) Andere Ansprüche nach diesem Gesetz, die auf Zahlung von Geld gerichtet sind, verjähren in vier Jahren.
(3) §§ 198 bis 225 BGB sind anzuwenden.

Hammerschlags- und Leiterrecht

§ 24 Hammerschlags-, Leiter- und Schaufelschlagrecht

(1) Der Eigentümer hat zu dulden, dass der Nachbar zur Errichtung, Veränderung, Reinigung, Unterhaltung oder Beseitigung einer baulichen Anlage auf seinem Grundstück das Grundstück des Eigentümers vorübergehend betritt, darauf oder darüber Leitern oder Gerüste aufstellt sowie die zu den Bauarbeiten erforderlichen Gegenstände über das Grundstück des Eigentümers transportiert, wenn und soweit die Voraussetzungen des § 21 vorliegen.
(2) Der Eigentümer hat zu dulden, dass der Nachbar für die Dauer der nach Absatz 1 durchzuführenden Arbeiten Sand, Schlamm oder anderen Erdaushub auf dem Grundstück des Eigentümers lagert, wenn und soweit die Voraussetzungen des § 21 vorliegen. Nach Abschluss der Arbeiten ist dieser von dem Nachbarn unverzüglich zu entfernen.

Sachsen-Anhalt

Nachbarschaftsgesetz vom 13.11.1997

Grenzabstand von Pflanzen

§ 34 Grenzabstände für Bäume, Sträucher und einzelne Rebstöcke

(1) Mit Bäumen, Sträuchern und einzelnen Rebstöcken sind je nach ihrer Höhe mindestens folgende Abstände von den benachbarten Grundstücken einzuhalten:

a) bis zu 1,50 Meter Höhe 0,50 Meter

b) bis zu 3 Meter Höhe 1 Meter

c) bis zu 5 Meter Höhe 1,25 Meter

d) bis zu 15 Meter Höhe 3 Meter

e) über 15 Meter Höhe 6 Meter.

(2) Die in Absatz 1 bestimmten Abstände gelten auch für Hecken, falls die Hecke nicht gemäß § 24 Abs. 3 auf der Grenze gepflanzt wird. Sie gelten auch für ohne menschliches Zutun gewachsene Pflanzen.

(3) An Grenzen zu landwirtschaftlich genutzten Grundstücken ist ein Streifen von 0,5 Meter von Anpflanzungen freizuhalten. Dies gilt nicht gegenüber Grundstücken, für die nach Lage, Größe oder sonstiger Beschaffenheit eine den Grenzabstand erfordernde Art der Bodenbearbeitung nicht in Betracht kommt.

§ 35 Ausnahmen

(1) § 34 gilt nicht für

1. Anpflanzungen hinter einer Wand oder einer undurchsichtigen Einfriedung, wenn sie diese nicht oder nicht erheblich überragen,

2. Anpflanzungen an den Grenzen zu öffentlichen Verkehrsflächen, zu öffentlichen Grünflächen und Gewässern,

3. Anpflanzungen auf öffentlichen Straßen und auf Uferböschungen.

(2) Außerhalb der im Zusammenhang bebauten Ortsteile genügt ein Grenzabstand von 1 Meter für alle Anpflanzungen. § 38 bleibt unberührt.

§ 36 Berechnung des Abstandes

Der Abstand wird in der gedachten Waagerechten von der Mitte des Baumstammes, des Strauches, der Hecke oder des Rebstocks bis zur Grenze gemessen, und zwar an der Stelle, an der die Pflanze aus dem Boden tritt.

§ 39 Beseitigung, Zurückschneiden

(1) Der Nachbar oder die Nachbarin und der unmittelbare Besitzer oder die unmittelbare Besitzerin können die Beseitigung oder das Zurückschneiden einer Anpflanzung verlangen, die den vorgeschriebenen Mindestabstand nicht einhält. Beseitigung kann nicht verlangt werden, wenn die Anpflanzung zurückgeschnitten und auf diese Weise ein den Vorschriften dieses Gesetzes entsprechender Zustand hergestellt werden kann; in diesem Fall kann nur verlangt werden, die Anpflanzung zurückzuschneiden.

(2) Das Beseitigen oder Zurückschneiden kann nur verlangt werden, soweit zwingende naturschutzrechtliche Vorschriften nicht entgegenstehen. In der Zeit vom 1. März bis zum 30. September braucht nicht zurückgeschnitten zu werden.

§ 40 Ausschluss des Anspruchs auf Beseitigung und auf Zurückschneiden

(1) Der Anspruch nach diesem Gesetz auf Beseitigung von Anpflanzungen, die die vorgeschriebenen Mindestabstände nicht einhalten, ist ausgeschlossen, wenn nicht bis zum Ablauf des fünften Kalenderjahres, das auf das Jahr folgt, in dem die Anpflanzungen die nach diesem Gesetz zulässige Höhe ununterbrochen überschritten haben, Klage auf Beseitigung erhoben worden ist.

(2) Der Anspruch auf Zurückschneiden von Anpflanzungen ist ausgeschlossen, wenn die Anpflanzungen über die nach diesem Gesetz zulässige Höhe hinauswachsen und nicht spätestens bis zum Ablauf des zehnten auf die ununterbrochene Überschreitung folgenden Kalenderjahres Klage auf Zurückschneiden erhoben worden ist.

§ 41 Ersatzpflanzungen

Werden für Anpflanzungen, bei denen der Anspruch auf Beseitigung nach § 40 Abs. 1 ausgeschlossen ist, Ersatzanpflanzungen oder Nachpflanzun-

gen vorgenommen, so sind die nach diesem Gesetz vorgeschriebenen Abstände einzuhalten. Jedoch dürfen in geschlossenen Anlagen einzelne Bäume, Sträucher oder Rebstöcke und in einer geschlossenen Hecke einzelne abgestorbene Heckenpflanzen nachgepflanzt werden und zur Höhe der übrigen heranwachsen.

§ 42 Nachträgliche Änderungen

(1) Die Rechtmäßigkeit des Abstandes und der Höhe einer Anpflanzung wird durch nachträgliche Grundstücksteilungen oder Grenzfeststellungen nicht berührt; jedoch gilt § 41 entsprechend.

(2) Bei Änderungen der Nutzungsart eines Grundstücks gilt Absatz 1 entsprechend.

Einfriedung

§ 22 Einfriedungspflicht

(1) Auf Verlangen des Nachbarn oder der Nachbarin ist ein Grundstück einzufrieden, wenn dies zum Schutze des benachbarten Grundstücks vor nicht nur unwesentlichen Beeinträchtigungen, die von dem anderen Grundstück ausgehen, erforderlich ist.

(2) Für die Beschaffenheit der Einfriedung gilt § 23. Bietet eine dem § 23 entsprechende Einfriedung keinen angemessenen Schutz vor nicht hinzunehmenden Beeinträchtigungen, so ist sie in dem erforderlichen Umfang zu verstärken, zu erhöhen oder zu vertiefen.

§ 23 Anforderungen an Grundstückseinfriedungen

Wird ein Grundstück eingefriedet, so muss die Einfriedung ortsüblich sein. Lässt sich eine ortsübliche Einfriedung nicht feststellen, so darf ein bis 2,0 Meter hoher Zaun errichtet werden. Schreiben öffentlich-rechtliche Vorschriften eine andere Art der Einfriedung vor, so tritt diese nach Art und Ausmaß an die Stelle der in Satz 1 und 2 bezeichneten Einfriedung.

§ 24 Standort der Einfriedung

(1) Eine Einfriedung ist an der Grenze zum benachbarten Grundstück zu errichten.

(2) Von der Grenze eines landwirtschaftlich genutzten Grundstücks, das außerhalb eines im Zusammenhang bebauten Ortsteils liegt und nicht in einem Bebauungsplan als Bauland ausgewiesen ist, müssen Einfriedungen auf Verlangen des Nachbarn oder der Nachbarin 0,5 Meter zurückbleiben. Dies gilt nicht gegenüber Grundstücken, für die nach Lage, Größe oder sonstiger Beschaffenheit eine den Grenzabstand erfordernde Art der Bodenbearbeitung nicht in Betracht kommt.
(3) Die Einfriedung darf auf die Grenze gesetzt werden, a) wenn der Nachbar oder die Nachbarin einwilligt, b) in den Fällen des § 25.

§ 25 Gemeinsame Einfriedung
Sind Nachbarn an einem Grenzabschnitt nach § 22 gegenseitig zur Einfriedung verpflichtet, so können sie voneinander verlangen, dass eine gemeinsame Einfriedung auf die Grenze gesetzt wird. Die Kosten der Errichtung und Unterhaltung der gemeinsamen Einfriedung sind von beide Seiten je zur Hälfte zu tragen.

§ 26 Ausnahmen
§§ 22 bis 25 gelten nicht für die Eigentümer oder Eigentümerinnen und unmittelbaren Besitzer oder unmittelbaren Besitzerinnen von öffentlichen Verkehrsflächen, öffentlichen Grünflächen und oberirdischen Gewässern. Sie gelten auch nicht für Inhaber oder Inhaberinnen eines Erbbaurechts an öffentlichen Verkehrsflächen oder öffentlichen Grünflächen.

§ 27 Anzeigepflicht
(1) Die Absicht, eine Einfriedung zu errichten, zu beseitigen, durch eine andere zu ersetzen oder wesentlich zu verändern, ist dem Nachbarn oder der Nachbarin und dem unmittelbaren Besitzer oder der unmittelbaren Besitzerin der angrenzenden Grundstücke unter Mitteilung der Einzelheiten des Vorhabens mindestens vier Wochen vor Beginn der Arbeiten schriftlich anzuzeigen; im Übrigen gilt § 3.
(2) Die Anzeigepflicht besteht auch dann, wenn die andere Seite weder die Einfriedung verlangen kann noch zu den Kosten beizutragen hat.

§ 28 Beseitigungsanspruch
Der Anspruch auf Änderung oder Beseitigung einer Einfriedung, die den

§§ 22 bis 24 nicht entspricht, ist ausgeschlossen, wenn der Nachbar oder die Nachbarin nicht binnen Jahresfrist Klage erhoben hat. Die Frist beginnt mit dem Schluss des Kalenderjahres der Errichtung oder, wenn eine solche Einfriedung erneuert wird, ihrer Erneuerung.

Verjährung

§ 4 Verjährung

(1) Ansprüche auf Schadensersatz nach diesem Gesetz verjähren in drei Jahren von dem Zeitpunkt an, in welchem der oder die Verletzte von dem Schaden und der ersatzpflichtigen Person Kenntnis erlangt und hätte erlangen können, im Übrigen ohne Rücksicht auf diese Kenntnis in 30 Jahren von der Vornahme der schädigenden Handlung an.
(2) Andere auf Zahlung von Geld gerichteten Ansprüche nach diesem Gesetz verjähren in drei Jahren, beginnend mit dem Schluss des Kalenderjahres, in welchem der Anspruch entsteht.
(3) Die §§ 198 bis 225 des Bürgerlichen Gesetzbuches gelten entsprechend.
(4) Im Übrigen unterliegen die Ansprüche nach diesem Gesetz nicht der Verjährung.

Hammerschlags- und Leiterrecht

§ 18 Inhalt und Umfang

(1) Der Nachbar oder die Nachbarin und der unmittelbare Besitzer oder die unmittelbare Besitzerin eines Grundstücks müssen dulden, dass ihr Grundstück einschließlich der Bauwerke zur Vorbereitung und Durchführung von Bau-, Instandsetzungs- und Unterhaltungsarbeiten auf dem benachbarten Grundstück vorübergehend betreten und benutzt wird, wenn und soweit 1. die Arbeiten anders nur mit unverhältnismäßig hohen Kosten und Erschwerungen durchgeführt werden könnten, 2. die mit der Duldung verbundenen Nachteile oder Belästigungen nicht außer Verhältnis zu dem von der berechtigten Person erstrebten Vorteil stehen und 3. das Vorhaben öffentlich-rechtlich zulässig ist.

(2) Das Recht zur Benutzung umfasst auch die Befugnis, auf oder über dem Grundstück Gerüste und Geräte aufzustellen sowie die zu den Arbeiten erforderlichen Baustoffe über das Grundstück zu bringen.

(3) Art, Umfang und voraussichtliche Dauer der Benutzung des benachbarten Grundstücks sind mindestens vier Wochen vor Beginn der Benutzung dem Nachbarn oder der Nachbarin und dem unmittelbaren Besitzer oder der unmittelbaren Besitzerin schriftlich anzuzeigen. Satz 1 gilt nicht, wenn die Ausübung des Rechts zur Abwendung einer gegenwärtigen erheblichen Gefahr notwendig ist.

(4) Das Recht ist so zügig und schonend wie möglich auszuüben. Es darf nicht zur Unzeit geltend gemacht werden.

§ 19 Nutzungsentschädigung

Wer ein Grundstück länger als zwei Wochen gemäß § 18 benutzt, hat an den unmittelbaren Besitzer oder die unmittelbare Besitzerin für die ganze Zeit der Benutzung eine Nutzungsentschädigung in Höhe der ortsüblichen Miete für die benutzten Bauwerksteile oder für einen dem benutzten unbebauten Grundstücksteil vergleichbaren Lagerplatz zu zahlen. Nutzungsentschädigung ist jeweils zum Ende eines Kalendermonats fällig. § 20 bleibt unberührt.

§ 20 Schadensersatz

Ein bei der Ausübung des Rechts auf dem benachbarten Grundstück entstehender Schaden ist ohne Rücksicht auf Verschulden zu ersetzen. Auf Verlangen ist Sicherheit in Höhe des voraussichtlichen Schadens zu leisten; das Recht darf dann erst nach Leistung der Sicherheit ausgeübt werden.

Schleswig-Holstein

Nachbarschaftsgesetz für das Land Schleswig-Holstein vom 24. Januar 1971 in der Fassung vom 19.11.1982

Grenzabstand von Pflanzen

§ 37 Grenzabstände

(1) Der Eigentümer und der Nutzungsberechtigte eines Grundstücks haben mit Bäumen, Sträuchern und Hecken (Anpflanzungen) von über 1,20 m Höhe einen solchen Abstand zum Nachbargrundstück einzuhalten, dass für jeden Teil der Anpflanzung der Abstand mindestens ein Drittel seiner Höhe über dem Erdboden beträgt. Der Abstand wird waagerecht und rechtwinklig zur Grenze gemessen.

(2) Anpflanzungen, die über die zulässige Höhe oder den zulässigen Abstand hinausgewachsen sind, sind auf Verlangen des Eigentümers des Nachbargrundstücks auf die zulässige Höhe oder den zulässigen Abstand zurückzuschneiden, wenn der Eigentümer oder der Nutzungsberechtigte sie nicht beseitigen will. Die Verpflichtung nach Satz 1 darf nur unter Beachtung der nach § 24 Abs. 3 des Landschaftspflegegesetzes bestehenden Beschränkungen erfüllt zu werden.

§ 38 Boden- und Klimaschutzpflanzungen

(1) Mit Anpflanzungen zum Schutz landwirtschaftlich oder erwerbsgärtnerisch genutzter Grundstücke vor Witterungseinwirkungen (Boden- und Klimaschutzpflanzungen), die nicht über 7 m hoch sind, braucht der in § 37 Abs. 1 vorgeschriebene Grenzabstand nicht eingehalten zu werden. Wird die Höhe von 7 m überschritten, so gilt § 37 Abs. 2 entsprechend.

(2) Der Eigentümer und der Nutzungsberechtigte eines landwirtschaftlich oder erwerbsgärtnerisch genutzten oder eines ungenutzten Grundstücks müssen überhängende Zweige und eindringendes Wurzelwerk von Boden- und Klimaschutzpflanzungen, von denen keine erheblichen Beeinträchtigungen ausgehen, dulden.

§ 39 Ausnahmen

§ 37 gilt nicht für 1. Wald, bei Erst- und Wiederaufforstungen jedoch nur nach Maßgabe des § 18 Abs. 3 des Landeswaldgesetzes; 2. Anpflanzungen, die hinter einer geschlossenen Einfriedigung vorgenommen werden und diese nicht überragen; als geschlossen gilt auch eine Einfriedigung, deren Bauteile breiter sind als die Zwischenräume; 3. Anpflanzungen auf öffentlichen Verkehrsflächen; 4. Anpflanzungen an den Grenzen zu öffentlichen Verkehrsflächen, zu öffentlichen Grünflächen und zu oberirdischen Gewässern von mehr als 4 m Breite; 5. Hecken, die nach § 30 Abs. 1 auf der Grenze angepflanzt werden oder die das öffentliche Recht als Einfriedigung vorschreibt.

§ 41 Ersatzanpflanzungen und Grenzänderungen

(1) Werden für Anpflanzungen, bei denen der Anspruch auf Zurückschneiden nach § 40 ausgeschlossen ist, Ersatzanpflanzungen oder Nachpflanzungen vorgenommen, so sind die nach diesem Gesetz vorgeschriebenen Abstände einzuhalten.
(2) Unter Einhaltung des bisherigen Abstandes dürfen einzelne abgestorbene Heckenpflanzen einer geschlossenen Hecke ersetzt werden, einzelne Sträucher und Bäume in einem Knick nachgepflanzt werden, Ersatzanpflanzungen für beseitigte Knicks vorgenommen werden.
(3) Die Rechtmäßigkeit des Abstandes wird durch nachträgliche Grenzänderungen nicht berührt; jedoch gilt Absatz 1 und 2 entsprechend.

Einfriedung

§ 28 Allgemeine Einfriedigungspflicht

(1) Innerhalb eines im Zusammenhang bebauten Ortsteils ist der Eigentümer eines bebauten oder gewerblich genutzten Grundstücks auf Verlangen des Eigentümers des Nachbargrundstücks verpflichtet, sein Grundstück an der gemeinsamen Grenze einzufriedigen und die Einfriedigung zu unterhalten, soweit die Grenze nicht mit Gebäuden besetzt ist.
(2) Sind beide Grundstücke bebaut oder gewerblich genutzt, so sind beide Eigentümer gegenseitig verpflichtet, bei der Errichtung und Unterhaltung der Einfriedigung mitzuwirken, wenn einer von ihnen es verlangt. Jeder

Eigentümer kann von dem anderen eine dem Interesse beider nach billigem Ermessen entsprechende Mitwirkung verlangen.
(3) Als gewerblich genutzt im Sinne der Absätze 1 und 2 gilt nicht ein Grundstück, das nur dem Erwerbsgartenbau dient.

§ 29 Einfriedigungspflicht des Störers
Gehen unzumutbare Beeinträchtigungen von einem bebauten oder gewerblich genutzten Grundstück aus, und besteht eine Einfriedigungspflicht nach § 28 nicht, so hat der Eigentümer dieses auf Verlangen des Eigentümers des Nachbargrundstücks insoweit an der gemeinsamen Grenze einzufriedigen und die Einfriedigung zu unterhalten, als dadurch die Beeinträchtigungen verhindert oder, falls nicht möglich oder zumutbar, gemildert werden können.

§ 30 Standort der Einfriedigung
(1) Die Einfriedigung ist in den Fällen der §§ 28 Abs. 1 und 29 entlang der Grenze des einzufriedigenden Grundstücks und im Falle des § 28 Abs. 2 auf der gemeinsamen Grenze zu errichten.
(2) Wird das an ein eingefriedigtes Grundstück angrenzende Grundstück bebaut oder gewerblich genutzt, so ist der Eigentümer des eingefriedigten Grundstücks berechtigt, die Einfriedigung auf eigene Kosten auf die gemeinsame Grenze zu versetzen.

§ 31 Beschaffenheit der Einfriedigung
(1) Die Einfriedigung muss ortsüblich sein; lässt sich eine Ortsüblichkeit nicht feststellen, so ist ein etwa 1,20 m hoher Zaun aus Maschendraht zu errichten. Schreiben öffentlich-rechtliche Vorschriften eine andere Art der Einfriedigung vor, so tritt diese an die Stelle der in Satz 1 genannten Einfriedigungsart.
(2) Bietet die Einfriedigung nach Absatz 1 keinen angemessenen Schutz vor Beeinträchtigungen, die von einem einzufriedigenden Grundstück ausgehen, so ist die Einfriedigung in dem erforderlichen Umfang zu verstärken, zu erhöhen oder zu vertiefen.

§ 32 Kosten der Errichtung und Unterhaltung
(1) Die Kosten der Errichtung und Unterhaltung der Einfriedigung tragen

im Falle des § 28 Abs. 2 die Grundstückseigentümer je zur Hälfte. Dies gilt auch, wenn die Einfriedigung ganz auf einem der beiden Grundstücke errichtet ist.
(2) Die bei einer Einfriedigung nach § 31 Abs. 2 gegenüber einer Einfriedigung nach § 31 Abs. 1 entstehenden Mehrkosten der Errichtung und Unterhaltung trägt der Eigentümer, von dessen Grundstück die Beeinträchtigungen ausgehen. Wird eine Einfriedigung nach § 31 Abs. 2 nachträglich erforderlich, so ist sie von dem Eigentümer, von dessen Grundstück die Beeinträchtigungen ausgehen, auf eigene Kosten herzustellen, wenn der Eigentümer des anderen Grundstück es verlangt.
(3) Wird das an ein eingefriedigtes Grundstück angrenzende Grundstück bebaut oder gewerblich genutzt, so ist der Eigentümer dieses Grundstücks verpflichtet, an den Eigentümer des eingefriedigten Grundstücks die Hälfte der Kosten der Errichtung der Einfriedigung unter angemessener Berücksichtigung der bisherigen Abnutzung zu zahlen. Der Berechnung sind die Kosten der Errichtung einer Einfriedigung nach § 31 Abs. 1, höchstens die tatsächlichen Aufwendungen einschließlich der Eigenleistungen zu Grunde zu legen, wenn die von dem nachträglich bebauten oder gewerblich genutzten Grundstück ausgehenden Beeinträchtigungen nur die in § 31 Abs. 1 vorgesehene Einfriedigung erfordern.

§ 33 Ausschluss des Einfriedigungsanspruchs
Der Anspruch auf Errichtung oder Mitwirkung bei der Errichtung einer Einfriedigung ist ausgeschlossen, wenn auf dem einzufriedigenden Grundstück bei Inkrafttreten dieses Gesetzes eine Einfriedigung vorhanden ist und die Einfriedigung dem bisherigen Recht entspricht oder die Einfriedigung nicht dem bisherigen Recht entspricht und nicht bis zum Ablauf des auf das Inkrafttreten dieses Gesetzes folgenden Kalenderjahres Klage auf Errichtung oder Mitwirkung bei der Errichtung einer diesem Gesetz entsprechenden Einfriedigung erhoben worden ist.

§ 34 Ausnahmen
Die §§ 28 bis 33 gelten nicht für Einfriedigungen zwischen Grundstücken und den an sie angrenzenden öffentlichen Verkehrsflächen, öffentlichen Grünflächen und oberirdischen Gewässern.

Verjährung

§ 40 Ausschluss des Anspruchs auf Zurückschneiden

(1) Der Anspruch auf Zurückschneiden von Anpflanzungen ist ausgeschlossen, wenn die Anpflanzungen über die nach diesem Gesetz zulässige Höhe oder den nach diesem Gesetz zulässigen Abstand hinausgewachsen sind und nicht bis zum Ablauf des zweiten darauf folgenden Kalenderjahres Klage auf Zurückschneiden erhoben worden ist.

(2) Der Anspruch auf Zurückschneiden von Anpflanzungen, die bei Inkrafttreten dieses Gesetzes vorhanden sind, ist ausgeschlossen, wenn ihr Grenzabstand dem bisherigen Recht entspricht, es sei denn, dass die Anpflanzungen noch nicht älter als fünf Jahre sind, oder ihr Grenzabstand nicht dem bisherigen Recht entspricht und nicht bis zum Ablauf des zweiten auf das Inkrafttreten dieses Gesetzes folgenden Kalenderjahres Klage auf Zurückschneiden erhoben worden ist.

Hammerschlags- und Leiterrecht

§ 17 Inhalt und Umfang

(1) Der Eigentümer und der Nutzungsberechtigte eines Grundstücks müssen dulden, dass ihr Grundstück einschließlich der Bauwerke von dem Eigentümer oder dem Nutzungsberechtigten des Nachbargrundstücks zur Vorbereitung und Durchführung von Bau-, Instandsetzungs- und Unterhaltungsarbeiten auf dem Nachbargrundstück vorübergehend betreten und benutzt wird, wenn und soweit die Arbeiten anders nicht zweckmäßig oder nur mit unverhältnismäßig hohen Kosten durchgeführt werden können, die mit der Duldung verbundenen Nachteile oder Belästigungen nicht außer Verhältnis zu dem von dem Berechtigten erstrebten Vorteil stehen und das Vorhaben öffentlich-rechtlichen Vorschriften nicht widerspricht.

(2) Das Recht zur Benutzung umfasst die Befugnis, auf oder über dem Grundstück Gerüste aufzustellen sowie die zu den Arbeiten erforderlichen Geräte und Baustoffe über das Grundstück zu bringen und dort niederzulegen.

(3) Das Recht ist so schonend wie möglich auszuüben. Es darf nicht zur Unzeit geltend gemacht werden.

(4) Absatz 1 findet auf den Eigentümer öffentlicher Verkehrsflächen keine Anwendung.

§ 18 Anzeige und Schadensersatz

Für die Verpflichtung zur Anzeige und die Verpflichtung zum Schadensersatz gelten die §§ 7 und 10 Abs. 2 entsprechend.

§ 19 Nutzungsentschädigung

(1) Wer ein Grundstück länger als zwei Wochen gemäß § 17 benutzt, hat für die ganze Zeit der Benutzung eine Nutzungsentschädigung zu zahlen. Diese ist so hoch wie die ortsübliche Miete für einen dem benutzten Grundstücksteil vergleichbaren gewerblichen Lagerplatz. Die Entschädigung ist nach dem Ablauf von je zwei Wochen fällig.
(2) Nutzungsentschädigung kann nicht verlangt werden, soweit nach § 18 Ersatz für entgangene anderweitige Nutzung gefordert wird.

Fenster- und Lichtrecht

§ 22 Inhalt und Umfang

(1) In oder an der Außenwand eines Gebäudes, die parallel oder in einem Winkel bis zu 60 Grad zur Grenze des Nachbargrundstücks verläuft, dürfen Fenster, Türen oder zum Betreten bestimmte Bauteile wie Balkone und Terrassen nur mit schriftlicher Zustimmung des Eigentümers des Nachbargrundstücks angebracht werden, wenn ein geringerer Abstand als 3 m von dem grenznächsten Punkt der Einrichtung bis zur Grenze eingehalten werden soll.
(2) Die Zustimmung muss erteilt werden, wenn keine oder nur geringfügige Beeinträchtigungen zu erwarten sind.
(3) Von einem Fenster oder einem zum Betreten bestimmten Bauteil, dem der Eigentümer des Nachbargrundstücks schriftlich zugestimmt hat oder das nach dem bisherigen Recht angebracht worden ist, müssen er und seine Rechtsnachfolger mit einem später errichteten Bauwerk mindestens 3 m Abstand einhalten. Dies gilt nicht, wenn das später errichtete Bauwerk den Lichteinfall nicht oder nur geringfügig beeinträchtigt.

§ 23 Ausnahmen

Eine Zustimmung nach § 22 ist nicht erforderlich für lichtdurchlässige Wandbauteile, wenn sie undurchsichtig, Schall dämmend und gegen Feuereinwirkung widerstandsfähig sind; für Außenwände gegenüber Grenzen zu öffentlichen Verkehrsflächen, zu öffentlichen Grünflächen und zu oberirdischen Gewässern von mehr als 3 m Breite; soweit nach öffentlich-rechtlichen Vorschriften Fenster und Türen angebracht werden müssen.

§ 24 Ausschluss des Beseitigungsanspruchs

(1) Der Anspruch auf Beseitigung einer Einrichtung, die einen geringeren als den in § 22 Abs. 1 und 3 vorgeschriebenen Abstand hat, ist ausgeschlossen, wenn nicht bis zum Ablauf des auf die Anbringung der Einrichtung folgenden Kalenderjahres Klage auf Beseitigung erhoben worden ist.

(2) Der Anspruch auf Beseitigung einer Einrichtung, die bei Inkrafttreten dieses Gesetzes vorhanden ist, ist ausgeschlossen, wenn ihr Abstand dem bisherigen Recht entspricht oder ihr Abstand nicht dem bisherigen Recht entspricht und nicht bis zum Ablauf des auf das Inkrafttreten dieses Gesetzes folgenden Kalenderjahres Klage auf Beseitigung erhoben worden ist.

(3) Wird das Gebäude, an dem sich die Einrichtung befand, oder das Bauwerk beseitigt, so gelten für einen Neubau die §§ 22 und 23.

Thüringen

Thüringer Nachbarschaftsgesetz vom 22.12.1992 (GVBl. S. 599)

Grenzabstand von Pflanzen

§ 44 Grenzabstände für Bäume, Sträucher und einzelne Rebstöcke

Eigentümer und Nutzungsberechtigte eines Grundstückes haben mit Bäumen, Sträuchern und einzelnen Rebstöcken von den Nachbargrundstücken vorbehaltlich des § 46 folgende Abstände einzuhalten:

1. mit Bäumen (ausgenommen Obstbäume gemäß Nummer 2), und zwar

a) sehr stark wachsenden Bäumen mit artgemäß ähnlicher Ausdehnung wie Bergahorn (Acer pseudoplatanus), sämtliche Lindenarten (Tilia), Pappelarten (Populus), Platane (Platanus acerifolia), Rosskastanie (Aesculus hippocastanum), Rotbuche (Fagus sylvativa), Stieleiche (Quercus robur), ferner Douglasie (Pseudotsuga menziesii), Fichte (Picea abies), Österreichische Schwarzkiefer (Pinus nigra austriaca), Kiefer (Pinus sylvestris), Esche (Fraxinus exelsior), sämtliche Tannenarten (Abies spec.), Atlaszeder (Cedrus atlantica) 4 m,

b) stark wachsenden Bäumen mit artgemäß ähnlicher Ausdehnung wie Hainbuche (Carpinus betulus), Mehlbeere (Sorbus intermedia), Vogelbeere (Sorbus aucuparia), Weißbirke (Betula pendula), Weißerle (Alnus incana), Zierkirsche (Prunus serrulata), Lebensbaum (Thuja occidentalis) 2 m,

c) allen übrigen Bäumen 1,5 m;

2. mit Obstbäumen, und zwar

a) Walnusssämlingen 4 m,

b) Kernobstbäumen, auf stark wachsenden Unterlagen veredelt, sowie Süßkirschenbäumen und veredelten Walnussbäumen 2 m,

c) Kernobstbäumen, auf schwach wachsenden Unterlagen veredelt, sowie Steinobstbäumen, ausgenommen Süßkirschenbäume 1,5 m;

3. mit Sträuchern (ausgenommen Beerenobststräuchern), und zwar

a) stark wachsenden Sträuchern mit artgemäß ähnlicher Ausdehnung wie Alpenrose (Rhododendron-Hybriden), Haselnuss (Coryplus avellana), Felsenmispel (Cotoneaster bullata), Flieder (Syringa vulgaris), Goldglöckchen (Forsythia intermedia), Wacholder (Juniperus communis) 1 m,

b) allen übrigen Sträuchern 0,5 m;
4. mit Beerenobststräuchern, und zwar a) Brombeersträuchern 1 m, b) allen übrigen Beerenobststräuchern 0,5 m;
5. mit einzelnen Rebstöcken 0,5 m;
6. mit Baumschulbeständen 1 m, wobei die Gehölze mit Ausnahme der Baumschulbestände von Sträuchern und Beerenobststräuchern die Höhe von 2 m nicht überschreiten dürfen, es sei denn, dass die Abstände nach den Nummern 1 oder 2 eingehalten werden;
7. mit Weihnachtsbaumpflanzungen 1 m, wobei die Gehölze die Höhe von 2 m nicht überschreiten dürfen, es sei denn, dass die Abstände nach Nummer 1 eingehalten werden.

§ 45 Grenzabstände für Hecken

(1) Der Eigentümer und der Nutzungsberechtigte eines Grundstückes haben mit Hecken gegenüber den Nachbargrundstücken vorbehaltlich des § 46 folgende Abstände einzuhalten: 1. mit Hecken bis zu 1 m Höhe 0,25 m, 2. mit Hecken bis zu 1,5 m Höhe 0,5 m, 3. mit Hecken bis zu 2,0 m Höhe 0,75 m, 4. mit über 2,0 m hohen Hecken ein um das Maß der Mehrhöhe größerer Abstand.
(2) Hecken im Sinne des Absatzes 1 sind Schnitt- und Formhecken, und zwar auch dann, wenn sie im Einzelfall nicht geschnitten werden.

§ 46 Ausnahmen

(1) Die doppelten Abstände nach den §§ 44 und 45, in den Fällen des § 44 Nr. 1 Buchst. a und Nr. 2 Buchst. a jedoch die eineinhalbfachen Abstände mit Ausnahme der Abstände für die Pappelarten (Populus), sind einzuhalten gegenüber Grundstücken, die
1. dem Weinbau dienen oder 2. landwirtschaftlich, erwerbsgärtnerisch oder nach Art eines Kleingartens genutzt werden, sofern nicht durch Bebauungsplan eine andere Nutzung festgelegt ist, oder durch Bebauungsplan dieser Nutzung vorbehalten sind.
(2) Die §§ 44 und 45 gelten nicht für
1. Anpflanzungen, die hinter undurchsichtigen Einfriedungen vorgenommen werden und diese nicht überragen,
2. Anpflanzungen an den Grenzen zu öffentlichen Grünflächen und zu Gewässern,

3. Anpflanzungen zum Schutz von erosions- oder rutschgefährdeten Böschungen oder steilen Hängen,
4. Anpflanzungen gegenüber Grundstücken außerhalb geschlossenen Baugebiets, die geringwertiges Weideland (Hutung) oder Heide sind oder die landwirtschaftlich oder gartenbaulich nicht genutzt werden, nicht bebaut sind und auch nicht als Hofraum dienen.

§ 47 Berechnung des Abstandes
Der Abstand wird von der Mitte des Baumstammes, des Strauches, der Hecke oder des Rebstockes bis zur Grenzlinie gemessen, und zwar an der Stelle, an der die Pflanze aus dem Boden austritt.

Einfriedungen

§ 39 Einfriedungspflicht
(1) Innerhalb eines im Zusammenhang bebauten Ortsteiles ist der Eigentümer eines Grundstücks auf Verlangen des Nachbarn verpflichtet, sein Grundstück einzufrieden, wenn dies zum Schutze des Nachbargrundstücks vor wesentlichen Beeinträchtigungen erforderlich ist, die von dem einzufriedenden Grundstück ausgehen.
(2) Soweit baurechtlich nichts anderes vorgeschrieben ist oder gefordert ist, richtet sich die Art der Einfriedung nach der Ortsübung. Lässt sich eine ortsübliche Einfriedung nicht feststellen, so gilt ein 1,2 m hoher Zaun aus festem Maschendraht als ortsüblich. Reicht die nach den Sätzen 1 und 2 vorgeschriebene Art der Einfriedung nicht aus, um dem Nachbargrundstück angemessenen Schutz vor Beeinträchtigungen zu bieten, so hat der zur Einfriedung Verpflichtete die Einfriedung in dem erforderlichen Maße zu verstärken oder zu erhöhen.

§ 40 Kosten und Unterhaltung der Einfriedung
(1) Wer zur Einfriedung seines Grundstücks verpflichtet ist, hat die hierzu erforderlichen Einrichtungen auf seinem eigenen Grundstück anzubringen und zu unterhalten.
(2) Sind zwei Nachbarn an einem Grenzabschnitt nach § 39 gegenseitig zur Einfriedung verpflichtet, so kann jeder von ihnen verlangen, dass eine

gemeinsame Einfriedung auf die Grenze gesetzt wird. Die Nachbarn haben die Kosten der Errichtung und den Unterhalt der Einfriedung je zur Hälfte zu tragen. Als Kosten sind die tatsächlichen Aufwendungen einschließlich der Eigenleistungen zu berechnen, in der Regel jedoch nicht mehr als die Kosten einer ortsüblichen Einfriedung (§ 39 Abs. 2 Satz 1). Höhere Kosten sind nur zu berücksichtigen, wenn eine aufwändigere Art der Einfriedung erforderlich oder vorgeschrieben war; war die besondere Einfriedungsart nur für eines der Grundstücke erforderlich, so hat der Eigentümer dieses Grundstücks die Mehrkosten allein zu tragen.

(3) Tritt die Verpflichtung zur Errichtung einer Einfriedung bei einem der beiden Nachbarn erst später ein, so hat dieser dem Nachbarn, der die Einfriedung an der gemeinsamen Grenze errichtet hat, auf dessen Verlangen den Zeitwert der Einfriedung zur Hälfte zu ersetzen und von dem Zeitpunkt an, an dem die Verpflichtung eingetreten ist, die Kosten der Unterhaltung zur Hälfte zu tragen. Absatz 2 Satz 4 gilt sinngemäß.

§ 41 Anzeigepflicht

(1) Die Absicht, eine Einfriedung zu errichten, zu beseitigen, durch eine andere zu ersetzen oder wesentlich zu verändern, ist dem Nachbarn mindestens zwei Wochen vor Beginn der Arbeiten anzuzeigen. § 6 Abs. 3 findet entsprechende Anwendung.

(2) Die Anzeigepflicht besteht auch dann, wenn der Nachbar weder die Einfriedung verlangen kann noch zu den Kosten beizutragen hat.

§ 42 Grenzabstand von Einfriedungen

(1) Einfriedungen müssen von der Grenze eines landwirtschaftlich genutzten Grundstücks, das außerhalb eines im Zusammenhang bebauten Ortsteils liegt und nicht in einem Bebauungsplan als Bauland ausgewiesen ist, auf Verlangen des Nachbarn 0,5 m zurückbleiben. Dies gilt nicht gegenüber von Grundstücken, für die nach Lage, Beschaffenheit oder Größe eine Bearbeitung mit Gespann oder Schlepper nicht in Betracht kommt. Von der Grenze eines Wirtschaftsweges müssen Einfriedungen 0,5 m zurückbleiben.

(2) Der Anspruch auf Beseitigung einer Einfriedung, die einen geringeren Abstand als 0,5 m einhält, ist ausgeschlossen, wenn der Nachbar nicht innerhalb von zwei Jahren nach dem Anbringen Klage auf Beseitigung

erhoben hat. Dies gilt nicht im Falle des Absatzes 1 Satz 3.
(3) Wird eine Einfriedung, die einen geringeren Abstand als 0,5 m einhält, durch eine andere ersetzt, so ist Absatz 1 anzuwenden. Dies gilt auch, wenn die Einfriedung in einer der Erneuerung gleichkommenden Weise ausgebessert wird.

Verjährung

§ 53 Verjährung

(1) Ansprüche auf Schadensersatz nach diesem Gesetz verjähren in drei Jahren von dem Zeitpunkt an, in welchem der Verletzte von dem Schaden und der Person des Ersatzpflichtigen Kenntnis erlangt, ohne Rücksicht auf diese Kenntnis in 30 Jahren von der Vornahme der Handlung an.
(2) Andere, auf Zahlungen von Geld gerichtete Ansprüche nach diesem Gesetz verjähren nach vier Jahren. Die §§ 198 und 225 des Bürgerlichen Gesetzbuches sind anzuwenden. Die Verjährung beginnt mit dem Schluss des Jahres, in welchem der Anspruch entsteht.
(3) Im Übrigen unterliegen die Ansprüche nach diesem Gesetz nicht der Verjährung.

Hammerschlags- und Leiterrecht

§ 21 Inhalt und Umfang

(1) Der Eigentümer und der Nutzungsberechtigte müssen dulden, dass ihr Grundstück zwecks Errichtung, Veränderung, Reinigung, Unterhaltung oder Beseitigung einer baulichen Anlage auf dem Nachbargrundstück vorübergehend betreten wird und dass auf oder über dem Grundstück Leitern oder Gerüste aufgestellt sowie die zu den Bauarbeiten erforderlichen Gegenstände über das Grundstück gebracht werden, wenn und soweit 1. das Vorhaben anders nicht, nicht zweckmäßig oder nur mit unverhältnismäßig hohen Kosten durchgeführt werden kann und 2. die mit der Duldung verbundenen Nachteile und Belästigungen nicht außer Verhältnis zu dem von dem Berechtigten erstrebten Vorteil stehen.
(2) Das Recht ist mit möglichster Schonung des Nachbargrundstücks aus-

zuüben; es darf nicht zur Unzeit geltend gemacht werden.

§ 22 Anzeigepflicht

Die Absicht, das Nachbargrundstück zu benutzen, ist mindestens zwei Wochen vor Beginn der Benutzung dem Eigentümer und dem Nutzungsberechtigten dieses Grundstücks anzuzeigen. § 6 Abs. 3 findet entsprechende Anwendungen.

§ 23 Schadensersatz

Schaden, der durch die Ausübung der Rechte nach § 21 dem Eigentümer oder Nutzungsberechtigten des Nachbargrundstücks entsteht, ist ohne Rücksicht auf Verschulden zu ersetzen. Auf Verlangen ist Sicherheit in Höhe des voraussichtlichen Schadensbetrages zu leisten; in diesem Falle darf das Recht erst nach Leistung der Sicherheit ausgeübt werden. Die Sicherheit kann in einer Bankbürgschaft bestehen.

§ 24 Gefahr im Verzug

Ist die Ausübung des Rechts nach § 21 zur Abwendung einer gegenwärtigen erheblichen Gefahr erforderlich, so entfällt die Verpflichtung zur Anzeige nach § 22 und zur Sicherheitsleistung nach § 23 Satz 2.

§ 25 Entschädigung

(1) Wer ein Grundstück länger als zwei Wochen gemäß § 21 benutzt, hat für die ganze Zeit der Benutzung eine angemessene Entschädigung zu zahlen; diese ist in der Regel so hoch wie die ortsübliche Miete für einen dem benutzten Grundstücksteil vergleichbaren gewerblichen Lagerplatz.
(2) Auf die nach Absatz 1 zu zahlende Entschädigung sind Schadensersatzleistungen nach § 23 für entgangene anderweitige Nutzung anzurechnen.

Fenster- und Lichtrecht

§ 34 Inhalt und Umfang

In oder an der Außenwand eines Gebäudes, die parallel oder in einem Winkel bis zu 60 Grad (alte Teilung) zur Grenze des Nachbargrundstücks verläuft, dürfen Fenster oder Türen, die von der Grenze keinen größeren

Abstand als 2,50 m haben sollen, nur angebracht werden, wenn der Nachbar seine Einwilligung erteilt hat.
(2) Die Einwilligung muss erteilt werden, wenn keine oder nur geringfügige Beeinträchtigungen zu erwarten sind.
(3) Hat der Nachbar die nach Absatz 1 erforderliche Einwilligung zum Anbringen eines Fensters erteilt, so muss er mit später zu errichtenden baulichen Anlagen einen Abstand von 2 m von diesem Fenster einhalten. Dies gilt nicht, wenn die später errichtete bauliche Anlage den Lichtfall in das Fenster nicht oder nur geringfügig beeinträchtigt oder wenn die Einhaltung eines geringeren Abstandes baurechtlich geboten ist.
(4) Absatz 3 Satz 1 gilt nur, wenn die Einwilligung schriftlich erteilt ist. Die Unterzeichnung der Bauunterlagen genügt nicht.
(5) Die Absätze 1 bis 4 gelten entsprechend für Balkone, Terrassen und ähnliche Bauteile, die einen Ausblick zum Nachbargrundstück gewähren. Der Abstand wird vom grenznächsten Punkt des Bauteils gemessen.

§ 35 Ausnahmen

Eine Einwilligung nach § 34 ist nicht erforderlich,
1. soweit die Anbringung der Fenster, Türen oder Bauteile (§ 34 Abs. 5) baurechtlich geboten ist,
2. für Lichtöffnungen, die nicht geöffnet werden können und entweder mit ihrer Unterkante mindestens 1,80 m über dem Fußboden des zu erhellenden Raumes liegen oder undurchsichtig sind,
3. für Lichtschächte, und Öffnungen, die unterhalb der angrenzenden Erdoberfläche liegen,
4. für Fenster oder andere Öffnungen zur Belichtung oder Belüftung von Ställen in Dorfgebieten,
5. für Außenwände gegenüber Grenzen zu öffentlichen Verkehrsflächen, Grünflächen und Gewässern, wenn die Flächen oder Gewässer (mittlerer Wasserstand) mindestens 3 m breit sind.

§ 36 Ausschluss des Beseitigungsanspruchs

Der Anspruch auf Beseitigung einer Einrichtung im Sinne des § 34, die einen geringeren als den dort vorgeschriebenen Abstand einhält, ist ausgeschlossen, wenn der Nachbar nicht innerhalb von zwei Jahren nach dem Anbringen Klage auf Beseitigung erhoben hat.

Abkürzungsverzeichnis

Abs.	Absatz
AG	Amtsgericht
Art.	Artikel
Az.	Aktenzeichen
BauR	Baurecht
BayObLG	Bayerisches Oberstes Landesgericht
BGB	Bürgerliches Gesetzbuch
BGH	Bundesgerichtshof
DÖV	Deutsche Öffentliche Verwaltung (Zeitschrift)
DWW	Deutsche Wohnungswirtschaft (Zeitschrift)
JZ	Juristenzeitung
LG	Landgericht
LKV	Landes – und Kommunalverwaltung (Zeitschrift)
MDR	Monatsschrift für Deutsches Recht
NJW	Neue Juristische Wochenschrift
NJW-RR	NJW – Rechtssprechung-Report-Zivilrecht
NVwZ	Neue Zeitschrift für Verwaltungsrecht
NVwZ-RR	NVwZ – Rechtssprechung-Report Verwaltungsrecht
OLG	Oberlandesgericht
StGB	Strafgesetzbuch
WuM	Wohnungswirtschaft und Mietrecht (Zeitschrift)
ZMR	Zeitschrift für Miet- und Raumrecht

Register

Abfälle 36, 40
Abgaben 124
Abmahnung 12, 86, 98, 135
Abmarkung 52
Abstand *siehe* Grenzabstand
Abstandsvorschriften 21, 53, 106f.
Abwässer 13
Abwehranspruch 11ff., 45, 81, 108, 111
Abwehrrechte 80
Alarmanlagen 33
Allgemeinwohl 104
Altglascontainer 33
Amtsgericht 115f.
Anwalt 8, 116
Äste 40, 44, 46, 48
Ausgleich 22
Ausgleich, finanzieller 17
Auto 69, 76
Autoabgase 33

Baden und Duschen 32
Baden-Württemberg 40, 46, 58, 109, 121, 140ff.
Balkon 7, 14, 28, 36, 38, 49f., 63, 110
Ballspiele 82
Baugenehmigung 16, 57ff., 102ff., 136
Baulärm 26, 95
Bäume 12, 20f, 23, 42ff., 53
Baumschutzsatzung 19, 47f., 156ff., 173ff.
Baumstamm 152
Baurecht 15, 79, 102ff., 124
Baustopp 111f.
Bauwerke 53, 58
Bayern 31, 46, 58, 75, 121, 125 147ff.
Beeinträchtigung 10, 16, 21, 31, 39, 42, 72, 81, 90, 99
Beeinträchtigung, wesentliche 10, 17, 28, 45, 54, 78, 136f.
Behinderte 32
Bellen 27, 60, 62, 65
Benutzer17, 41, 76
Berlin 46, 58, 73, 120f., 124f. 151
Beseitigungsanspruch 10
Besitzer 11ff.
Bestandsschutz 112
Bestattung von Haustieren 67
Betreten des Nachbargrundstückes 81f.
Betretungsrecht 82
Beweise 34, 58, 110, 116
Bienen 45, 65
Bienenhaltung, ortsübliche 66
Biergartenverordnung, Bayerische 31
Biotonne 39
Blätter 40, 43, 46
Blütensamen 45
Bordellbetrieb 80, 95
Brandenburg 46, 58, 121, 126, 162
Bremen 46, 58, 122, 126, 165
Bundesimmissionsschutzgesetz 17, 70
Bußgeld 29, 112

Code Civil 78

Dachlawinen 69
Dämpfe 16, 35
Deutscher Arbeitsring für Lärmbekämpfung (DAL) 26
Deutscher Mieterbund (DMB) 120ff.
Dienstbarkeit *siehe* Grunddienstbarkeit
Diskotheken 31, 95
Duldungspflicht 82
Durchschnittsbenutzer 24, 41
Dusche 23, 32

Ehestreit 33
Eigenmacht, verbotene 11f.
Eigentum 9f.
Eigentümer 9ff.
Einfriedung, geschlossene 52ff., 102
Einfriedungsgesetze 52ff.
Eingriff 19
Einsturz 68
Einsturzgefahr 68
Elektrosmog 71
Entschädigung 39, 56, 88
Erker 150
Ersatzpflicht 50
Erschütterungen 16, 105
Essensgerüche 35, 94

Fäkalien 64
Fensterrecht 77f.
Fernsehen 28, 75, 90
Feste 29, 84, 115
Filmen 79f.
Flughafen 25
Fluglärm 25
Fotografieren 79f.
Frettchen 96
Frösche 33, 65f.
Früchte 20, 48

Garten 10, 18f., 29, 36, 42ff., 57ff., 65ff.
Gartenabfälle 40
Gartenhäuser 57ff., 102
Gartenteich 43, 66
Gartenzaun 42, 52ff., 65, 82
Gartenzwerg 48f.
Gase 16
Gaststättenlärm 25, 31, 83, 96
Gebäude12, 13, 56
Gebäudeabstand 57, 68
Gebäudeeinsturz 68
Gefahr18f., 21, 38, 45, 57, 63, 68ff., 85f., 97
Gefährdung (Gesundheit) 38, 64, 72, 97
Geländeveränderungen 57
Gemeinschaftseigentum 14, 49
Gemeinverhältnis, nachbarliches 20ff.
Geräusch 13, 15f., 24f., 28ff., 93f., 105
Geräuschspitzen, kurzzeitige 24
Gerichtskosten 116ff.
Gerüche 16, 35ff., 94
Geruchsbelästigung 35, 37f.
Gesellschaft für Lärmbekämpfung e.V. 25
Gestank 36, 39f., 62, 64, 105, 115
Gewässer 13
Giftschlangen 66
Grenzabmarkung 52

Grenzabstand 58, 111, 134
Grenzabstand von Pflanzen 46
Grenzanlagen 54
Grenze *siehe* Grundstück, Grenzen
Grenzstein 53
Grenzstreitigkeiten 52ff.
Grenzwand 55, 78
Grenzzeichen 52
Grillen 36ff., 137
Grundbuch 12, 52, 55
Grunddienstbarkeit 106f.
Grundeigentum 12
Grundgesetz (GG) 10, 22, 108
Grundstück, Grenzen 52ff.
Grundstücksgrenze 21, 40, 42, 45f., 52f., 55, 57f., 63, 73, 78, 106
Grundwasser 13
Gutachten 40, 74, 87

Hahn 27
Hamburg 46, 58, 122, 126, 165ff.
Hammerschlagsrecht 78f.
Handystrahlung 70f.
Hausfriedensbruch 81f., 98, 101, 115
Hausmusik 28
Hausordnung 7, 14, 63, 88, 101
Haustier 61
Hausverwaltung 68
Hecke 43f., 52ff., 134
Hessen 46, 58, 122, 126, 166ff.
Hofeinfahrt 54f.
Hunde 16, 27ff., 50, 54
Hundegebell 27, 60, 62, 65
Hundehaltung 62f.

Immissionen 24, 37, 39f., 48, 60, 75, 82, 109
Immissionsschutzgesetz, Bundes- 16f., 24, 70, 105
Immissionsschutzgesetze, Landes- 16, 20f.
Informationsrecht 75

Kampfhunde 62
Karneval 24
Katzen 14, 60ff., 84, 91, 111
Katzengitter 14
Katzenhaltung 62
Kies 13
Kinder 10, 21, 30f., 45f., 54, 73, 94, 102
Kirchenglocken 33
Kläranlage 39
Kompost 39f., 42, 57
Körperverletzung 65
Kuhglocken 33
Kündigung 12, 30, 36, 80, 82, 92, 97ff., 120, 130, 135

Landesrecht 26
Landgericht 116
Lärm 15, 17f., 20f., 23ff., 36, 40, 60, 62, 66, 80, 83, 85, 94ff., 99, 115f., 130, 132f., 136
Lärmbekämpfung 25f.
Lärmbelästigung 20, 23, 30f., 34, 80, 132
Lärmprotokoll 34, 116, 132
Laufenlassen des Motors 33
Leiterrecht 78f.
Leitungen 13, 73
Lichtrecht 77f.

Luftfahrzeuge 13
Luftraum (Grundstück) 13
Luftverkehrsgesetz 13

Mängel 40, 71, 84ff., 90, 97f.
Mängelanzeige 86
Maschinen 12, 32, 79, 107
Mauer 19, 52ff.
Mäuse 94
Mecklenburg-Vorpommern 46, 59, 122, 126, 176
Mieter 11ff.
Mieterhöhung 90, 100, 120
Mietervereine 120ff.
Mietminderung 26, 30, 36, 62, 71ff., 83, 84ff.
Mietminderung, Gerichtsurteile 93ff.
Mietsache 11f., 83ff., 89, 92, 97
Mietvertrag 9, 61, 83, 86, 88, 91, 97, 100, 120, 135
Mietzins 72
Misthaufen 39
Mittagsruhe 30
Mobilfunkanlagen 70ff.
Motorrasenmäher 26
Müll 39f., 69, 82, 93
Mülldeponie 39
Musiklärm 18, 28ff.
Musterbriefe 130ff.

Nachbarrecht 9ff.
Nachbarrechtsgesetz 9ff., 112, 114, 120, 124, 139ff.
Nachbarschutz im Baurecht 103f., 112
Nachtruhe 18, 21, 66, 80, 138
Nebenkostenabrechnung 90, 120, 133
Niedersachsen 47, 59, 122, 126, 177ff.
Nordrhein-Westfalen 47, 59, 115, 122, 127, 186ff.
Notfälle 82
Notstand 19, 63
Notweg 20, 76f.
Nutzung 10, 50, 54, 66, 94, 105ff., 112

Ordnungswidrigkeit 20, 64
Ordnungswidrigkeitengesetz 20
Ortsüblichkeit 17f., 31, 39, 43, 54, 66, 107f.

Parabolantennen 75f.
Parken 69
Party 29, 87, 95, 132
Pfau 66
Pferdemist 39
Pflanzen 12, 44ff., 51, 56, 134
Pflanzen, giftige 45
Pflanzen, wild wachsende 42, 45
Pflanzenabstände 51
Pflanzenschutzmittel 66
Privatrecht 15, 54, 103f., 108f.
Prostitution 80f.
Prozesskosten 73, 115

Radio 28, 132
Radio-/Fernsehempfang 75f.
Rasenmäherlärmverordnung 26
Rauch 16, 36ff., 137

Rauchen 38
Räum- und Streupflicht 68f.
Rebstöcke *siehe* Weinstöcke
Rechtsanwaltskosten 98, 115ff.
Rechtsberatung 120
Rechtsschutz im Baurecht 112
Rechtsweg 46
Reklame 55
Rentenzahlungspflicht 56, 69, 76
Rheinland-Pfalz 21, 47, 55, 59, 123, 127, 195ff.
Rinderhaltung 39
Rohrleitungen 13, 92, 95
Rückschnitt 44
Rücksichtnahme 7, 10, 15, 22, 30, 32, 35, 38, 40, 66, 72, 88, 104, 136f.
Rücksichtnahmegebot 108f.
Ruhestörung 28, 132
Ruhezeiten 26ff., 132

Saarland 47, 59, 123, 127, 203ff.,
Sachsen 47, 59, 123, 127, 210ff.
Sachsen-Anhalt 47, 59, 123, 127, 214ff.
Samenflug 45
Satellitenanlage 75
Schaden 19, 60f., 65, 68, 79, 89
Schadensersatz 44f., 65, 69, 85f., 89, 92
Schadensersatzpflicht 46, 85
Schädigung (Gesundheit) 70, 72
Schattenwurf 13, 43
Schaufelschlagsrecht 213
Schiedsgericht 114ff.
Schlangen 66
Schleswig-Holstein 47, 59, 124, 128, 220ff.
Schlichtungsstellen 8, 114
Schneefanggitter 69
Schneeräumen 68f.
Schrebergärten 50f.
Schwarzbauten 112f.
Schweine 20, 35, 39
Schwimmbecken 102
Selbsthilferecht 18f., 25, 37, 42
Sondereigentum 13f.
Sondernutzung 49
Sonneneinstrahlung, Behinderung 50, 102
Spaliervorrichtungen 140
Spielplatz 30
Sportanlage 17, 23
Stallgeruch 39
Stellplatz 39
Stereoanlage 28, 32, 132
Stiftung Warentest 128
Stoffe, unwägbare 16
Störung, Rundfunk-/Fernsehprogramm 75
Strahlung 70ff.
Straßenverkehrsordnung 33
Strauch 53
Streitwert 114, 116
Streupflicht 68f.
subjektiv-öffentliches Recht 104ff.

Tauben 66, 95
Technische Anleitung zum Schutz gegen Lärm (TA-Lärm) 23, 24f.
Teich 43, 66
Tennisplatz 17
Terrasse 26, 32, 38, 75
Thüringen 47, 59, 124, 128, 227ff.,
Tiere 18, 60ff.

Tiere, gefährliche 66
Tierhalterhaftung 60f.
Tierhaltung 62, 67
Tierkörperbeseitigungsgesetz 67
Tierlärm 27
Tonbandaufnahmen 34
Treppenhaus 35f., 38, 62, 78, 115, 130
Treu und Glauben 22
Trittschall 94

Überbau 56
Überbaurente 56
Überhang 19, 44, 45, 48
Ufer- und Böschungsschutz 142
Ungeziefer 45
Unkraut 45
Unterlassungsanspruch 10f., 86, 103
Unterschrift 111
Urinieren 32

Verfolgungsrecht des Besitzers 82
Vergleich 117
Verhältnismäßigkeitsgrundsatz 112
Verjährung 131
Verkehrssicherungspflicht 69
Vermieter 10ff., 26, 30, 34, 50, 61f., 74, 76, 80ff., 83ff.
Verschmutzung (Gewässer) 13, 70
Verwahrlosung 36
Verwaltungsgericht 15, 31, 48, 66, 103, 106ff., 110ff.
Videoüberwachung 79f.
Vögel 63, 65ff.
Vogelspinne 66

Wald/Waldungen 77, 109
Wärme 16
Waschmaschinen 10, 30
Wasser 12f., 37, 67, 70, 85, 91f., 94ff., 98
Wassergesetze, Bundes- 13
Wasserhaushaltsgesetz 13
Wegerechte 76f.
Weinstöcke 147
Widerspruch gegen Baugenehmigung 109ff.
Wirkung 23, 49, 57, 70, 111f.
Wochenendsiedlungen 50f., 113
Wohneigentum 13f.
Wohneigentumsgesetz 13f.
Wohngeräusche 23ff.
Wohnungssuche 88f.
Wurzeln 42, 48

Zaun, gemeinschaftlicher 54
Zaun, lebender *siehe* Hecke
Zentralverband der Deutschen Haus-, Wohnungs- und Grundeigentümer e.V. 124
Zeugen 34, 116
Zimmerlautstärke 28
Zweige 40, 42ff.